高等职业教育规划教材

生产组织与管理

主　编　姚荣庆
参　编　孙　毅　金　茵
主　审　屠　立

机械工业出版社

本教材共分 6 个项目，内容包括：认识生产管理、年度生产计划、流水生产作业计划编制与控制、成批生产作业计划编制与控制、小批生产作业计划编制与控制、先进的管理模式和生产方式。

本教材的特点是：按照培养企业生产管理人员的目标，本着"必需、够用"的原则，对原有广义生产管理的理论内容进行大幅精简，注重应用介绍，针对性地为机械类专业学生介绍了企业的生产组织与管理。

本教材可供高等职业院校及成人大专机械类专业教学与培训使用，也可供其他相关人员参考。

图书在版编目（CIP）数据

生产组织与管理/姚荣庆主编.—北京：机械工业出版社，2012.11
（2020.1 重印）
高等职业教育规划教材
ISBN 978-7-111-40250-3

Ⅰ.①生… Ⅱ.①姚… Ⅲ.①生产管理-高等职业教育-教材
Ⅳ.①F273

中国版本图书馆 CIP 数据核字（2012）第 259707 号

机械工业出版社（北京市百万庄大街 22 号　邮政编码 100037）
策划编辑：于奇慧　责任编辑：于奇慧　武　晋　版式设计：霍永明
责任校对：王　欣　封面设计：路恩中　　　　　责任印制：李　昂
盛通（廊坊）出版物印刷有限公司印刷
2020 年 1 月第 1 版第 5 次印刷
184mm×260mm・11 印张・270 千字
标准书号：ISBN 978-7-111-40250-3
定价：29.80 元

凡购本书，如有缺页、倒页、脱页，由本社发行部调换

电话服务　　　　　　　　　　　　　网络服务
服务咨询热线：010-88379833　　　　机 工 官 网：www.cmpbook.com
读者购书热线：010-88379649　　　　机 工 官 博：weibo.com/cmp1952
　　　　　　　　　　　　　　　　　教育服务网：www.cmpedu.com
封底无防伪标均为盗版　　　　　　金　书　网：www.golden-book.com

前　言

本教材是针对高等职业教育培养应用型人才、重在实践能力和职业技能训练的特点而编写的，可供高等职业院校及成人大专机械类专业使用。

近年来，我国高等职业教育得到迅速发展，高职教育的定位和培养模式也逐渐明确。本教材在总结教学经验的基础上，融入了现代生产组织与管理的新成果；按照培养企业生产管理人员的目标，本着"必需、够用"的原则，对原有广义生产管理的理论内容进行大幅精简，注重应用介绍，有针对性地介绍了企业生产车间及班组的管理与运作。同时，加强理论与实践的相互结合，以案例贯穿生产计划编制的始终。

本教材项目1、项目2由姚荣庆编写，项目3、项目4由金茵编写，项目5、项目6由孙毅编写，最后由姚荣庆负责统稿和定稿。全书由屠立教授主审。

本教材在编写过程中参考了兄弟院校教师编写的有关教材及相关资料，杭州大和热磁电子有限公司周毅、陈扬、邱绍军、谢如应、余雷等为本书的编写提供了丰富的资料并提出了许多宝贵的意见，浙江机电职业技术学院其他教师为本书的编写提供了的大力支持，在此一并表示衷心的感谢！

由于编者的水平有限，加上编写的时间仓促，书中难免有不妥与疏漏之处，恳请专家、同行及广大读者批评指正。

编　者

目　录

前言
项目1　认识生产管理 …………………… 1
模块1　生产管理基础 …………………… 1
模块2　生产现场管理 …………………… 5
模块3　当好一个班组长 ………………… 28
复习思考题 ……………………………… 42
项目2　年度生产计划 …………………… 43
模块1　计划管理 ………………………… 43
模块2　MTS企业年度生产计划的制订 … 52
模块3　MTO企业年度生产计划的制订 … 63
复习思考题 ……………………………… 66
项目3　流水生产作业计划编制与
控制 ……………………………… 68
模块1　流水生产的流程设计 …………… 68
模块2　制订期量标准 …………………… 78
模块3　流水生产作业计划的编制 ……… 87
模块4　流水生产运作控制 ……………… 94
复习思考题 ……………………………… 99
项目4　成批生产作业计划编制与
控制 ……………………………… 100
模块1　成批生产及其流程设计 ………… 100
模块2　制订期量标准 …………………… 108
模块3　成批生产作业计划的编制 ……… 115
模块4　成批生产运作控制 ……………… 117
复习思考题 ……………………………… 120
项目5　小批生产作业计划编制与
控制 ……………………………… 121
模块1　单件小批生产流程设计 ………… 121
模块2　制订期量标准 …………………… 125
模块3　单件小批生产作业计划的编制 … 126
模块4　单件小批生产运作控制 ………… 132
复习思考题 ……………………………… 135
项目6　先进的管理模式和生产方式 …… 136
模块1　物料管理 ………………………… 136
模块2　JIT生产 ………………………… 153
模块3　企业资源计划 …………………… 167
复习思考题 ……………………………… 170
参考文献 …………………………………… 171

项目 1　认识生产管理

模块 1　生产管理基础

1.1.1　生产的概念（图 1-1）

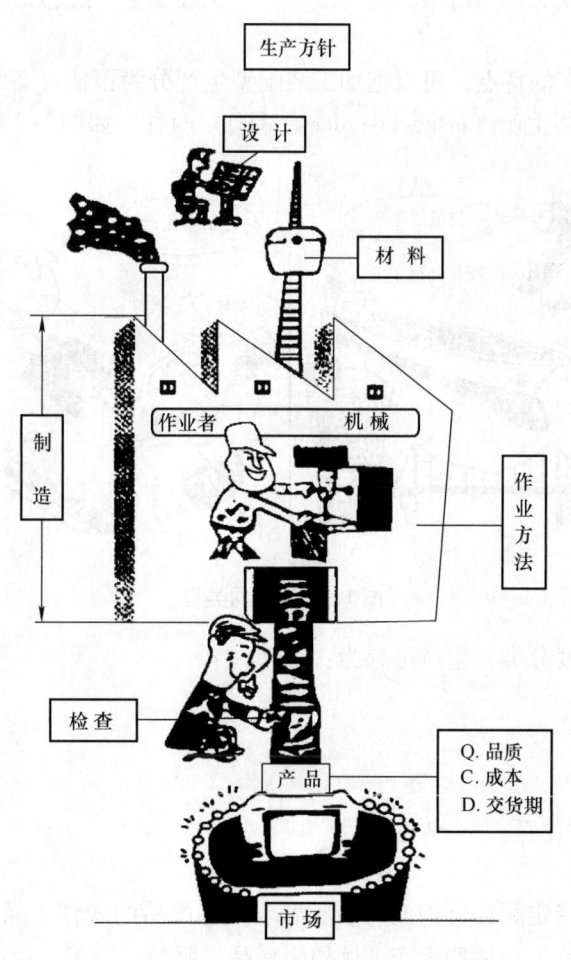

图 1-1　生产的概念

1. 通俗的概念

制造物品即可称为"生产"。当然，生产是要制造出具有某种用途、对社会有用的物品。制造物品时，存在如下三个基本问题：

1）完成的时间——交货日期。
2）制造的内容——品质。
3）制造所需的费用——成本。

2. 生产的本质

运用材料（Material）、机械设备（Machine）、人（Man）结合作业方法（Method），即所谓的4M，达成品质（Quality）、成本（Cost）、交货期（Delivery），即Q、C、D要求的作业活动，称为生产。

1.1.2 生产的分类

按工艺特性，生产可分为加工装配型和流程型两大类。加工装配型生产过程指产品是由离散的零部件装配而成的，物料运动呈离散状态。流程型生产过程指物料是均匀、连续地按一定工艺顺序运动的。

按照企业组织生产的特点，可以把加工装配型生产分为预估（备货）型生产（make-to-stock，MTS）与订货型生产（make-to-order，MTO）两种，如图1-2所示。

图1-2 生产的类型

按生产专业化程度分类，生产可分为：
1）大量生产。
2）单件生产。
3）成批生产。
4）多品种小批量生产。

1. 预估型生产

为适应一个由不特定顾客所构成的市场需求，对产品的式样、品质、规格等先作预估、再从事生产的形态，称为预估型生产。例如，食品、服装、汽车、家电等行业就属于预估型生产。

预估型生产除作业量稳定、成本较低外，还具有如下特征：
1）根据销售预测来进行生产，且多为大量生产。
2）产品的设计在一定时期内是定型的。
3）使用的机械设备大都为专用机器或功能单一的设备。

4）工厂布置基本根据产品类型来进行。
5）产品的单位制造时间较短。
6）采用流程作业方式，作业细分化，对员工的作业熟练程度要求不是很高。
7）所需的材料，可根据生产计划进行有计划的采购。

预估型生产的关键在于销售预测，销售预测误差必须减少到最小极限。

2. 订货型生产

按顾客所要求的式样、品质、规格等进行组织、安排生产的形态，称为订货型生产。典型的订货型生产如造船、土建工程等。

一般地说，订货型生产多为多品种少量生产，所以工作量不稳定，程序变更频繁，机械运转率较低，作业度容易改变，但由于是接到订单才生产，所以能做到健康地经营。订货型生产具有如下特征：

1）依照订货进行生产，基本上是多品种少量生产。
2）接受订单后才进行设计或生产组织。
3）使用的机械设备多为通用的机械。
4）工厂布置大都按机器设备的类别来进行。
5）产品的制造周期较长。
6）对作业人员的熟练程度要求高。
7）所需的材料除通用件、标准件外，需要每次订购。

订货型生产的关键在于如何在确保品质的前提下，缩短交货期。

预估型生产与订货型生产的主要区别见表 1-1。

表 1-1 预估型生产与订货型生产的主要区别

生产类型 项目	预估型生产	订货型生产
产品	标准产品	按用户要求生产，无标准产品，大量的变形产品和新产品
对产品的需求	可以预测	难以预测
价格	事先确定	难以确定
交货期	不重要，由成品库随时供货	很重要，由订货时确定
设备	多采用专用高效设备	多采用通用设备
人员	专业化人员	多种操作技能人员

3. 混合型生产（预估型生产与订货型生产的混合）

为适应产品多品种化、规格个别化（少量多品种）及交货期短的要求，也为降低成本而将共同的零配件或半成品、材料做预估生产，即在订货生产的形态上，对共同的零配件或半成品、材料做预估生产安排，这种生产的形态称为混合型生产。

1.1.3 生产管理

生产管理是指对生产与运作活动的计划、组织和控制。生产管理作为企业管理一个子系统，在企业管理系统中处于什么地位，主要从它和其他子系统之间的关系上来考察。

1. 生产管理与其他子系统的关系（图1-3）

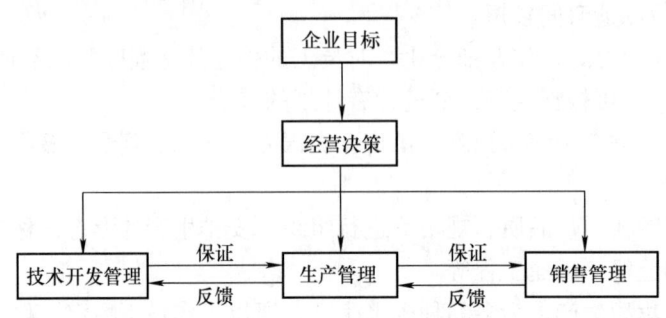

图1-3 生产管理与其他子系统的关系

（1）生产管理与经营决策的关系 它们之间是决策和执行的关系。

1）经营决策处于决策性地位，位于企业的上层，确定企业的目标、方针、战略、计划。

2）生产管理处于执行性地位，位于企业的中层，根据经营决策下达的具体任务组织生产活动并保证实现。

（2）生产管理与技术开发管理 它们在企业管理系统中同处于执行性地位，保持着密切的协作关系。

1）技术开发为生产管理提供设计图样、先进生产技术、先进制造材料等。技术开发管理是生产管理的技术保证和后盾。

2）生产管理为技术开发管理进行的科学实验提供信息和设备。

（3）生产管理与销售管理的关系 生产管理为销售部门提供满足市场需求、适销对路的产品和零部件，搞好生产管理对开展销售管理工作、提高产品的市场占有率和增强企业活力有重要的意义。生产管理对销售管理起保障作用；同时销售管理为生产提供市场信息，是生产管理的产品价值实现的保证。

2. 生产管理的内容

为完成生产任务，生产管理需要做许多工作，它的工作内容如图1-4所示。

1）生产准备与生产组织是指生产的物质准备工作、技术准备工作和组织工作。

2）生产计划是生产组织与管理的精华，指与产品有关的生产计划工作和任务分配工作。

3）生产控制指围绕着完成计划任务所进行的检查、调整等管理工作。

4）先进生产运作模式是为适应企业国际化和企业激烈的竞争形势，尽快提高企业管理水平，使生产经营一体化而采用的方式，是现代生产组织与管理的热点。

1.1.4 生产战略

企业战略是总体战略和各分战略的集合体，它是一个战略体系，生产战略是其中重要的组成部分。

生产战略是企业根据所选定的目标市场和产品特点，来构造其生产系统时所遵循的指导思想，以及在这种指导思想下的一系列决策计划、内容和程序。

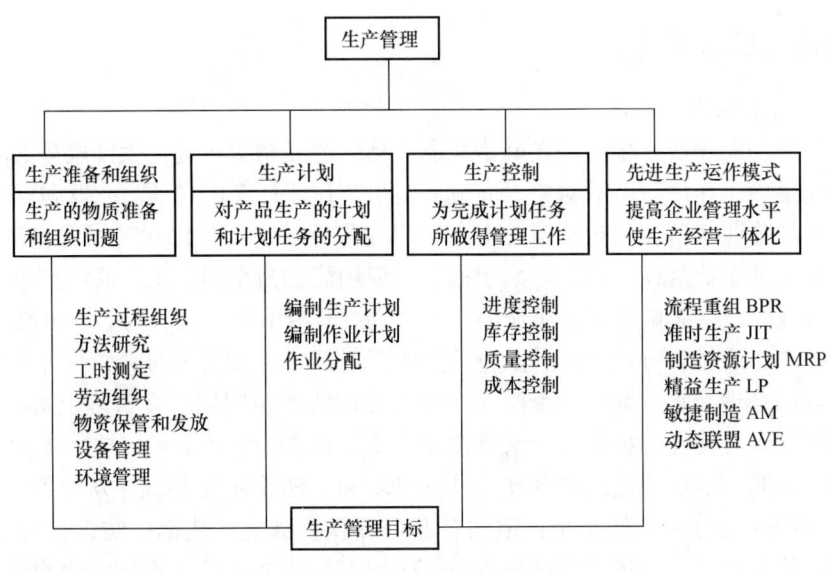

图 1-4　生产管理的内容

根据决策内容的特点，一般企业的战略都可以分为三个层次：企业级战略、部门级战略和职能级战略。生产战略属于职能级战略，担负着支持部门（或产品）战略的义务，它们之间的关系如图 1-5 所示。

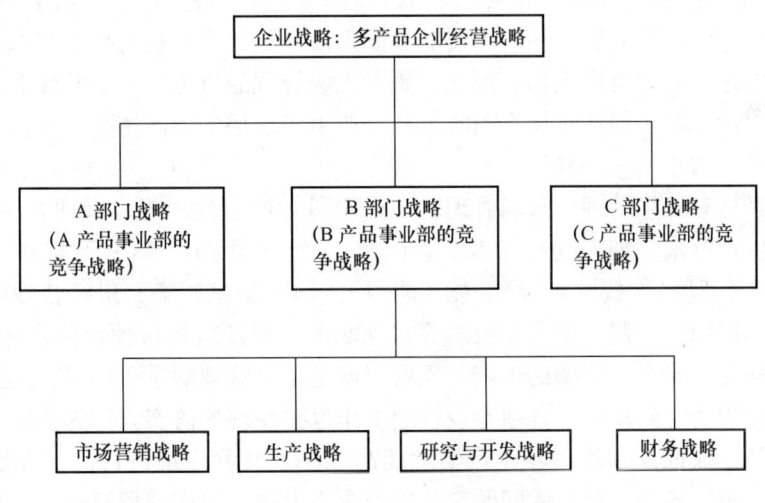

图 1-5　生产战略与企业战略的关系

模块 2　生产现场管理

现场管理是企业生产组织与管理的有机组成部分，生产现场管理是生产运作系统中的一个部分，它直接影响产品质量和企业的经济效益。只有不断地优化生产现场管理，才能实现企业管理的整体优化。本模块主要阐述现场管理的概念、搬运管理、定置管理、"5S"活动、生产现场诊断等内容。

1.2.1　现场与现场管理

1. 现场和现场管理的概念

现场一般指作业场所。生产现场就是从事产品生产、制造或提供生产服务的场所，即劳动者运用劳动手段，作用于劳动对象，完成一定生产作业任务的场所。它既包括生产一线各基本生产车间的作业场所，又包括辅助生产部门的作业场所，如库房、试验室和锅炉房等。在我国，由于工业企业规模较小，习惯于把生产现场简称为车间、工厂或生产第一线。

由于受行业特点的影响，工业企业的生产现场既具有共性，又具有各自的特性。所谓共性，是指一些基本原理和方法对所有企业的生产现场都是普遍适用的，如所有生产现场都要求生产诸要素的合理配置，都有一个投入与产出转换的效益问题；在管理上都具有综合性、区域性、动态性和可控性等特点。所谓特性，主要是指由于生产工艺、技术装备、生产规模和生产类型等不同，从而优化现场管理的具体要求和方法也不尽相同。从生产技术特点看，不同行业的生产现场有明显的差别：钢铁企业是炼铁、炼钢、轧钢；纺织企业是纺纱、织布、印染。即使是在同一个机械制造企业中，冷加工与热加工的生产现场也有很大的差异。从技术装备程度看，有些生产现场拥有较多机械化、自动化设备，技术密集程度较高，如大型化工企业的生产现场，一般都是通过装置和管道设施对原料进行加工；而有的生产现场则以手工业为主，劳动密集程度较高。从生产规模看，大型企业的生产现场，在人员素质、管理水平和环境条件等方面，一般要比小型企业具有较多的优势。从生产类型看，订货型生产与预估型生产、连续生产与间断生产、单一品种生产与多品种生产、流水生产与成批生产，其生产现场的组织管理方式皆不相同。按对象原则设置的生产现场与按工艺原则设置的生产现场，其组织管理方式也有所区别。因此，研究现场管理的重点应放在共性上，主要揭示生产现场运作的一般规律，但在具体实施时要从企业生产现场的实际情况出发，注意不同生产现场的特性要求，防止"一刀切"。

有现场就必然有现场管理。现场管理就是运用科学的管理思想、管理方法和管理手段，对现场的各种生产要素，如人（操作者、管理者）、机（设备）、料（原材料）、法（工艺、检测方法）、环（环境）、资（资金）、能（能源）、信（信息）等，进行合理配置和优化组合，通过计划、组织、控制、协调和激励等管理职能，保证现场按预定的目标，实现优质、高效、低耗、均衡、安全、文明的生产。现场管理是企业管理的重要环节，企业管理中的很多问题必然会在现场得到反映，各项专业管理工作也要在现场落实。作为基层环节的现场管理，其首要任务是保证现场的各项生产活动能高效率、有秩序地进行，实现预定的目标任务，解决现场出现的各种生产技术问题。从这个意义上说，生产现场管理也就是现场的生产管理。

2. 现场管理的特点

（1）基础性　企业管理一般可分三个层次，即最高领导层的决策性管理、中间管理层的执行性管理和作业层的现场管理。现场管理属于基层管理，是企业管理的基础。基础扎实，现场管理水平高，可以增强企业对外部环境的承受能力和应变能力；可以使企业的生产经营目标，以及各项计划、指令和各项专业管理要求，顺利地在基层得到贯彻与落实。优化现场管理需要以管理的基础工作为依据，离不开标准、定额、计量、信息、原始记录、规章制度和基础教育，基础工作健全与否，直接影响现场管理的水平；同时，通过加强现场管理又可进一步健全基础工作。因此，加强现场管理与加强管理基础工作，两者是一致的，不是对立的。

（2）系统性　现场管理是从属于企业管理这个大系统中的一个子系统。过去抓现场管理没有把生产现场作为一个系统进行综合治理，整体优化，往往抓了某一个方面的工作改进，忽视了各项工作之间的配套改革，比较重视生产现场的各项专业管理，却忽视了它们在生产现场中的协调与配合，所以收效不大。现场管理作为一个系统，具有系统性、相关性、目的性和环境适应性。这个系统的外部环境就是整个企业，企业生产经营的目标、方针、政策和措施都会直接影响生产现场管理。这个系统输入的是人、机、料、法、环、资、能和信等生产要素，通过生产现场有机的转换过程，向外部环境输出各种合格的产品或优质的服务；同时，它反馈转换过程中的各种信息，以促进各方面工作的改善。生产现场管理系统的性质是综合的、开放的、有序的、动态的和可控的。系统性特点要求生产现场必须实行统一指挥，不允许各部门、各环节、各工序违背统一指挥而各行其是。各项专业管理虽然自成系统，但在生产现场也必须协调配合，服从现场整体优化的要求。

（3）群众性　现场管理的核心是人。人与人、人与物的组合是现场生产要素最基本的组合，不能见物不见人。现场的一切生产活动、各项管理工作都要现场的人去掌握、去操作、去完成。优化现场管理仅靠少数企业管理人员是不够的，必须调动现场所有人员的积极性和创造性，发动广大员工群众参与管理。生产人员在岗位工作过程中，按照统一标准和规定的要求，实行自主管理，开展员工民主管理活动。改变人们的旧观念，培养员工良好的生产习惯和参与管理的能力，不断提高员工的素质。员工素质中突出的是责任心问题，有了责任心，工作就主动，不会干的可以学会。如果没有责任心，再好的管理制度和管理方法也无济于事。提高员工素质既不能任其自然，也不能操之过急，要从多方面做细致的工作。

（4）开放性　现场管理是一个开放系统，在系统内部与外部环境之间经常需要进行物质和信息的交换与反馈，以保证生产有秩序地连续进行。各类信息的收集、传递和分析利用，要做到及时、准确、齐全，尽量让现场人员能看得见、摸得着，人人心中有数，如需要大家共同完成的任务产量产值、质量控制、班组核算等。可将计划指标和指标完成情况画成图表，定期公布于众，让现场人员都知道自己应干什么和干得怎么样。与现场生产密切相关的规章制度，如安全守则、操作规程和岗位责任制等，应公布在现场醒目处，便于现场人员共同遵守执行。现场区域划分、物品摆放位置和危险处所等应设有明显标志。各生产环节之间、各道工序之间的联络，可根据现场工作的实际需要，建立必要的信息传导装置。例如，生产线上某个工位出现故障，流水线就会自动停下来，前方的信号灯就会显示出第几号工位发生故障。

（5）动态性　现场各种生产要素的组合，是在投入与产出转换的运动过程中实现的。优化现场管理是由低级到高级不断发展、不断提高的动态过程。在一定条件下，现场生产要素的优化组合具有相对的稳定性。生产技术条件稳定，有利于生产现场提高质量和经济效益。但如果由于市场环境的变化、企业产品结构的调整，以及新产品、新工艺、新技术的采用，使得原有的生产要素组合和生产技术条件不再适应，就必须进行相应的变革。现场管理应根据变化了的情况，对生产要素进行必要的调整和合理配置，提高生产现场对环境变化的适应能力，从而增强企业的竞争能力。因此，稳定是相对的、有条件的，变化则是绝对的，"求稳怕变"或"只变不定"都不符合现场动态管理的要求。

上述特点有助于进一步理解现场管理的含义，也为优化现场管理提供了理论依据。

3. 加强现场管理的必要性

为什么要加强现场管理？这个问题可以从以下四个方面来分析。

（1）从管理理论上分析　生产现场是企业生产力的载体，是员工直接从事生产活动、创造价值与使用价值的场所。企业向社会和市场提供的商品要通过生产现场制造出来；员工的精神面貌、道德、作风要在生产现场培养和体现出来；投入生产的各种要素要在生产现场优化组合后才能转换为生产力，所有这些都要通过现场有效的管理才能实现。现场管理水平的高低，直接关系到产品质量好坏、消耗与效益的高低，以及企业在市场竞争中的适应能力与竞争能力。由此可见，优化现场管理是企业整体优化的重要组成部分，是现代化大生产不可缺少的重要环节。它对于加强企业管理，提高企业素质和企业的经济效益，有着重要的意义。

（2）从管理实践上分析　我国工业企业对生产现场管理历来是重视的，并积累了不少好经验。"一五"时期，机械工业部通过调查，认识到应"根据企业不同生产类型，采用不同的管理方法"，提出要"以生产作业计划为中心加强企业管理"，强调要"管好在制品"。20世纪60年代，大庆油田创造了许多现场管理经验。例如，建立生产人员、基层干部、领导干部与机关工作人员的岗位责任制，做到"事事有人管、人人有专责、办事有标准、工作有检查"，把生产现场的工作同广大职工建设社会主义的积极性结合起来；强调机关科室要为生产现场服务，实行"三个面向"（面向群众、面向基层、面向生产），"五到现场"（生产指挥、思想工作、材料供应、科研设计、生活服务到现场）；在仓库管理中实行"四号定位"与"五五化摆放"，即对仓库中存放的各种器材规定出固定的摆放位置，按库号、架号、层号、位号对号入座，并按五个为一个记数单元进行摆放；为培养职工队伍，提出"三老"（当老实人、说老实话、办老实事）、"四严"（严格要求、严密组织、严肃态度、严明纪律）、"四个一样"（黑天和白天、坏天气和好天气、领导在场和不在场、有人检查和没人检查一个样）的作风要求等。

改革开放以来，特别是深化企业内部改革，实行了承包经营责任制以来，许多企业从实际出发，在新形势下创造了许多优化现场管理的新经验。例如，南京第二机床厂用十年时间，坚持不懈地抓现场管理，形成现场管理优化11法和现场管理40条，促进了企业发展；哈尔滨锅炉厂有限责任公司从长远发展战略出发，对生产现场进行综合治理，系统优化，形成了良好的文明秩序，保证了各项经济技术指标连续几年大幅度增长；东风汽车公司从日本引进现场管理经验，建立以现场为中心的综合管理体系，形成"一个流"生产方式，成为挖掘生产潜力，提高经济效益的重要途径。此外，还有很多企业在加强现场管理方面，摸索创造了各具特色的良好经验，如山东博山水泥厂的"规范化工作法"，原上海金陵无线电厂的"模特法"，原黑龙江阿城继电器厂的"定置管理"，石家庄市第一塑料厂的"满负荷工作法"等。

尽管有一批现场管理开展得相当好的企业和车间也积累了不少具有先进水平的管理经验，但从全局看，许多企业的现场管理水平同国外先进水平相比还有一定的差距。有些企业近几年来注重了市场，而忽视了现场，管理重心外移，而不是内沉。有些新发展起来的中小企业整体素质差，还不知道什么是科学的现场管理。现场管理落后集中反映在：现场纪律松弛，生产效率低，质量差，投入多产出少，效益低，生产不能适应市场变化的需要，具体表现在以下几方面：

1) 现场生产秩序混乱。员工干活无计划，操作无标准；职责分工不明，遇事推诿扯皮，规章制度不能严格执行；供应不及时，生产不均衡，工时利用率低，安全、质量事故频繁。

2) 现场存在浪费现象。用人过多，有人没活干，有活没人干，停工等待，无效劳动；生产过剩，库存积压，资金周转慢；物料消耗高，产品档次低，不必要的装卸搬运，出现大量的废品和不良品；长明灯，长流水，到处"跑、冒、滴、漏"。

3) 现场环境"脏、乱、差"。设备布局、作业路线不合理；物料、半成品乱堆乱放，工具箱、更衣箱参差不齐；门上有尘土，地面有油污，杂物堆积，通道堵塞，作业面积狭窄，环境条件达不到规定标准的要求。

4) 现场人员的素质亟待提高。必须改变现场人员不符合大生产和文明生产要求的旧观念、旧习惯，克服"惰性"、作风散漫和纪律松弛等毛病，增强凝聚力，提高其思想和技术业务素质。有人认为当前困扰企业的主要问题是企业外部环境的影响，许多企业的领导者忙于搞"外交"，抓市场，筹资金，顾不上抓现场管理，即便抓了也认为是"远水解不了近渴"。在市场经济条件下，企业生产经营必须以市场需求为导向，抓市场是完全有必要和应该的，问题是不能把抓市场同抓生产现场割裂开来，这两者是相互关联、相互制约，密不可分的。企业要在激烈的市场竞争中求生存、求发展，就必须向市场提供质量好、品种多、价格便宜、能按期交货的产品，而这些产品是在生产现场制造出来的，要靠现场管理来保证。因此，现场管理水平的高低决定着企业对市场的应变能力和竞争实力。为什么在同样严峻的外部环境中，有些企业的经济效益连连滑坡，生产难以为继；而有些企业则应付自如，其产品仍能在市场上畅销不衰？原因之一就是这些企业有一个良好的后方基地，注重现场管理，能及时地调整产品结构，开发新产品和不断地提高产品质量。因此，企业的领导者要一手抓市场，一手抓现场，不能抓了市场丢了现场，也不能只顾现场忘了市场，要以市场促现场，以现场保市场，通过加强现场管理去适应外部环境的不断变化。

（3）企业技术进步的需要　新产品的开发与研制，老企业的技术改造、设备更新，采用新技术、新材料、新工艺，以及引进技术的消化吸收与推广应用，这些都要具体落实和体现在生产现场。如果没有先进的现场管理，先进技术就很难充分发挥作用，技术进步的成果就不能很快变成现实的生产力。有些企业引进了国外先进的技术设备，但由于现场管理水平低，迟迟不能投产或投产后不能达标，就是明显的例证。

（4）提高企业素质、实现企业管理整体优化的需要　现场管理与企业管理是相辅相成、相互促进的，二者是局部与整体的关系。作为区域性的子系统，现场管理要服从企业管理整体优化的要求，保证企业生产经营总目标的实现，优化各项专业管理。同时，企业管理也要以现场管理优化为基础，把管理的重点放在现场，各职能科室要主动地为生产现场服务，为现场提供良好的工作条件。现场管理搞好了，企业管理的整体优化才有可能。

提高对现场管理重要性和必要性的认识，目的是为了增强搞好现场管理的自觉性，把优化现场管理这项工作扎扎实实地开展起来。

4. 现场管理的任务和内容

（1）现场管理的任务　有人把现场管理仅仅理解为"打扫卫生，文明生产"，这是很不全面的。现场管理的任务主要是合理地组织现场的各种生产要素，使之有效地结合起来形成

一个有机的生产系统,并经常处于良好的运行状态。具体的目标任务是:

1) 以市场需求为导向,生产适销对路的产品,全面完成生产计划规定的任务,包括产品品种、质量、产量、产值、资金、成本、利润和安全等经济技术指标。

2) 消除生产现场的浪费现象,科学地组织生产,采用新工艺、新技术,开展技术革新和合理化建议活动,实现生产的高效率和高效益。

3) 优化劳动组织,搞好班组建设和民主管理,不断提高现场人员的思想水平与技术业务素质。

4) 加强定额管理,降低物料和能源消耗,减少生产储备和资金占用,不断降低生产成本。

5) 优化专业管理,完善工艺、质量、设备、计划、调度、财务和安全等专业管理保证体系,并使它们在生产现场协调配合,发挥综合管理效应,有效地控制生产现场的投入与产出。

6) 组织均衡生产,实行标准化管理。

7) 加强管理基础工作,做到人流、物流运转有序,信息流及时准确,出现异常现象能及时发现和解决,使生产现场始终处于正常、有序、可控的状态。

8) 治理现场环境,改变生产现场"脏、乱、差"的状况,确保安全生产、文明生产。

(2) 现场管理的内容　现场管理的任务决定现场管理的内容是多方面的,既包括现场生产的组织管理工作,又包括落实到的各项专业管理和管理基础工作。因此,现场管理的内容可以从不同的角度去概括和分析。例如,从管理职能分析,现场管理的层次与范围虽不同于企业管理,但仍是具有计划、组织、控制、激励和教育等职能,这些管理职能在生产现场都有所体现,所以可以据此概括和分析现场管理的内容。另外,还可以从构成现场的点(工序管理)、线(流水管理)、面(环境管理)角度,概括和分析现场管理的内容。以下从优化现场的人、机、料、法、环等主要生产要素,从优化质量、设备等主要专业管理系统这一角度来概括和分析现场管理的内容。具体内容包括:作业管理;物流管理;文明生产与定量管理;生产现场质量管理;生产现场设备管理;生产现场成本控制;生产现场计划与控制;优化劳动组织与班组建设;岗位责任制;生产现场管理诊断。

在不同行业的不同企业中,现场管理的内容及其重点不尽相同。上述 10 项内容是从当前大多数企业的实际情况出发提出来的,具有一定的普遍意义。随着生产技术的发展和管理水平的提高,现场管理的内容将更加丰富、充实,并不断出现新的内容。

1.2.2　搬运管理

厂内物料搬运是指物料在生产工序、工段、车间(分厂)、仓库之间进行运送转移,以保证连续生产的搬运作业。按其工作的地点分,有从厂外运达以后的搬运作业、车间之间和车间内部的搬运作业;按其所搬运的物料分,有原材料、毛坯、半成品、外购件、成品搬运作业等。搬运作业是生产现场的一项重要活动,是联结各项生产活动的纽带。为了有效地组织好物料搬运,必须遵循搬运的原则,采用科学合理的搬运方式和方法,不断进行搬运分析,改善搬运作业。

1. 搬运原则

(1) 便于搬运方面　便于搬运方面的原则主要有:便于物料搬运;物料集中堆放;物

料体积大小适中；最大搬运单位；排除二次搬运；托盘式搬运方式；用拖车运输。

(2) 搬运自动化方面　搬运自动化方面的原则主要有：重力化；机械化；接力的。

(3) 减少等待和空载方面　减少等待和空载方面的原则主要有：协同工作；均衡搬运；钟摆方式搬运；定时搬运；提高运转率。

(4) 提高作业效率方面　提高作业效率方面的原则主要有：排除潜在搬运；减轻疲劳。

(5) 搬运路线方面　搬运路线方面的原则主要有：合理配置；搬运中工料不受损；安全；减轻自重；设备及时更新报废；标准化。

2. 搬运方式

(1) 从技术发展上分　可为人力搬运、简单工具搬运、机械化搬运和自动化搬运。

1) 人力搬运。依靠员工体力，用手搬肩扛。这种方式比较简单，但效率低、人工费用高、员工容易疲劳。一般只适用于物体小、数量少、重量轻、搬运距离短的情况。

2) 简单工具搬运。即利用手推车、工位器具搬运。这种方法简便，搬运效率较前者高，员工不易疲劳。一般适用于件小量大、搬运距离短的情况。

3) 机械化搬运。即利用火车、轮船、汽车、叉车、电瓶车、起重机等设备进行搬运。这种搬运方式灵活、效率高、运输量大、节省人力、费用低和适用范围广，既可以运大件，也可以运小件；既可以长距离运输，也可以短距离搬运。

4) 自动化搬运。即利用机械手、传送带、悬挂链和滑道等进行搬运。一般不使用人力。这种搬运方式效率更高，费用更少，一般也只适用于物件小、数量大、重量轻、距离短的情况。

(2) 从对在制品进行管理上分　可为送货和取货两种方式。

1) 送货方式。按工艺顺序，上道工序加工完后，要把在制品按时、按质、按量送往下道工序。这种方式，在制品顺流而下，容易了解加工进度，但占用在制品量多。

2) 取货方式。这是后道工序向前道工序提取必要的物料。这种方式可以严格控制在制品的数量，一般适用于产品质量比较稳定的大批量生产类型。

除上述搬运方式以外，还可以根据提高工时和设备利用率划分为单向往返、单向连续、双向连续、双向双车连续和环形运输五种方式；也可按发运时间和发运量划分为定量定时搬运、定时搬运和定量搬运三种方式。至于具体选择何种运输方式，则应根据实际情况进行选择。

3. 搬运分析

搬运分析是以加工对象的搬运距离、搬运数量及搬运方法为对象，分析加工对象在空间放置的合理性，目的在于改进搬运工作，减轻人员劳动强度，提高作业效率。

(1) 搬运方便系数分析　搬运方便系数分析亦称搬运活性系数分析，是以搬运工序为对象，对各道工序之间搬运方式的分析。物件在搬运前一般应集中存放，装入容器或车内，使之处于随时即可运走状态。搬运前后要有一段处理时间，处理时间的长短是由物件的放置状态决定的。

搬运方便系数，是表示物品搬运的难易程度，用数字0～4表示。系数大，表示物品需要处理的时间短，搬运方便；系数小，表示物品需要处理的时间长，搬运不方便。利用搬运方便系数来分析物品的放置状态，从中发现问题并加以改善，这对提高搬运效率，减少搬运时间，节省人力，保证物品质量都很有好处。搬运方便系数的确定方法见表1-2。

表 1-2 搬运方便系数及说明

放置状态与搬运方式					
搬运方便系数	0	1	2	3	4
状态说明	散放地上,需经装箱,抬起,装车,才能运走	装入容器,需抬起,装车后,才能运走	容器放在垫板上,可用叉车直接运走	装入车内,一推就可以运走	利用滑道或传送带,放上即能运走
搬运难易	难 ←				→ 易

（2）无效搬运分析　这是为了减少无效搬运即空运输所进行的一种分析,它利用无效搬运系数来表示。计算公式为

无效搬运系数 =（总搬运距离 - 有效搬运距离）/有效搬运距离

无效搬运系数越小越好,一般应为 1 或 1 以下。其分析图如图 1-6 所示,分析表见表 1-3。

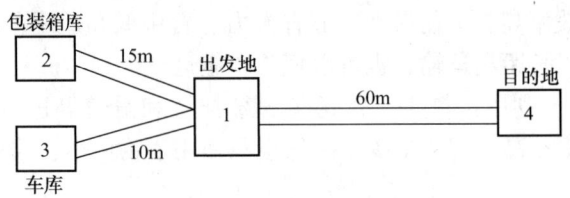

图 1-6　无效搬运分析图

表 1-3　无效搬运系数分析表

人和车的移动	说明	移动距离/m		
		无效	有效	合计
1-3-1	驾驶员到车库取车,空车回到出发地	10×2=20		20
1-2-1	驾驶员开车到仓库取包装箱,回到出发地装货	15×2=30		30
1-4	驾驶员开车送货到目的地		60×1=60	60
4-1	驾驶员开车回到出发地(空车)	60×1=60		60
1-3-1	驾驶员开车入车库,人回到出发地	10×2=20		20
合计		130	60	190

这个案例表明,无效搬运系数太大,需要改善。可以把车库和包装箱库移到出发地,则无效搬运系数就合理了。

1.2.3　定置管理

1. 定置管理的含义

定置管理是我国工业企业于 20 世纪 80 年代从日本学习引进的一种先进管理方法。作为生产现场管理的一个重要组成部分,定置管理的主要任务是研究作为生产过程主要要素的人、物、场所三者的相互关系。它通过调整生产现场的物品放置位置,处理好人与物、人与场所、物与场所的关系；通过整理,把与生产现场无关的物品消除掉；通过整顿,把生产场

所需要的物品放在规定的位置。这种定置要科学、合理，实现生产现场的秩序化、文明化。

2. 定置管理的基本理论

（1）人与物的三种结合状态　在工厂生产活动中，构成生产工序的要素有材料、半成品、机械设备、工夹模具、操作人员、工艺方法和生产环境等，归纳起来就是人、物、场所和信息等因素，其中最基本的是人与物的因素，只有人与物的合理结合，才能使生产有效地进行。

人与物的结合可归纳为三种基本状态：

1）A状态，即人与物处于能够立即结合并发挥效能的状态。例如，工作时使用的各种工具，由于摆放地点合理而且固定，当操作者需要时能立即拿到或者做到得心应手。

2）B状态，即人与物处于寻找状态或尚不能很好地发挥效能的状态。例如，一个操作者加工一个零件，需使用某种工具，但由于现场杂乱而忘记了这种工具放在何处，结果因寻找工具而浪费了时间；或者由于半成品堆放不合理，散放在地上，加工时每次都需弯腰一个个地拣起来，既影响了工时，又增加了劳动强度。

3）C状态，即人与物失去联系的状态。这种物品与生产已无关系，不需要人去同该物结合。例如，生产现场中存在的已经报废的设备、工具、模具，生产中产生的垃圾、废品、切屑，以及同生产现场无关的员工个人生活用品等。这些物品放在生产现场，不但占用作业面积，而且影响操作者的工作效率及安全。

因此，定置管理就是要通过相应的设计、改进和控制，消除C状态，对B状态进行分析和改进，使之都成为A状态并长期保持下去。

（2）人与物的结合成本　在生产活动中，为实现人与物的结合，需要消耗劳动时间，支付劳动时间的工时费用，这种工时费用称为人与物的结合成本。结合成本，亦即物的使用费用。

人与物的结合成本，和人与物的结合状态有直接关系。当人与物的结合处于A状态时，结合成本可以忽略不计。当人与物的结合处于B状态时，如作业者因使用的工具未实现定置管理，工作时花费很多时间去寻找需要的工具，用于找工具的工时费用越多，结合成本就越高。结合成本高，也就增加了物的使用费用。

人与物的结合成本，同物的原成本和物的现成本的关系为

$$物的现成本 = 物的原成本 + 结合成本$$

【例1-1】　某作业者操作时需使用一套模具，模具的原成本为500元，当模具处于A状态时，结合成本很少，可以不考虑，这时，模具的现成本为它的原成本，即500元。如果模具处于B状态，假定寻找该模具花费5h，单位工时费用为10元，试确定模具的现成本。

【解】　模具的现成本 = 模具的原成本 + 结合成本 = (500 + 5 × 10)元 = 550元

此例中，如果模具处于C状态，即模具已与生产活动无关，这时，模具就可作入库或报废处理了。

从上面分析可知，力求使人与物的结合保持A状态，是降低结合成本、使物的现成本不致增加的最佳途径。

（3）物与场所的关系　在生产活动中，人与物的结合状态是决定生产有效程度的因素，但人与物的结合都是在一定场所进行的。物与场所的有效结合是实现人与物合理结合的基础。实现人与物的最佳结合，必须首先处理好物与场所的关系，实现物与场所的合理结合。

研究物与场所的有效结合，就是对生产现场、人、物进行作业分析和动作研究，使对象物品按生产需要、工艺要求科学地固定在某场所的特定位置上，达到物与场所的有效结合，缩短人取物的时间，消除人的重复动作，以促进人与物的最佳结合。

1）实现物与场所的合理结合，首先要使场所本身处于良好的状态。场所本身的布置可以有三种状态：①良好状态，即良好的工作环境，场所中的作业面积、通风设置、恒温设备、光照、噪声和粉尘等状态，必须符合人的生理、工作生产和安全的要求。②需要改善的状态，即需要不断改善的工作环境。这种状态的场所，布局不尽合理，或只满足人的生理要求，或只满足生产要求，或两者都不能满足。③需彻底改造的状态，即需消除或彻底改造的工作环境。这种场所对人的生理要求及工作生产、安全要求都不能满足。定置管理的任务，就是把物与场所的后两种状态改变为第一种状态。

2）实现物与场所的结合，要根据物流运动的规律性，科学地确定物品在场所内的位置，即定置。定置方法有两种基本形式。

① 固定位置，即场所固定、物品存放位置固定、物品的信息媒介物固定。这种"三固定"的方法，适用于那些在物流系统中周期性地回归原地，在下一生产活动中重复使用的物品，主要是那些用作加工手段的物品，如工具、检具、量具、工艺装备、工位器具、运输机械和机床附件等物品。这些物品可以多次参加生产过程，周期性地往返运动。例如，模具平时存放在指定的场所和地点，需用时取来安装在机床上，使用完毕后，从机床上拆卸下来，经过检测、验收后，仍放回到原处，以备下次使用。

② 自由位置，即相对地固定一个存放物品的区域，至于在此区域内的具体放置位置，则根据当时的生产情况及一定的规则来决定。这种方式同上一种方式相比，在规定区域内有一定的自由，故称为自由位置。这种方法适用于物流系统中那些不回归、不重复使用的物品，如原材料、毛坯、零部件、产成品。这些物品的特点是按照工艺流程不停地从上一工序向下一工序流动，一直到最后出厂，所以对每一个物品（如零件）来说，在某一工序加工后，除非回原地返修，一般就不再回到原来的作业场所。由于这类物品的种类、规格很多，每种的数量有时多，有时少，很难就每种物品规定具体位置，所以对其规定一个较大范围的区域来定置，如在制品停放区、零部件检验区等。在这个区域内存放的各个品种的零部件，则根据充分利用空间、便于收发、便于点数等规则来确定具体的存放地点。

（4）信息媒介同定置的关系　信息媒介就是在人与物、物与场所合理结合过程中起着指导、控制、确认等作用的信息载体。由于生产中使用的物品品种多、规格杂，它们不可能都放置在操作者的手边，如何找到，需要有一定的信息来指引。许多物品在流动中是不回归的，它们的流向和数量也需要有信息来指导和控制；为了便于寻找和避免混放，也需要有信息来确认。因此，在定置管理中，完善而准确的信息媒介是很重要的，它影响到人、物、场所的有效结合程度。

根据信息媒介在定置管理中所起的作用，信息媒介可分为两类：

1）引导信息。有的引导信息告诉人们"该物在何处"，便于人与物结合。例如，车间里各种物品的台账就是一种引导信息。在台账中，每类物品都有自己的编号，这种编号是按"四号定位"原理来编码的（库、区、架、位），有了台账就可知道某种物品放在何处。又如定置的平面布置图，也是一种重要的引导信息，它形象地指示存放物的处所或区域的位置，人们凭借平面图中标记的信息，能准确而快速地找到所需物品的位置。

2) 确认信息。这是为了避免物品混放和场所误置所需的信息。例如,各种区域的标志线、标志牌和彩色标志,它告诉人们"这儿就是该场所"。有了废品存放区和合格品存放区的不同标志,就可避免混放的质量事故。这种指示地点的信息,又称为场所标志。又如各种物品的卡牌,也是一种重要的确认信息。在卡片上说明这种物品的名称、规格、数量和质量等,告诉人们"这就是该物",是物品的核实信息。

由此可见,在定置管理中,各种信息媒介物是很重要的。实行定置管理,必须重视和健全各种信息媒介物。良好的定置管理,要求信息媒介物达到五方面要求(五种理想状态):①场所标志清楚。②场所设有定置图。③位置台账齐全。④存放物的序号、编号齐备。⑤信息标准化(物品流动时间标准、数量标准和摆放标准等)。

3. 定置管理的推行

推行定置管理的一般程序如下。

(1) 对现场进行调整并明确问题 成立调查小组,以推行定置管理的主管人员为主(一般为车间主任),组织有经验的管理者和现场有关人员参加,对生产现场进行调查。调查内容一般包括:生产现场中人—机联系情况;物流情况;员工操作情况;生产作业面积和空间利用情况;原材料、在制品管理情况;半成品库和中间库的管理情况;工位器具的配备和使用情况;生产现场的物品摆放情况;生产现场的物品搬运情况;质量保证和安全生产情况;设备运转和利用情况;生产中的消耗情况等。

调查应有侧重点,在调查的基础上,找出现场存在的主要问题,明确定置管理的方向。

(2) 分析问题并提出现场改善的方案 主要分析以下几个方面:人与物的结合情况;现场物流状况及搬运状况;现场信息流状况;工艺路线和工艺方法状况;现场利用状况等。

(3) 定置管理的设计 定置管理设计的内容如下。

1) 各种场地(厂区、车间和仓库等)及各种物品(机台、货架、箱柜和工位器具等)的定置设计。其表现形式就是各类定置图,其实质是工厂布置的细化、具体化,它必须符合工厂布置的基本要求。主要有:单一的流向和看得见的搬运路线;最大限度地利用空间;最大的操作方便和最小的不愉快;最短的运输距离和最少的装卸次数;切实的安全防护保障;最少的改进费用和统一标准;最大的灵活性及协调性。

2) 信息媒介物的标准设计,如各种区域、通道和流动器具的位置信息符号的设计,各种料架、工具箱、生活柜和工位器具等物品的结构和编号的标准设计,位置台账、物品确认卡片的标准设计,结合各种物品的专业管理方法,制订出各种物品进出、收发的定置管理办法的设计等。

(4) 定置管理方案的实施和考核 定置管理的实施,即按照设计要求,对生产现场的材料、机械、操作、方法进行科学的整理和整顿,将所有的物品定位。要做到:有物必有区,有区必有牌,按区存放,按图定置,图物相符。一定要把定置管理的实施看成是群众自己的事,要依靠群众。为此,定置管理的设计必须吸收操作者参加;要对操作人员进行定置管理的培训;定置方案的实施主要依靠本车间操作人员自己来完成。

为了巩固已取得的成果,进一步发现存在的问题,不断完善定置管理,必须坚持定期检查和考核工作。考核的基本指标就是定置率,其计算公式是

$$定置率 = \frac{实际定置的物品个数(种类)}{定置图规定的定置物品个数(种类)} \times 100\%$$

【例1-2】 检查某车间三个定置区域,其中合格区(绿色标牌区)摆放15种零件,有1种没有定置;待检区(蓝色标牌区)摆放20种零件,有2种没有定置;返修区(红色标牌区)摆放3种零件,有1种没有定置。试确定该场所的定置率。

【解】 $$\text{定置率} = \frac{(15+20+3)-(1+2+1)}{15+20+3} \times 100\% = 89.47\%$$

4. 一个车间的定置要求

(1) 车间场地的定置要求

1) 要有按标准设计的车间定置图。

2) 生产场地、通道、工具箱、交检区、物品存放区,都要有标准的信息显示,如标牌、不同色彩的标志线等。

3) 对易燃、易爆物品、消防设施、有污染的物品,要符合工厂有关特别定置规定。

4) 要有车间、工段、班组卫生责任区的定置,并设置责任区信息牌。

5) 要有临时停滞物品区域的定置规定,包括积压的半成品停滞、待安装设备停滞、建筑维修材料停滞等的规定。

6) 要有垃圾、废品回收点的定置,包括回收箱的分类标志:料头箱(红色)、铝屑箱(黄色)、铁屑箱(黄色)、铜屑箱(黄色)、垃圾箱(白色)、大杂物箱(蓝色)。以上各类箱子还要有明显的相应标牌信息显示。

7) 按定置图的要求,清除与区域无关的物品。

(2) 车间各工序、工位、机台的定置要求

1) 必须有各工序、工位、机台的定置要求。

2) 要有图样架、工艺文件等资料的定置规定。

3) 有工具、卡具、量具、仪表、小型工具、工作器具在工序、工位、机台停放的定置要求。

4) 有材料、半成品及工位器具等在工序、工位摆放的数量、方式的定置要求。

5) 附件箱、零件货架的编号必须同零件账、卡、目录相一致,账、卡等信息要有流水号目录。

(3) 工具箱的定置要求

1) 必须按标准设计定置图。

2) 工具摆放要严格遵守定置图,不准随便堆放。

3) 定置图及工具卡片,一律贴在工具箱内门壁上。

4) 工具箱的摆放地点要标准化。

5) 同工种、工序的工具摆放要标准化。

(4) 库房的定置要求

1) 要设计库房定置总图,按指定的地点定置。

2) 易燃、易爆、易污染、有储存期要求的物品,要按工厂安全定置要求,实行特别定置。

3) 有储存期物品的定置,要求超期物品有单独区域放置;接近超期1~3个月的物品要设置期限标志;在库存报表上对超期物品也要用特定符号表示。

4) 账本前面应有序号及物品目录。

5) 特别定置区域要用标准的信息符号显示。
6) 物品存放的区域、架号、库号,必须同账本的物品目录相一致。

(5) 检查现场的定置要求

1) 要有检查现场定置图。
2) 要划分不同区域并用不同颜色标志。区域可分为:半成品的待检区及合格区;成品的待检区及合格区;废品区;返修区;待处理区。颜色分:待检区(蓝色)、合格区(绿色)、返修区(红色)、待处理区(黄色)、废品区(白色),即"绿色通、红色停、黄色红道行、蓝色没检查、白色不能用"。
3) 小件物品可装在不同颜色的大容器内,以示区别。

1.2.4 "5S"活动

1. "5S"活动的含义

"5S"活动,是指对生产现场各生产要素,主要是物的要素所处的状态不断地进行整理、整顿、清洁、清扫和提高素养的活动。由于整理、整顿、清洁、清扫和素养这五个词日语中拼音的第一个字母都是"S",所以简称为"5S"。"5S"活动在日本企业中广泛实行,它相当于我国企业里开展的文明生产活动。

"5S"活动在西方和日本企业中的推行是逐步发展、总结、提高的过程。开始的提法是开展"3S"活动,以后内容逐步充实,改为"4S",最后增加为"5S",不仅增加和丰富了内容,而且按照文明生产各项活动的内在联系和逐步地由浅入深的要求,把各项活动系统化和程序化。"5S"活动总结出在各项活动中,提高队伍素养是全部活动的核心和精髓。"5S"活动重视人的因素,没有员工队伍素养的相应提高,"5S"活动是难以开展和坚持下去的。日本企业在如何推行和坚持"5S"活动方面总结了一套方法,其中有不少方面值得我们学习。从一定意义上说,日本企业实行的"5S"活动,也是文明生产活动的发展和提高。因此,近年来我国许多企业,为了提高文明生产活动的水平,学习和推行了"5S"活动。

2. "5S"活动的内容和具体要求

(1) 整理(Seiri) 把要与不要的人、事、物分开,再将不需要的人、事、物加以处理。这是开始改善生产现场的第一步。其要点是首先对生产现场摆放和停滞的各种物品进行分类,区分什么是现场需要的,什么是现场不需要的;其次,对于现场不需要的物品,如用剩的材料、多余的半成品、切下的料头、切屑、垃圾、废品、多余的工料、多余的工具、报废的设备、员工个人生活用品(下班后穿戴的衣帽鞋袜、化妆用品)等,要坚决清理出现场。这样做的目的是:

1) 改善和增大作业面积。
2) 现场无杂物,行道通畅,提高工作效率。
3) 减少磕碰的机会,保障安全,提高质量。
4) 消除管理上的混放、混料等差错事故。
5) 有利于减少库存量,节约资金。
6) 改变作风,提高工作情绪。

这项工作的重点在于坚决把现场不需要的东西清理掉。对于车间里各个工位或设备的前后、通道左右、厂房上下和工具箱内外等,包括车间的各个死角,都要彻底搜寻和清理,达到现场无不用之物。坚决做好这一步,是树立好作风的开始。日本有的企业提出口号:效率和安全始于整理!有的企业,为了保证做到这一条,而又照顾到员工摆放个人生活用品的实际需要,因地制宜,采取了相应措施,如在车间外专门为员工设置休息室和存放衣帽的专用橱柜。有的利用两个车间之间的空间,专门设置员工存放个人用品的地方等。

(2) 整顿(Seiton) 把需要的人、事、物加以定量、定位。通过上一步整理后,对生产现场需要留下的物品进行科学合理的布置和摆放,以便在最快速的情况下取得所要之物,在有效的规章制度和流程下完成事务。

整顿活动的要点是:

1) 物品摆放要有固定的地点和区域,以便于寻找和消除因混放而造成的差错。

2) 物品摆放要科学合理。例如,根据物品使用的频率,经常使用的东西放得近些(如放在作业区内),偶尔使用或不常用的东西则应放得远些(如集中放在车间某处)。

3) 物品摆放目视化,使定量装载的物品做到过目知数,不同物品摆放区域采用不同的色彩和标记。

生产现场物品的合理摆放有利于提高工作效率,提高产品质量,保障生产安全。

(3) 清扫(Seiso) 把工作场所打扫干净,设备异常时马上修理,使之恢复正常。现场在生产过程中会产生灰尘、油污、切屑和垃圾等,从而使现场变脏。脏的现场会使设备精度降低,故障多发,影响产品的质量,使安全事故防不胜防;脏的现场更会影响人们的工作情绪,使人不愿久留。因此,必须通过清扫活动来清除那些脏物,创建一个明快、舒畅的工作环境,以保证安全、优质和高效率地工作。清扫活动的要点是:

1) 自己使用的物品,如设备、工具等,要自己清扫,而不是依赖他人,不增加专门的清扫工。

2) 对设备的清扫,着眼于对设备的维修保养。清扫设备同设备的日常检查结合起来。清扫设备要同时做好设备的润滑工作,清扫也是保养。

3) 清扫也是为了改善,所以当清扫地面发现有废屑和油、水泄漏时,应立即查明原因并采取措施加以改进。

(4) 清洁(Seikeetsu) 将前面3S(整理、整顿、清扫)的做法制度化、规范化,并贯彻执行及维持。清洁,不是单纯从字面上来理解,而是对前三项活动的坚持与深入,从而消除发生安全事故的根源,创造一个良好的工作环境,使员工能愉快地工作。清洁活动的要点是:

1) 车间环境不仅要整齐,而且要做到清洁卫生,保证员工身体健康,增强员工劳动热情。

2) 不仅物品要清洁,而且整个工作环境要清洁,进一步消除混浊的空气、粉尘、噪声和污染源。

3) 不仅物品、环境要清洁,而且员工本身也要做到清洁,如工作服要清洁,仪表要整洁,及时理发、刮须、修指甲和洗澡等。

4) 员工不仅做到形体上的清洁,而且要做到精神上的"清洁",待人要讲礼貌,要尊重别人。

(5) 素养(Shitsuke) 养成良好的工作习惯,遵守纪律。素养即教养,努力提高人员的素质，养成严格遵守规章制度的习惯和作风，这是"5S"活动的核心。没有人员素质的提高，各项活动就不能顺利开展，即使开展了也坚持不了。因此，落实"5S"活动，要始终着眼于提高人的素质。"5S"活动始于素质，也终于素质。

在开展"5S"活动中，要贯彻自我管理的原则。创造良好的工作环境，不能单靠添置设备来改善，也不要指望别人来代为办理，而让现场人员坐享其成。应当充分依靠现场人员，由现场的当事人自己动手为自己创建一个整齐、清洁、方便和安全的工作环境，使他们在改造客观世界的同时，也改造自己的主观世界，产生"美"的意识，养成现代化大生产所要求的遵章守纪、严格要求的风气和习惯。因为是自己动手创造的成果，所以也就容易保持和坚持下去。

由此可见，"5S"活动是把企业的文明生产各项活动系统化，并进入了一个更高的阶段。

3. "5S"活动的组织管理

实践表明，"5S"活动开展起来比较容易，可以搞得轰轰烈烈，在短时间内取得明显的效果，但要坚持下去，持之以恒，不断优化则不太容易。不少企业发生过"一紧、二松、三垮、四重"现象。因此，开展"5S"活动，领导必须重视，并加强组织和管理。

（1）将"5S"活动纳入岗位责任制　要使每一部门，每一人员都有明确的岗位责任和工作标准。下面以一个机械加工车间的清扫工作为例说明。

1）每日清扫。①清扫时间：每班下班前30min。②清扫人员分工：操作者负责机床、上、下及班组管理区域的清扫，清扫工负责车间主、次干道的清扫及现场切屑的清扫。③清扫内容见表1-4。

表1-4　每日清扫内容

项目 人员	地面	机床	刀检工具	工位工具	切屑
操作人员	清扫自己活动区地面	按设备日清扫标准执行	处理无用刀具、定位放好使用的工具、检具、刀具、夹具	小车按规定放好	将工作区的切屑扫入切屑箱
清扫人员	清扫各行走干道		把使用过的工具放在自己的工作室	运切屑的车辆放置在固定的位置	将切屑箱内的切屑清除干净
辅助人员	保证车间地面清洁		使用过的工具不随意放在现场		

2）周末清扫。①清扫时间：周末白班下班前1h。②清扫人员分工与每日清扫时人员分工相同。③清扫内容见表1-5。

（2）严格执行检查、评比和考核的制度　认真、严格地搞好检查、评比和考核，是使"5S"活动坚持下去并得到不断改进的重要保证。

检查和考评的方式方法可以多种多样，根据各单位的实际情况和条件来决定，不要求同一个模式。

日常性的检查评比，通常是在车间内部进行，由班组的兼职管理人员参加，而且同开展班组竞赛结合起来，同岗位责任制检查结合起来。下面以某汽车制造厂一个车间的做法进行说明。

表 1-5 周末清扫内容

项目 人员	地面	机床	刀检工具	工位工具	切屑
操作人员	清扫自己活动区地面	按设备日清扫标准执行	做日清扫事项，擦洗管理点架，整理工具箱内部	擦洗小车滑道等,包括踏脚板,并定置放好	彻底清除设备周围的切屑
清扫人员	清扫各行走干道		同"日清扫"	同"日清扫"	同"日清扫"
辅助人员	清查现场有无自己负责的无用品,如有则清除	配合操作者,帮助指导设备保养	同"日清扫"		

1）检查方式：每日进行。由一名车间主任及车间工会主席，以及各组的"5S"委员或班组长在下班前对车间各个班组进行"5S"检查。检查项目以"日清扫"为标准进行。由各班组"5S"委员集体评议，分出等级。

2）评比分为四个等级：4分——良好，绿色；3分——中等，蓝色；2分——及格，黄色（黄牌警告）；1分——差，红色（红牌需停工整顿）。评比等级用表格显示，见表1-6，表中的"●"分为绿、蓝、黄、红四种颜色。

表 1-6 评比等级表

日期 班组名	1	2	……	30	31	备注
×××班	●	●	……	●	●	
×××班	●	●	……	●	●	
×××班	●	●	……	●	●	
……	……	……	……	……	……	

3）评比公布方式：每日公布评比结果，由工会负责填写"5S活动竞赛评比牌"，挂在车间现场。评比牌的格式如图1-7所示。

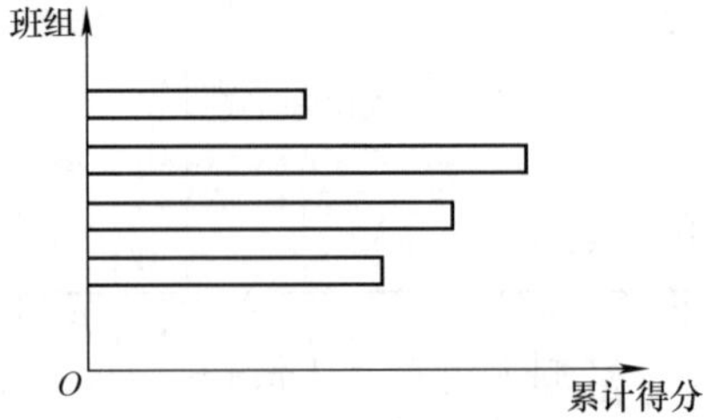

除了车间内部的每日检查、评比外，还应有全厂的检查和考核，这种检查通常按月或季度进行。下面是某电器公司有关定置管理的检查考核办法。

① 检查方式和时间：对车间、科室每月定期检查一次；此外，还实行不定期的突击性检查，每季度1~2次。

图1-7 "5S"活动竞赛评比牌格式

② 检查内容及扣分标准：没有定置管理总图的扣5分。车间、班组没有工具箱、工序、交检区、库房定置图的，一项扣2分。各类定置不完整的，一项扣1~2分。考核定置率要求达到100%，检查时为96%~99%，扣1~2分；90%~95%，扣3~5分；85%~89%，扣8~12分。经常使用的工夹具、量具等，没有处在A类状态的，两项扣1分。物品类别相混淆，扣1~5分。C类状态物品没有清除掉，一处扣2分。各类库房没有信息标志，一处扣2分。各类库房，对于将要超过储存期的物品，月末盘点报表，没按标准信息符合标志，一项扣1~3分。各类物品没按定置图的要求堆放，

如堆放在通道、走廊等，一律扣 2 分。垃圾类不按定置要求堆放，各种料屑相混，扣 1～5 分。办公室、工位、机台的工作椅，不按规定要求放置，一律扣 0.5 分。

③ 奖罚标准：扣分不超过 20 分的，按单位在册人数每人奖励 10～50 元。扣分为 20～30 分，不奖不罚；扣分超过 30 分的，按单位在册人数每人扣罚 20～100 元；"亮黄牌"，由值班主任每日定时巡视现场一周，发现缺点就贴一张黄纸，说明缺点、原因并限期改正。

（3）坚持 PDCA 循环，不断提高现场的"5S"水平　"5S"活动的目的是不断地改善现场，而"5S"活动的坚持也不可能总在同一水平上徘徊，而是要通过检查，不断发现问题，不断去解决问题，要在不断提高中去坚持。因此，在检查考核后，还必须针对问题，提出改进措施和计划。表 1-7 是一种"5S"问题的改进计划表格。

表 1-7　"5S"问题改进计划表

序号	改进项目	部门车间	负责人	日　期							
				1	2	3	4	5	……	30	31

厂部、科室、车间、班组等各级都应制订各自的"5S"改进计划，通过 PDCA 循环，使"5S"活动得到坚持和不断提高。

1.2.5　生产现场诊断

优化生产现场管理，首先要发现问题，提出改进的目标，然后对症下药，提出相应的改进措施，为此需要进行生产现场管理的诊断。

1. 现状和问题的调查研究

深入进行调查研究，掌握生产现场管理的现状和问题，是确定现场管理优化方向和措施的前提。生产现场管理诊断的调查方法主要有现场观察，同企业各级领导人面谈，请员工填写意见调查表等。

（1）现场观察　现场观察就是到生产现场，进行实地观察、询问，以调查了解生产现场管理的现状和存在的问题，主要包括以下方面：

1）安全文明生产。安全文明生产包括企业环境卫生、厂容、车间和工作场地的整洁，各种物品的定置情况，安全设施和安全规章的执行情况，有无"跑、冒、滴、漏"情况等。

2）目视管理。生产现场目视管理主要指岗位责任制的公布，工作任务和完成情况的公布，作业规程和标准的公布，定置图的公布，各种物品的彩色标志，安全生产的标志，人员着装的情况等。

3）劳动条件。生产现场劳动条件主要指照明、粉尘、温度、湿度、噪声、通风和劳动强度等。

4）工艺和质量。主要包括生产工艺的机械化和自动化水平，产品或零部件的工艺技术精度和难度，产品或零部件的成品率和返修率，有无工艺文件、检验标准及其执行的严格程度和变动程度，操作人员的技术水平和熟练程度，工序质量控制点的管理状况等。

5）物流管理。生产现场物流管理主要指采用何种生产空间组织形式，设备布置的合理性，物流路线和运输路线是否合理等。

6）作业计划和调度。作业计划和调度主要指有无分车间的月、旬、周短期进度计划，作业计划下达的及时性，生产均衡率、配套率，有哪些期量标准及执行的严格程度，计划变动的频繁程度，调度制度及调度的权威性等。

7）设备管理。生产现场设备管理主要指设备的新度、精度以及对产品质量和任务的保证程度，通过现场设备的使用、停放、维修、润滑和擦洗等判断设备的使用、保养和抢修的状况与质量等。

8）工艺装备。生产现场工艺装备主要指工具、量具、模具、夹具的装备数量和复杂程度，能否保证产品质量的需要，工位器具的装备和使用情况，工具箱的管理，模具库的管理，无效搬运系数的大小等。

9）劳动组织。生产现场的劳动组织主要指作业班组的规模（平均人数），作业组的形式，维修、电工和搬运等辅助作业组的组织方法，开工班次，轮班组织形式，各班人员配备的均衡程度及服务工作等。

10）定额管理。生产现场的定额管理主要指有无明确的岗位定员、工时定额、材料消耗定额、资金占用定额，定额水平的高低，定额的实际使用情况及超额的平均水平等。

11）员工工作热情。员工工作热情指操作者的性别、年龄与生产技术要求是否一致，员工的精神状态、劳动热情、效率和工作紧张程度，生产现场劳动纪律的遵守状况，利用瞬时观察法概略估算现场人员的工时利用水平。

12）设备开工率。利用瞬时观察法概略估算设备的大体开工率。

13）搬运。察了解生产中的搬运工具、方法、道路、批量和人员等合理程度。

14）在制品管理。在制品管理主要指车间在制品的质量、数量及检验方法，合格品、次品的堆放与隔离，在制品的堆放位置、方法、数量和转移手续。

15）仓库管理。生产现场的仓库管理主要指原材料、半成品和产成品在库房的存放数量、方法、位置和分处隔离状况，物品出入库手续和存放条件是否合适，物料、台账及卡是否齐全等。

16）生活设施。了解车间的休息室、衣帽柜设施状况，企业食堂、澡堂和交通工具等条件及其对员工生产、生活的影响程度。

现场管理的调查，应把定性分析和定量分析结合起来。通过上述各个方面的调查，可以对各个方面的工作做出定性的判断。在此基础上采用简便实用的定量计算方法，将各个分项调查的判断综合起来，做出对生产现场管理的综合评价。有了综合评价，就可以对各车间、各单位进行横向的比较。下面介绍一种填写现场调查记录卡的方法（表1-8），它是一种简便的定量调查方法。表1-8中列出了现场管理16个方面的内容。调查人员在调查过程中就每一个方面分别打分。打分的方法一般采用5分制，即最差为1分，一般为2分，较好为3分，很好为4分，最优为5分。然后根据这16个方面在生产现场管理中的重要程度，分别规定其加权系数，在表中用Z表示。表中的X表示每项的得分值。利用此表，可以对各生产现场管理综合水平做出定量比较，即用各生产现场（车间）得分小计进行比较；还可以就现场管理和各项工作在各车间进行比较，即各车间水平同全厂综合水平（各车间的平均值）进行比较，从而可以看出各车间水平是处在平均水平之下，还是在平均水平之上。

当有多人参加调查时，表1-8可以由每个调查人员分别填写一张，然后将各人的记录卡汇总起来，求出平均值，即为所有参加调查人员的总评价。这样做可以在一定程度上克服个人主观因素差异的影响。

表 1-8 现场调查记录卡

序号	项目	加权系数 Z	得分值 X				得分小计 ΣX	加权得分 $Z\Sigma X$	平均总分 $\dfrac{Z\Sigma X}{N}$
			一车间	二车间	三车间	…			
1	安全文明生产								
2	目视管理								
3	劳动条件								
4	工艺和质量								
5	物流管理								
6	作业计划和调度								
7	设备管理								
8	工艺装备								
9	劳动组织								
10	定额管理								
11	员工工作热情								
12	设备开工率								
13	搬运								
14	在制品管理								
15	仓库管理								
16	生活设施								
	小计								

(2) 同企业领导人面谈　个别谈话是一种重要的调查研究方法。它侧重于定性调查，有利于揭示事物现象深层次原因及各现象之间的内在联系。这种方法就是调查人员邀请企业厂部、车间以及同生产现场管理关系密切的各方面管理人员，围绕生产现场管理存在的问题和解决这些问题的措施，谈谈个人的看法。谈话一般都是个别进行。访谈前应拟订提纲，并通知谈话者，使之有所准备。提纲一般包括两个方面的内容：一是共性的问题，它对各级管理人员都适用；二是同谈话人身份有关的专业性问题。

1) 共性的问题

① 根据本行业的特点和现状，你认为本企业（或本车间）生产现场管理现在达到何种水平？国内先进水平、中等水平或较差水平？

② 你认为本企业（或本车间）的生产现场管理在哪些方面还存在差距？具体表现在哪里？优化现场管理上应当抓什么工作？

2) 专业性问题应根据领导人分管专业的不同而分别拟订。

① 同车间主任谈话。

a. 你认为本车间在作业管理上存在的主要问题是什么？原因何在？如何改善？

b. 你认为本车间在文明生产和安全生产方面存在的主要问题是什么？应如何改进？

c. 你认为厂部各职能科室在为生产现场管理服务方面做得如何？存在什么问题？哪些亟待改进？

② 同生产计划科长谈话。

a. 请介绍各车间生产作业计划的编制方法，存在什么问题？应如何改进？

b. 企业及各车间的生产均衡性和配套率水平如何？改进的目标及措施是什么？

c. 企业及各车间的生产调度工作如何？在作业统计、中间库管理、调度指挥等方面存在哪些问题？改进的措施是什么？

③ 同质量管理科长谈话。

a) 本企业在质量管理方面建立了哪些规章制度？贯彻执行情况如何？应如何改进？

b) 企业员工和领导层的质量意识如何？存在什么问题？如何改善？

c) 本企业产品检验系统的组织机构、人员素质如何？废品率、返修率等质量工作指标的现状如何？

④ 同设备动力科长谈话。

a) 请介绍本企业设备综合管理各项规章制度贯彻的情况，存在什么问题？应如何改善？

b) 本企业设备的技术状况、役龄状况以及适应生产的程度如何？

c) 本企业煤、电、油和水的消耗现状如何？与同行业企业相比有何差距？如何改善？

与其他方面管理人员的谈话提纲可依此拟订。

(3) 员工意见调查 员工意见调查是运用科学的方法，在较短的时间内，了解员工对企业管理的意见、问题、愿望和要求。在现场管理调查中，采用员工意见调查，并与上述同管理人员面谈的调查方法结合起来，有利于更好地明确现场管理的现状和问题。

员工意见调查属于抽样调查，调查的人数视企业总人数而定，一般约占企业总人数的 5%~20%，原则上每个车间、班组，以及同生产现场管理关系密切的各个科室的各类不同专业人员都要有 1~2 人参加，并填写调查表。调查表不记姓名，但要注明填表人所在单位、职务、性别、年龄和文化程度等，以便进行分析。

(4) 生产现场管理的评价标准 有些行业（或部门、地区）为了比较客观地评价和确定生产现场的实际管理水平，制订了统一的评价标准。有了这个标准，不仅可以比较客观、准确地评价生产现场管理目前所处的水平，还可以明确与先进管理水平的差距，找到优化现场管理的方向。

1) 普及型。以整齐、清洁、安全和优美的目标水平为主，要求一般企业达到此类型标准，作为提高现场管理水平的第一步。

2) 先进型。以现场要素的初步优化组合为主，要求先进企业达到此类型标准，作为提高现场管理水平的第二步。

3) 优化型。以现场要素的最优组合，具有现代化水平为主，要求一流企业达到此类型标准，作为提高现场管理水平的第三步。

这一标准的具体评价方法是：

1) 按每一项指标分别评定，符合标准的为合格项，不符合的为不合格项。每一项指标必须按"三型"都进行判定。如先进型判为合格项，则前一级的普及型也判为合格项；如优化型判为合格项，则前两个等级也要判为合格项。如前一个等级判为不合格项，则后一个等级必然判为不合格项（例如先进型判为不合格，则优化型当然也判为不合格）。

2) 每一个类型只有 85% 以上的指标合格，才算此类型合格，即

$$应合格指标总数 = 评价指标总数 \times 85\%$$

3) 取达到合格型中较高的一类型，作为现场管理的定型，如普及型、先进型都合格，则定为先进型。

4) 为了突出重点，每类型中确定单项否决项目，即此项不合格者不能定型。

2. 系统分析

通过调查研究，了解和掌握生产现场管理的各个方面及其总体水平，找到同先进管理水平的差距，那么如何进行改善、优化？这就需要运用系统分析方法，对各个问题及其相互之间的内在联系进行深入分析，找出主要矛盾和解决矛盾的关键性措施。

（1）系统分析的特点　系统分析就是为了发挥系统的整体功能，实现系统的目标，运用逻辑的方法，对系统加以详细的分析、比较、考察和试验，从而拟订一套经济有效的处理步骤或程序，或对原有系统提出改进方案的过程。系统分析是研究事物现象的一种方法和对策。在若干既定目标条件下，分析构成该事物（现象）组成部分的功能及其相互关系，寻求发挥系统整体功能的最佳对策或方案。

系统分析方法的主要特点是：

1）以整体效益为目标。系统分析必须考虑系统整体的最高效益，不能局限于个别子系统的效益，更不能顾此失彼。

2）以问题为重点。系统分析必须以能求得特定问题的最佳解决方案为重点。

3）运用科学的计量方法。不能单凭想象、臆断、经验或直觉下判断、作结论。

4）凭借价值进行判断。决定和选择最佳方案时要以价值为依据。

（2）运用系统分析方法优化现场管理的实例　某减速机生产企业一车间运用系统分析方法优化现场管理，取得良好效果，成为机械电子系统的一个先进典型。该企业的具体做法是：

1）从系统调查入手。该企业将生产现场管理划分为6个子系统进行调查，找出问题。

① 对工艺管理子系统调查分3个环节进行。

一是执行环节。企业确定的工艺执行率为95%，车间执行情况最差的为87%，两者相差8%。对这8%进行调查，分析归纳出11个问题。其中，有6个人与操作方法方面的问题，3个设备问题，2个材料问题。

二是管理环节。调查中发现存在4对矛盾不好解决：其一为工艺要求与生产任务之间的矛盾，表现为工艺人员同生产管理人员之间的矛盾；其二是工艺要求与现有设备水平、材料质量之间的矛盾，这个问题实际上已超出了工艺人员的权限；其三为上下认识不一致的矛盾，只有工艺人员在抓，班组长和操作人员缺乏认识；其四是检查问题与解决问题之间的矛盾，只查出问题而不能有效地解决问题。总的来看，问题关键在于执法不严，职责不清，结合不佳，缺乏标准。

三是立法环节。调查中发现工艺要求有10处不利于实际操作。其原因有3条：生产条件变了，工艺未能及时修正；工艺制订脱离现场实际；新工艺确立不及时。

归纳起来，工艺管理子系统共查出3个方面25个问题。

② 对质量管理子系统调查。围绕提高质量，对全车间17道工序逐项调查，查出问题91个。其中，属于车间自己能解决的问题41个，占45%；属于需同工艺、检验和设备部门配合解决的问题29个，占32%；需要其他有关部门解决的问题21个，占23%。

③ 对生产管理子系统调查。分别按准备、加工和产出3部分共17个环节进行调查。

a. 在产前准备阶段，分别对计划能力、材料准备、计划进料和材料保管4个环节进行调查。

b. 在加工阶段，分别对调度、计划考核、加工顺序、统计核算、费用考核、设备维修、安全生产、质量管理和工艺管理 9 个环节进行调查。

c. 在产出阶段，对入库结算、在制品储备、盘点统计和资金分配 4 个环节进行调查。

3 个阶段共查出 47 个问题。经分类，其中管理型问题 21 个，占 45%，这些问题里，又有 12 个问题是需要与相关部门配合解决的；厂技术型问题 9 个，占 19%；习惯型问题 10 个，占 21%；其他问题 7 个，占 15%。

④ 对设备管理子系统调查。在调查中归纳出四大因素：设备完好率未达标、设备维修率过高、部分设备精度欠佳、操作人员对设备基础知识掌握差。四大因素共查出问题 47 个，其中属于管理型的问题 21 个，约占 45%；属于突击操作造成的问题 10 个，占 21%；属于设备本身的问题 9 个，占 19%；其他问题 7 个，约占 15%。

⑤ 对资金管理子系统调查。从材料费用、可变费用和工时利用率 3 方面入手，共查出问题 21 个，全部属于管理问题。

⑥ 对思想政治工作子系统调查。调查是围绕政治、经济工作一体化的问题，即思想政治工作的保证作用来进行的，归纳出党的建设、员工教育、班组管理 3 方面共 26 个问题。

另外，各子系统之间相互衔接不好而产生的其他问题共 8 个。

2) 对查出的问题进行分类排队和深入分析。

① 对查出的 256 个问题分别进行纵向和横向分类，见表 1-9 和表 1-10。

表 1-9　纵向分类

项　目	件　数	占总件数的比例(%)
管理方面	92	36
技术方面	35	14
基础方面	28	11
人的因素	79	31
其他	22	8
累计	256	100

表 1-10　横向分类

项　目	件　数	占总件数比例(%)
车间问题	63	25
相关问题	128	50
科室问题	40	16
外部影响问题	25	9
累计	256	100

② 在分类排队的基础上，进行 4 个方面的分析。

a. 对查出的问题进行分析。从纵向分类表看，属于 A 类的是人的因素和管理方面的问题；从横向分类表看，属于 A 类（发生频率为 70% ~ 80%）的是相关问题。由此可以得出两点结论：

一是在众多的问题中，管理方面的问题是重点，而在管理问题中，具有相关性质的问题是主要方面。这就要求领导者把工作的重点放在管理方面，同时要树立整体意识去认识和解决问题。

二是提高现场管理水平的关键在于人员管理。

b. 通过对问题的分析和筛选，进一步明确问题的关键所在。上述分析表明，重点问题是人的因素和管理问题。对这两个重点问题进一步分析和筛选，就可以找出问题的关键所在。

在管理方面的92个问题中，应该重点抓好3个关键点：其一，要解决职责不清、标准不明，尤其是各专业管理协调和接口处的标准不健全，或有一定的职责标准，但缺乏执行考核的问题。其二，要解决对物流的控制问题，主要原因在于对信息流缺乏一套科学的管理手段。其三，要解决车间管理与各职能部门的衔接问题。

在人的因素方面的79个问题中，应该突出地抓好4个关键点：其一，要解决现场人员事业心、责任心问题，这是做好一切工作的根本。其二，要抓技术、业务素质的提高，想方设法增强员工做好工作的本领。其三，要解决有章不循的问题，强调合理的制约。其四，要关心员工生活，增强凝聚力，减少逆反心理。

c. 对管理各子系统之间的关系进行分析。通过分析，摸索经验，该厂认为各专业管理子系统之间的关系是：在现场管理这个系统中，生产管理是主干线，离开它，其他管理工作将失去存在的意义；质量管理是各项管理的落脚点；工艺管理则是现场管理的基础；设备管理是现场管理的重要组成部分；安全管理是现场管理的一大前提；思想政治工作则起保证作用，它将调动人的积极性，推动各项管理工作的顺利开展。通过分析，抓住主要矛盾，确立现场管理系统优化的模型。

d. 对人员素质进行分析。由于人的因素是关键因素，有必要将这个问题作为重点进一步进行分析。

首先，对车间管理人员和班组长进行分析。现有管理人员16名，班组长17名，其中经过专业培训、具有中专以上水平的仅8名，占24%，他们大部分从事技术工作；余下的25人占76%，只具有初中文化水平，没有受过专业培训，而他们分别担任生产、设备、安全和班组等管理工作。由此可见，车间的工艺和质量管理比较得力，而生产、设备管理是薄弱环节。这76%的人员既是培训的重点，又是车间管理潜力之所在。

其次，对员工队伍素质进行分析。这几年员工队伍的文化素质有所提高，但从总体看仍不能适应生产发展的需要，必须大力进行系统的、有针对性的教育培训。

③确定系统优化的方针和目标。在多层次深入分析的基础上，围绕关键问题，该车间提出现场管理系统优化的总方针是：以提高投入产出一次合格率为重点，以工艺为突破口，以人的管理为中心，旨在提高现场管理的整体功能。根据这个总方针，该车间提出了目标体系，包括长远目标和当前目标。现场管理的长远目标体系，就是创一流车间的"六要"方针目标：即安全要保、质量要好、产量要超、效益要高、管理要优、面貌要新。为实现"六要"目标，7个管理子系统又进一步提出了各自的具体目标，见表1-11。

表1-11 长远目标体系

总 目 标	子 系 统	子 目 标
"六要"方针	工艺管理	创一流工艺样板车间
	质量管理	消灭不良品,创产品信得过车间
	生产管理	创一流先进管理样板
	设备管理	实现系列化、档案化、标准化
	安全管理	以防为主,建立标准,消灭"双违"
	资金管理	加强控制,提高"三率"
	思政工作	实现思想政治工作、经济工作一体化

现场管理的当前目标体系,就是"双提高"的优化总目标,即"提高产品质量、提高工作质量"。为了保证实现这个总目标,7个管理子系统也分别确定了自己的具体目标,见表1-12。

表1-12 当前目标体系

总 目 标	子 系 统	子 目 标
提高产品质量 提高工作质量	工艺管理	巩固、提高工艺样板车间水平
	质量管理	优化管理手段,提高实物质量
	生产管理	纳入科学管理。确定3—4—3均衡率
	设备管理	建立系列标准,采纳科学管理,提高完好率
	安全管理	健全措施,事故频率达标
	资金管理	加强物流控制,提高材料利用率
	思政工作	提高质量,疏通渠道,立足具体

④ 在系统分析的基础上,从以下5个方面实现现场管理功能的系统优化:

a. 以工艺为突破口,优化产品质量。

b. 以定置管理入手,优化生产秩序。

c. 以设备管理为重点,优化加工手段。

d. 以标准化为主体,优化基础管理工作。

e. 以人为中心,优化员工队伍素质。

模块3 当好一个班组长

1.3.1 班组长在企业管理中的作用

1. 班组和班组长的地位

(1) 班组的地位 班组是企业组织生产经营活动的基本单位,是企业最基层的生产管理组织。企业的所有生产活动都在班组中进行,所以班组工作的好坏直接关系着企业经营的成败。只有班组充满了勃勃生机,企业才会有旺盛的活力,才能在激烈的市场竞争中长久地立于不败之地。班组就像人体上的一个个细胞,只有人体的所有细胞全都健康,人的身体才能充满旺盛的活力和生命力。

(2) 班组长的地位 班组中的领导者就是班组长,班组长是班组生产管理的直接指挥和组织者,也是企业中最基层的负责人,属于兵头将尾,是一支数量非常庞大的队伍。班组管理是指为完成班组生产任务而必须做好的各项管理活动,即充分发挥全班组人员的主观能动性和生产积极性,团结协作,合理地组织人力、物力,充分地利用各方面信息,使班组生产均衡有效地进行、产生"1+1>2"的效应,最终做到按质、按量、如期、安全地完成上级下达的各项生产计划指标。

在实际工作中,经营层的决策做得再好,如果没有班组长的有力支持和密切配合,没有一批领导得力的班组长来组织开展工作,经营层的政策也很难落实。班组长既是产品生产的组织领导者,也是直接的生产者。

(3) 班组长对三个层次人员的不同立场 班组长的特殊地位决定了他要对三个层次的人员采取不同的立场。

1）面对部下他应站在代表经营者的立场上，用领导者的声音说话。

2）面对经营者他应站在反映部下呼声的立场上，用部下的声音说话。

3）面对他的直接上司他应站在部下和上级辅助人员的立场上讲话。

总之，班组长的特点可以用16个字来概括：职位不高，决策不少，"麻雀"虽小，责任不小。

2. 班组长的重要作用

班组是企业的"细胞"，班组管理是企业管理的基础。无论什么行业、工种，它们的共性就是拥有共同的劳动手段和对象，直接承担着一定的生产任务，其中也包括服务产品，因此班组长有3个重要作用：

1）班组长影响着决策的实施，因为决策再好，如果执行者不得力，决策也很难落到实处。因此，班组长影响着决策的实施，影响着企业目标的最终实现。

2）班组长既是承上启下的桥梁，又是员工联系领导的纽带。

3）班组长是生产的直接组织者和参加者，所以班组长既应是技术骨干，又应是业务上的多面手。

3. 班组长的职责

班组长是企业中人数相当庞大的一支队伍，班组长综合素质的高低决定着企业的政策能否顺利地实施，因此班组长是否尽职尽责至关重要。班组长的职责主要包括：

1）劳务管理。人事调配、排班、勤务、严格考勤、情绪管理、技术培训以及安全操作、卫生、福利、保健、团队建设等都属于劳务管理。

2）生产管理。生产管理包括现场作业、工程质量、成本核算、材料管理、机器保养等。

3）辅助上级。班组长应及时地向上级反映工作中的实际情况，提出自己的建议，做好上级领导的参谋助手。但不少班组长目前仅仅停留在通常的人员调配和生产排班上，没有充分发挥出他们的领导和示范作用。

1.3.2 班组长的现状和基本标准

1. 班组长的管理水平现状

随着时代的发展和工作的需要，越来越多的年轻人走上了班组长的岗位，但他们大部分都是靠师傅带徒弟的方式或靠自己平时摸索，积累经验来了解、感悟什么是管理，因此缺乏系统的管理知识。经验很重要，但是经验毕竟不系统，存在一些盲区，所以必须经过系统的理论培训来提高管理水平，使管理工作由自发上升到自觉的层次。现代企业的班组长的管理水平现状主要有以下几大类型：

（1）生产技术型　生产技术型的班组长往往都是些业务尖子，但缺乏人际关系的协调能力，工作方法通常都比较简单，常常用对待机器的方法来对待人，用对待自然科学的方式对待很多社会现象和人际关系，因此对这一类的班组长有必要进行人际关系方面的培训。

（2）盲目执行型　盲目执行型的班组长带有比较浓厚的计划经济时期的特点，他们往往缺乏创新和管理能力，常常表现为态度和作风生硬，给人一种官僚主义的感觉。

（3）大撒把型　在企业中，有些班组长本身不是很乐意担任这一职务，所以上任后往往采取无为而治的做法，在工作中往往表现为得过且过，对工作没有责任心。这样的班组长实际上完全是徒有虚名，因此在班组成员中势必没有任何威信。

（4）劳动模范型　在工作中，劳动模范型的班组长一般能踏踏实实、勤勤恳恳，但却不适合担任领导工作，因此对这部分人如果不进行管理能力方面的培训，他们是很难胜任领导工作的。

（5）哥们义气型　哥们义气型的班组长对待班组成员常常是称兄道弟，像哥们一样，在工作中自然也容易义气、感情用事，缺乏原则性，实际上早已把自己混同于非正式小团体的小头目，没有发挥应有的班组长的作用。

总之，现在的班组长由于种种原因，普遍缺乏令人满意的管理能力和处理突发事件的能力，所以导致了很好的企业决策在最基层却得不到有效的贯彻和执行，严重地影响了企业的最终效益，甚至还严重地损害了企业的良好形象。

2. 角色认知

为了提高管理水平，班组长应提高自己的角色认知能力。角色认知是组织行为学中的一个概念，是指每个人都像生活在一个大舞台上，都在充当着一定的角色，在这个舞台上你是什么角色就唱什么调，绝不能反串。在实际工作中如果出现反串，就属于角色错位。

（1）对自己角色的规范、权利和义务的准确把握　班组长要代表3个立场：对下代表经营者的立场，对上代表生产者的立场，对待直接上司既代表员工的立场，同时又代表上级的辅助人员的立场。

如果班组长不清楚这一规范，也不知道自己究竟有多少权利、义务、职责，应扮演何种角色，那么他虽然处于班组长的位置，却未能发挥班组长的作用，是没有实际价值的班组长。当然，在对自己角色的把握上也不可过激，以致不认识或不了解下级群众。

（2）了解领导的期望值　作为下级，必须准确地了解领导的指示，以及领导指示的背景、环境和领导的风格。有时候作为下级的你费了很大的力气做某事，但并不是领导所希望的，结果费了力气反而没有达到应有的效果。当然也有可能你是正确的，但是领导不了解，怎么办呢？这时要选择适当的时机把自己的建议呈上，让领导比较全面、准确地接受或者采纳你的建议。现在西方有一种说法：驾驭好你的领导，只有了解领导的风格，才能更好地协调好关系，开展好工作。

（3）了解下级对你的期望值　下级对上级有以下5个方面的期望：

1）办事要公道。这说起来容易，但做起来却非常难。在我国，由于过去长期受传统的小农经济和计划经济的影响，公平常常被误认为平均主义，所以需要班组长在分配工作中做到办事公道，奖罚分明，分配利益时也要做到公道，只有这样才能够服众。

2）关心部下。缺乏对员工工作、生活上的关心和了解，员工自然也会不满意你。

3）目标明确。目标明确是做领导的一个最重要和最起码的前提。作为一个班组长，目标也应非常明确，否则就纯粹是一个糊涂官。

4）准确发布命令。班组长作为一线的指挥者，发布命令的准确程度应像机场上的管制员给飞行员发布命令一样准确，否则容易产生歧义，在命令的传播过程中必然会出现这样或那样的失误，造成工作中的事故。

5）及时指导。在工作中，下属总是希望自己能时常得到上司的及时指导，因为上司的及时指导就是对下属的关注和培训。

6）需要荣誉。作为班组长还应做到能够非常慷慨地把荣誉和奖金分给大家，你部下的劳动模范越多，你的工作就能做得越好。

1.3.3 计划的编制

在实践中,发现有的基层管理人员"胸有无数点子,情况不明却胆子大",这属于工作没有计划。无论哪一级的管理者都应做好计划,尤其是班组长在一线操作,更应有详细、周密的计划。编制计划的基本程序具体包括:

1. 调查研究并发现问题

班组长在制订工作计划之前要对自己的工作、内外环境进行详细的调查研究,找出问题所在。这里讲的问题是广义的概念,如出了差错称为问题,为自己制订更高的奋斗目标称为问题,上级下达了新的指标也称为问题。在此,问题是个中性词。

(1)弄清楚问题的性质 对于问题首先要弄清楚问题的性质,明确这一问题是常见问题,还是纯属个案。如果是常见问题,就应作出规律性的解释以及用相应的政策来解决。如果纯属个案就应具体情况具体处理。此外,还要明确有些事情属于常见问题的首次出现,还有些事情不是常见问题,过去没有遇到,因此在规章制度中没有体现,但以后可能还会重复地出现,此时就应对计划、规章制度进行重新修订。

(2)查找影响问题的主要原因 这一步骤称为对本部门进行诊断并确诊的过程。如果条件不具备,那么计划的标准可以适当地定得更切合实际一些,不要操之过急,否则欲速则不达。

决定事物性质的是主要矛盾,主要矛盾一旦解决,其他矛盾就都会迎刃而解。例如最近一段时间的客户投诉比较多,究竟是什么原因造成的?通过调查发现有以下原因:①客户故意刁难。②新员工多,需要培训。③两个部门之间缺乏协调和沟通。④领导重视不够。⑤整体需要管理培训。此时,就需要通过排除法,在众多的原因中找出最主要的原因,这个最主要的原因决定着事物的性质。

2. 确立目标

目标错了,一切都将随之而错,南辕北辙说的就是这个道理。目标应符合明确、具体、协调、可行的要求。班组长一级的计划,一般来说属于战术性的计划,因此能量化的要尽量量化,不能量化的也要说明结果。

管理大师彼得·德鲁克曾说过,在确定目标时一定要确定边界条件,或者说要实现这一目标,一定要具备哪些最基本的条件。边界条件又称为原则,在很多情况下原则比目标更重要,也就是说制订什么样的目标取决于办事原则。此外,确立目标时要留有一定的余地,不要把元气全部耗尽,以保持可持续发展。

3. 计划的拟订

有了目标,就要开始拟订计划。在拟订计划的过程中,应尽量地多征求部属的意见。

(1)征求部属意见的两个原则

1)独立性原则,指员工在提建议时应保证让其畅所欲言,独立并没有任何心理压力地提出自己的观点,防止从众心理起作用。从众有盲目从众与被迫从众的区别。盲目从众的人,一般说来文化素质比较低,没有自己的主见;被迫从众的人虽然有自己的观点,但是因怕影响某人的观点及权威而不提出自己的意见。不管哪一种从众心理,都影响了员工独立表达自己的意见和想法,所以如果要集思广益,就要号召员工充分地发表意见,把心里想说的都说出来。

2）排斥性原则，是指提出的方案最好互相排斥。只有一个方案的方案不是好方案，为什么呢？根据成功与失败概率各占50%的原理，只有一个方案，失败的概率占50%，所以应另外再提出一个互相排斥的方案。例如春运时为了解决坐不上车的困难，有人提出增加机车的数量，这是一种方案；还有人提出增加车皮的数量，这从表面看来，似乎是另外一种方案，但实际上却是一个方案，因为增加了机车就得增加车皮，增加车皮势必要增加机车的数量，所以这两个方案并不互相排斥。如果提倡民工不回家过春节，就是另一种不同的方案，是与前一方案相排斥的方案。

这种不同的意见能保证班组长头脑清醒，在方案的实施过程中，有一定的应变能力。即使员工提出的方案不正确，也便于及时把握员工的脉搏。当一个班组中的大多数意见高度一致时，常常容易做出比较冒险的决策，因为这时容易轻视对方或轻视困难，做出的决策容易远离实际。所以希望在制订计划的过程中有一些不同的声音，称为众谋和详虑。众谋是指大家共同策划，详虑是指仔细论证，也就是常说的民主决策。

（2）员工的参与度　如图1-8所示，决策的认可度表示员工对决策的关心程度，决策质量表示决策对班组有哪些至关重要的、关系成败的影响。

1）低认可，低质量。Ⅲ区称为双低，即低认可，低质量，也就是说员工对这项决策不是很关心，而且决策对班组前途的影响也不大，这样的事情就没有必要让大家参与。例如过年、过节安排值班。

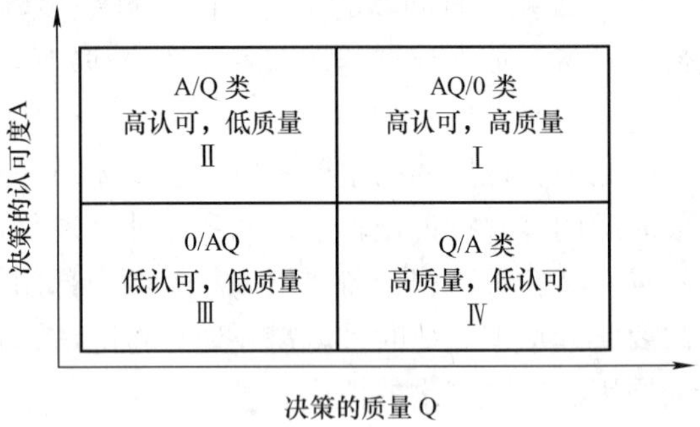

2）高认可，低质量。Ⅱ区为高认可，低质量，是指某一部分人对这一决策非常关心，但决策对整个班组的影响不大。例如班组要买一台新机器，这台机器只有少数几个人使用，其他人由于工种不同，并不使用这台机器，对这件事情就没有必要整个班组进行讨论，与使用这台机器的员工商量一下即可。

图1-8　员工的参与度

3）高质量，低认可。Ⅳ区为高质量，低认可，是指这项决策确实影响到班组的前途，但是有一部分人由于技术原因不懂或由于利益问题不关心，这样的决策与相关专家、相关人员研究一下即可。例如涉及一些技术问题，有一部分人可能不懂，因此只与某些高级技工沟通即可。

（3）高认可，高质量。Ⅰ区为高认可，高质量，是指这项决策既关系到大家的命运，又关系到组织的命运。例如分配制度的改革，整个班组计划的制订等，这些决策应集体研究。

4. 计划的制订

当方案拟订之后，就应对计划进行制订，此时，就需要班组长定夺，不要成为人云亦云的群众的尾巴。计划拟订之后，一般会出现三种情况：

1）三个草案或者五个草案都不错，这时制订计划比较轻松，能够优中选优，好中选好。

2）草案虽然都不错，但实施的条件不具备，暂时搁置，创造时机，以待实现。

3）几种草案都不好，但只能实行几个草案之中的一个，从不好的草案中选出一个相对较好的草案。

无论遇到哪种情况，班组长在制订计划时都应遵循"两利相权取其重，两害相权取其轻"的原则。

1.3.4 生产的组织

1. 岗位之间的接口处理

（1）缺乏应有接口的弊端　在生产管理中的班组长组织水平的高低，关键体现在如何协调各岗位之间、各道工序之间的关系，尤其是体现在多岗一事和交接班的接口处理。一台计算机的配置再高，如果接口处理不好，也不能高效运转。班组类似一台机器，即使每个员工的素质都很高，如果岗位之间的接口处理不好，也可能出现较大的问题。

在接口处理上，应该明确谁负主要责任，谁负次要责任，做到分工明确。如果分工模糊，一旦出现问题，就容易出现互相推诿，导致不良的后果。

【思考】　请你看完以下这则案例后回答文中提出的问题。

某城市有一所民居失火了，消防队灭火之后查找失火原因，发现是由于电线老化造成的。于是消防员就批评用户发现电线老化为什么不及早处理，为什么不报告。用户说他报告了供电局，供电局也确实派了位老师傅维修，但维修人员正准备修时发现距这段破损的电线1m处有一棵树。按照操作规程，破损的线旁边是不能有树的，维修人员于是要求用户先将树移走，再维修电线。而要移树就得找园林绿化部门，但当园林绿化部门派来的工作人员准备锯树时，看到树旁边有一段破损的电线，于是告诉用户："对不起，按照操作规程，树旁边不能有破损的电线，请你先把这段电线拆掉，我再来锯树。"由于供电局和园林绿化部门互相扯皮，事情就这样拖着，直到着火。请问，这一案例说明了什么问题？

（2）管理零空白　一个班组是一条工作链或一条服务链，在交接处常常是你中有我，我中有你，这种现象称为"交棒"和"接棒"。在"交接棒"的过程中，如果职责不清，出现互相推诿现象，就会给工作带来"掉棒"危险，容易出现问题。因此，提倡一个原则：管理零空白。所谓管理零空白是指必须做到"不能有人没事儿干，也不能有事儿没人干"。"接棒"的人要"带跑"一段，"交棒"的人要"跟跑"一段，在这一过程中，既要分清责任，还要突出协作精神，只有这样才能有效地提高工作效率。

（3）原始台账　一件货物从出发地到终点，要经过很多的环节、岗位、人，在交接过程中，必须要有原始台账。此外，上个班次和下个班次交接班的时候，也必须有非常明确的原始台账记录。只有这样才能清楚地划分责任人，发生事故后才能准确查找事故的原因。

【案例】　有一家用户从广东买了一台计算机，运到北京以后才发现计算机只剩下一个空壳，于是去问货运部门，但货运部门根本查不清楚在什么地方发生了失窃，为什么？这就是因为没有原始台账，并且在交接过程中出现了管理空白。

（4）海尔经验　一般的班组管理开展的是"5S"活动，海尔创造性地发展为"6S"，即整理、整顿、清扫、清洁、素养、安全。海尔将"6S"非常醒目地贴在工作现场。"6S"又称为"日事日毕，日清日高"，即每天的工作每天完成，每天工作要清理并要每天有所提高。

为了有效地贯彻这些思想，海尔还创造性地将市场链的概念运用于企业内部管理，即每一个岗位、部门都把下一个岗位、部门当做客户一样对待。下一个环节有权向上一个环节提出必须提供满意服务的要求。这就把市场的压力和来自客户的压力层层加到每个工作环节中，每个工作环节即使没有直面市场和客户也能感到来自市场的压力，因为员工的下一个环节就是员工的用户。

2. 规章制度的执行

(1) 各项规章制度的严格执行　班组长是生产的直接组织者，也是各项规章制度的执行者。作为班组长，必须严格地执行各项规章制度。

有些企业规章制度非常完善，但是管理水平却始终得不到提高，原因就在于完善的制度完全成了一种摆设，企业中存在有法不依、有规章制度不循的现象。要解决这一问题，班组长应充分运用手中的奖惩权力，凡是认真地执行规章制度的，就要进行奖励；如果违反了操作规章制度，就坚决地进行惩罚。有些班组长不愿意使用惩罚权，结果就造成了整个班组战斗力低下，组织纪律松懈，对班组的管理十分不利。

(2) 执行规章制度时应遵循的原则

1) 先严后宽。千万不要让员工认为规章制度只是一种摆设，没有权威性。交朋友时有这么一句话：先小人后君子，在管理中也是这样，规章制度一定要说在前面。遵守规章制度的，奖励；违反规章制度的，惩罚。经过"循环往复"的奖与惩，最后使员工养成遵守规章制度的良好行为，以后不用监督，员工也会自觉地遵照规章制度来办事。

【案例】　马戏团有一个绝活——马戏团有一只跳蚤笔直地跳一尺高，绝不往旁边的地方跳，也绝不超过一尺高。马戏团是怎么训练跳蚤的呢？原来马戏团把跳蚤抓来以后，为了防止跳蚤乱蹦，马戏团找了一根一尺高的笔直的玻璃管，把跳蚤罩住，它只要跳高了就把它弹回来，往旁边跳了也把它弹回来。跳蚤虽然没有思维，但也知道疼，一段时间之后，跳蚤逐渐养成习惯，后来把玻璃管撤掉，跳蚤也习惯成自然地、非常规矩地、笔直地跳一尺高。这种现象在行为学中称为强化理论。一种行为反复多次，就养成了一种习惯。

2) 对事不对人。企业中常常有这样的现象，某个员工触犯了规章制度，但是由于触犯规章制度的是个劳模，为了维护他的威信，就免于处罚。如果用这种方法来展开管理，规章制度就失去了权威性，不能服众。要维护规章制度的权威性，就要一视同仁，使其产生"炉火效应"，即谁摸它都烫手，领导也不例外。

3. 流程再造

随着改革的发展，组织机构的变更，很多机构的"硬件"变了，"软件"也发生了变化，作为班组长应做到与时俱进，对生产流程进行再造。

流程再造分为4个方面：清除、简化、整合、自动化，见表1-13。

表1-13　流程再造

清除	简化	整合	自动化
过量生产	表格	工作	脏活
等待时间	程序	团队	难活
运输	沟通	顾客	险活
加工	技术	供应商	乏味的工作
库存	流程		数据采集
缺陷/失误	问题区域		数据传送
重复性劳动			数据分析
重排格式			
检验			
协调			

1) 清除。等待时间，由于上一个环节总是不到位，出现虚耗，这就是一种浪费，必须清除。

缺陷/失误，由于失误，在工作中产生了残次品，而每生产一个残次品就是对成本的提高，就是对资源的浪费，必须清除。

重复性劳动，单位中有时会存在因人设事或重复性的劳动，这些都是要坚决清除的。

2) 简化。某些表格很繁琐，为了拿一只灯泡，要经过好几个部门签字，像这些就需要简化。

问题区域也需要简化。经常出现问题的环节称为问题区域。问题区域往往是因工作水平问题或用人不当造成的，这是应该关注的一个重点。

3) 整合。对工作进行整合有这样一个原则：凡是一个人能干的活就不要安排两个人干。如果安排两个人干一个人能干的活，就会多一次交接，也就多一次"掉棒"的概率，从而多一次发生失误的机会，可见一个人能干的活安排两个人，不仅造成了人员的浪费，而且还造成了失误概率的增加，所以需要对其进行整合。

对顾客进行整合。例如现在的自助餐形式，不用服务员递菜，把顾客进行整合，顾客自己执行了服务员递菜的功能，降低了成本，减少了劳动力。

4) 自动化。表 1-13 中罗列了脏活、难活、险活、乏味的工作等，这些工作能用自动化方式的尽量用，这样才能有效地提高工作效率。

4. 决断

(1) 决断的特点 作为一名班组长，每天都会遇到大量的需要决断的事情。班组长的决断与高层领导对重大经营活动的决策不同。高层领导的决策一般都有严格的论证程序，而且高层领导的决策大部分都属于战略性的决策。班组长遇到的很多问题大都是瞬间发生的，需要在很短的时间内就做出应有的回答，常常来不及一步一步地论证（有时也没有必要进行论证），而且决断对于班组长而言往往都是战术性的，所以班组长在做决断时，头脑中通常没有严格的逻辑思考和推理，有时完全凭借平时的经验积累、直觉以及个人的风格。这就是决断的特点。

(2) 组员请示的问题 在一线工作，常常会遇到班组成员请示问题，面对这些情况，班组长应如何处理？

首先判断请示的问题是否属于自己的权限范围。如果不属于自己的权限范围，应及时向上级汇报。如果确实属于自己的权限范围，也不必急于回答，而应先征求下级意见，问他认为应该怎么办。因为每个人在请示问题时，大脑中都有一两种想法，只不过他不敢做主或拿不定主意，班组长的反问不仅能充分调动下级的积极性，而且能把握住下级的思路。如果下级确实无法解决，此时班组长再根据自己的管理经验，帮助下级做决断，这样就显得更加主动。

(3) 非规范化问题 非规范化问题是指在规章制度中没有现成答案的问题。随着改革的深入、机构的变更、新生事物的出现，在管理过程中无论从技术上，还是从管理上可能都会有大量非规范化的事情出现。当遇到这一情况时，班组长应盯紧新问题，找出规律性的东西来，制订新的规章制度，对原来的规章制度进行弥补，再交给下级执行。

5. 用人

作为一班之长，面对性格各异、特长不同、需求不同，甚至为了不同的目标走到一起来的班组成员，如何团结班组成员齐心协力地共同完成企业的工作，发挥每位班组成员的特长呢？用好班组成员是组织好生产的一个关键环节，班组长在用人的过程中应本着以下原则：

(1) 量才使用，扬长避短　现代社会分工越来越精细，任何个人都难以成为全能冠军，所以一个人的长处越长可能短处也就越短。古人云"峰谷并存"，意在说明山峰越高峡谷也就越深，用今天的话来表达就是优点突出，缺点也突出，这属于正常现象。作为管理者，班组长应把员工安排到最合适的岗位上，把员工的长处用到极致。

【思考】　日本某企业一名员工最大的毛病就是上班时爱打瞌睡，主管们很为这名员工的出路发愁，想来想去终于为他找到了一个好的工作，安排他到街上卖睡衣。这名员工在街上一边卖，一边就睡着了，给顾客造成睡衣的质量绝对过硬，并有催眠功能的感觉，因此睡衣非常畅销。通过这则小故事，你得到了什么启发？

(2) 容短　在用人上要用长就要容短。俗话说有长就有短，一个人的短处如果不涉及原则性的问题，就要包容，不要过分地计较。有的人总是试图去改造别人，这往往不现实。据调查，一个人在青少年时期形成的个性一直到年老都会保持着，也就是所谓的"江山易改，本性难移"。因此，班组长不必试图改造班组成员，而是要了解他们，理解他们，然后扬其长处，避其短处。

(3) 容长　有的人能够容短，但是不能容长。如果管理者不能容长，就压制了人才。英国政论家帕金森说："人有一种劣根性，你可以设想一头狮子率领着一群绵羊前进，却很难设想一只绵羊能率领着一群狮子前进。"通常情况下，一个二流人才会找三流人才做自己的助手，而三流人才也会找四流人才做自己的助手。一名管理者要克服这一缺点，要敢于使用能力超过自己的人。卡耐基墓志铭上有一句名言：这里安葬了一个人，他善于把那些能力超过自己的人安排到恰当的岗位上。在科技飞速发展的时代，任何人都很难再成为全能冠军，所以管理者应该敢于使用那些实力超过自己的人，这实际上也正是自己实力的一种表现。

6. 协调

(1) 情绪　人们在活动中常常会受情绪的影响，情绪在人的个性中起着非常重要的作用。情绪与性格的区别在于：性格是比较稳定的一种心理体验的表象，而情绪变化较多，反复较大，经常处于不同的变化之中。

情绪由于客观事物和主观需要产生了差异，从而使人产生喜怒哀乐等一些主观的心理体验，不同的人在相同的环境之下可能会产生不同的情绪反应。通常在班组中，影响员工情绪的要素有：社会、家庭、工作环境、人际关系、身体等如图1-9所示。

在不同的环境中，不同的人会产生不同的行为，了解了这些有助于掌握人们的行为规律，找到改变行为的诱因。作为一名领导者，应要了解员工某种情绪产生的原因，从而改造他或改造环境。

(2) 影响沟通的障碍

1) 语言障碍。我国的语言非常

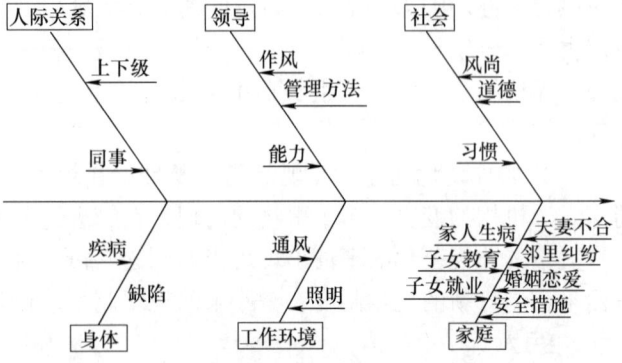

图1-9　影响职工情绪的要素

丰富，常常是一句话包含多种意思，容易造成对方的曲解。

2）知识经验差距产生的障碍。经验不同，对同一件事的理解和感受就不同，往往容易造成"话不投机半句多"的结局。

3）组织结构不合理。组织结构的不合理，会造成上传下达渠道不通畅，从而形成沟通障碍。

4）沟通方式选择不当。对不同的沟通对象应使用不同的沟通方式。如果沟通方式选择不当，往往会不欢而散，无果而终。

（3）加强与员工沟通的"四解两容"　为了加强与员工的沟通，提倡"四解"：了解、理解、谅解、和解。了解是前提，了解一个人就能理解一个人，理解之后能够谅解，谅解之后才能和解，才能处理好彼此的关系。作为一个班组长，所管理员工的性格各不相同，应该做到"两容"：容人、容事，即对各种性格的人都要包容，各种事都要拿得起放得下。

（4）P-A-C 理论　P-A-C 理论认为每个人都有三种状态，只是这三种状态在不同的环境与不同的时期里表现的程度不同。

1）P 状态，即家长状态，这样的人与别人交流时，常常喜欢用命令式的口吻，居高临下，哪怕是表扬也是很严肃的表扬，与人打交道时常常比较武断，甚至比较暴躁。

2）A 状态，即成人状态。A 状态的人与别人交流时往往表现得理智、冷静、不卑不亢，与对方总是保持一定的距离。

3）C 状态，即儿童状态。C 状态的人喜怒无常，说话容易走极端，容易动情绪，有时甚至还做出一些古怪的动作。

（5）交流状态

1）互补式，如图 1-10 所示。与人交流时，一般提倡互补式的交流状态，如下面列举的交流片段。

A 状态："小王，那份文件放哪儿了？"

A 状态："老师，那文件放在保险柜里了。"

C 状态："头儿还加班呀，快热死了。"

P 状态："走吧，就知道你懒驴上磨屎尿多。"一句话让员工感到很亲切，觉得你和他没有距离，如果你跟他一本正经地说："小王，这可是革命工作，咱们一定要认真地完成"，那么这名员工以后绝对不会再与你开玩笑了。

2）交叉式，如图 1-11 所示。一般不提倡交叉式的交流状态，因为交叉式交流常常是失败的，如下面的交流片段。

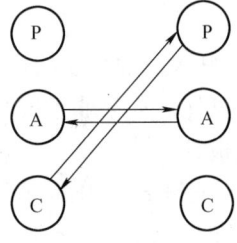

图 1-10　互补式

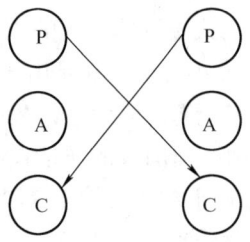

图 1-11　交叉式

P 状态："你有什么了不起！"
P 状态："难道你有什么了不起！"
C 状态："班长，您刚来，我们累得不行了，你也不关心关心我们！"
C 状态："你们累呀，你们怎么不知道我累呀，我累跟谁说呀！"

（6）表扬和批评　工作中一定要学会表扬和批评。表扬应遵循以下原则：公开表扬，真诚表扬，恰如其分地表扬，及时表扬，迂回表扬，赏识对方。批评对方也要注意批评的艺术，如"双色膏"式的批评，即又表扬又批评，俗话称为"打一巴掌揉三揉，别一棍子打死"。批评要讲究艺术，既要达到批评的目的，又能保护员工的积极性。

【思考】　请判断表1-14所列交流片段属于哪种交流方式？如果是你，你会怎么办？

表1-14　交流片段

交流片段	交流方式	你会怎么办
"小李，你的文案准备得怎样了？" "经理，准备得差不多了，明天就可交给你了。"	□互补式 □交叉式	
"经理，您刚来，我们都快累不行了。" "你们累呀，你们怎么不知道我累呀，我累了跟谁说。"	□互补式 □交叉式	
"头儿还加班呀，快饿死了。" "就知道你馋猫转世，看上我的爆米花了吧！拿去吧。"	□互补式 □交叉式	

7. 监督与控制

监督与控制是班组长做好本职工作的一个非常重要的环节。

（1）监督与检查

1）原则。监督与检查主要遵循一般与关键相结合、平时与抽查相结合的原则，防止中途效应，出现"开始紧、中间松、最后空"的现象。

2）质量控制点。在管理过程中，对质量控制点一定要重点监控，如特殊工艺、关键工序、事故多发区、两个岗位之间的交接处，都是班组长应该特别注意的地方。

（2）控制和驾驭局面　对整个班组的局面，管理者要学会控制和驾驭。

1）驾驭人。作为一名班组长，在管理工作中应提高驾驭能力。这种驾驭当然首先是对成员的驾驭。

2）冲突的管理。冲突是由于双方的观点、利益要求不相容而引起的矛盾。对待班组内的冲突，班组长既不能视而不见，也不能贸然行事，而要想出妥善的办法控制和解决。

8. 对非正式小群体的正确对待

（1）非正式小群体出现的原因及特点

1）非正式小群体往往是由于某种共同的背景、利益及信息沟通的需要而产生的。例如，同乡经常要在一起沟通信息，久而久之，就形成了非正式小群体。如果非正式小群体是积极的，应该鼓励，而消极的非正式小群体往往会压抑生产的积极性。

2）非正式小群体的特点是具有强烈的排他性，圈外人不能进入，内部有不成文的规范"纪律"和"领袖"人物。

（2）对待非正式小群体的态度　可以通过人员组合的方法使其成为正式组织，把小团体的利益和正式组织的利益紧紧拴在一起。

1.3.5 班组长的权力和管理原则

1. 管理的五项工作和五项内容

（1）管理的五项工作

1）计划。制订好计划，包括年度计划、月计划、每天的计划，做到有条不紊。

2）组织。组织生产，并且在组织生产中应注意如何用好班组的全体成员，如何坚持严格的班组规章制度。

3）协调。协调好员工之间的关系，以提高员工的主观能动性和工作积极性。

4）控制。控制生产的进度、目标。

5）监督。监督生产的全过程，对生产结果进行评估。

（2）管理的五项内容

1）人。对人的管理，也就是对员工的管理。

2）财。对财进行管理，如成本核算、资金流向。

3）物。对物品的管理，也就是对生产的管理。物品主要是指生产资料。

4）信息。管理的信息包括生产进度方面的信息，上级给下级下达的指示，下级向上级反馈的意见等。

5）时间。管理好时间就是处理好事情，管理者应对每天的工作按其轻重缓急和主次的不同来划分，进行时间管理。一名好的班组长在时间上是有条不紊的。

2. 班组长的管理原则

对于高层管理者而言，其工作原则是"行政长官不过问琐事"，其主要精力应放在管理企业的战略发展方向、重大政策的调整上。对于一名班组长而言，根据其定位，要求关注现场工作中的每一个环节，绝不能有丝毫的疏忽，否则就可能造成某种失误、事故，甚至出现重大的事故。因此，班组长在管理中必须要遵循"管理无小事"的原则。做到班前布置，中间控制，事后检查。班前要对员工进行工作布置并重点讲明注意事项，中间要对班组生产的进度、质量、方向等几个方面进行恰当的及时的控制，事后还要进行检查和总结经验。

3. 班组长职位权力与非权力因素

（1）权力类型　任何一名管理者的手中都握有一定的权力，这些权力随着管理者的职位高低而变化，这一权力称为职位权力。职位权力分为奖励权、惩罚权、法定权，如图 1-12 所示。

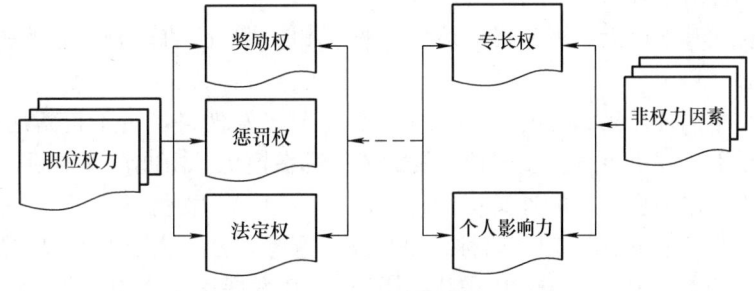

图 1-12　职位权力与非权力因素

注：虚线表示非权力因素对职位权力的间接影响。

1）奖励权。如果部下能按照规章制度进行操作，而且取得了成绩，班组长有权对其进行物质或精神方面的奖励，目的是激励取得成绩的员工争取做得更好，另一个更重要的作用是充分发挥他的模范带头作用，以便有效地带动班组的全体成员都能积极主动地工作，把本职工作做得更好。班组长的这种权力就是奖励权，这种做法被称为正激励。

2）惩罚权。员工违规操作，造成了一些失误，或没有服从组织纪律，就要进行惩罚，严重的可以将其停职，甚至开除，轻的可以在班组会上口头批评一次，或单独对其进行批评，目的是让其按照既定的目标、规章制度来完成任务。这种权力称为惩罚权，这种做法被称为负激励。

3）法定权。厂规和法律中赋予班组长的其他权力，统称为法定权。例如信息处理权就属于法定权。班组长对上级下达的文件可以根据情况有的向下传达，有的暂缓传达，甚至不传达；下属反映的情况如果班组长能处理，就不必上报。此外，流程改造权、设备更新权也都属于法定权。

4）非权力因素。同样是一名班组长，为什么有的班组长能够一呼百应，而有的班组长却使员工口服心不服，甚至当面顶撞？这里面除了职位权力之外，还有一个作用很大的因素——非权力因素，它影响着班组长的权力。

非权力因素与职位权力没有密切的关系，但是非权力因素却能有效地间接影响权力因素的运用。非权力因素包括专长权和个人影响力。所谓专长权是指懂技术，会管理。个人影响力是现代领导科学中尤其强调的一种领导能力，它并非强制性的权力，而是指管理者靠个人的人格魅力影响员工的工作。

（2）提高个人影响力的途径　管理者的个人影响力不是一朝一夕就能轻易形成的，而是靠自己和员工们的长期共同奋斗形成的，管理者不能期望通过一件事或模仿谁就能提高自己的影响力，这是一种长期的感情投资。古人所说"服人者，德服为上，才服为中，力服为下"，指的就是这个道理。

1）力服。力服是只靠权力使人服从，是被迫服从。力服的优点是解决问题迅速、简单，特别是在对付混乱局面时尤为有效，缺点是下级容易形成口服而心不服，不能持久，一旦上级权威减弱，下属便会不服并反抗。

2）才服。才服是以自己的才能引导下属，让其理智地服从，但难于使能力超过自己的下属成员服从，甚至会遭到有能力下属的藐视。

3）德服。德服是靠自己高尚的人格使下属心服口服，当前尤其强调班组长要以身作则，有奉献和牺牲的精神。

一名班组长只有把以上三者有机地结合起来，才能使自己的管理成功，才能成为一个班组的灵魂与核心。

【思考】　一名日本的心理学家在考察一个科室时，发现科员情不自禁地都在模仿着他们的科长，一举手，一投足，甚至连梳头发的姿势都在模仿。由此请你判断，这名科长的影响力是大还是小？作为班组长的你又将如何提高自己的影响力呢？

【案例】　韩国三星集团（以下简称三星）是一家跨国公司，职工16万人，年销售额近1000亿美元，在世界500家大公司中曾排名16位。其发展速度之快、产品涵盖之广、市场份额之大、出口创汇之巨都是超出人们想象的。那么三星集团管理优势何在？最重要的优势是它的班组管理。

(1) 三星集团班组管理的基本要求　三星公司的班组管理的核心是生动活泼,具有民主性,注重实际效果,注重人的自觉性、主动性与创造性的发挥。班组开展的各类管理活动,都与企业的方针、目标及重点工作相联系,充分体现了人人爱岗位,人人爱企业的精神。由于班组开展的管理活动形式多样又非常灵活,给人们一种浓厚的、真切的、充满生机和活力的感受。

(2) 班组管理重在目标管理　班组的目标管理是以表格的形式开展的。先将班组的目标(主要是经济指标)确立在历史最好的水平上,每天进行检查,每月进行综合评定。某天或某月达到目标后,班组及时地将所实现的目标值填入目标管理图内,并注明班组达到此目标所做的重点工作。企业的厂长也在该表格内签上自己的名字,并写上几句勉励的话。这样,使班组在取得成绩后,能及时得到领导的鼓励,以激励班组向更高的目标奋斗。同时,企业领导每天都要到班组走一趟,加深了领导深入基层的工作作风,密切了干群关系。

(3) 开展全员降低成本活动　韩国经济的不景气,对三星集团也产生了较大的冲击。三星集团为此普遍在班组开展了"降低成本费用活动"。在生产现场可以看到班组绘制的成本控制图。在这个图中,有控制成本费用的主要项目,有每个人的实施目标,有具体的目标值。班组开展的这项活动在组与组之间是公开的,员工与员工之间也是公开的,这样做可促使大家相互尊重、相互鼓励和相互竞争,最终达到降低成本的目的。

(4) 实行全员设备管理　三星集团在班组内开展的全员设备管理得到了员工的极大响应,也是班组管理的主要内容之一。他们有着完整的设备维护保养制度,并对设备实行重点管理。重点管理就是对容易影响产品质量的设备或容易出现故障的设备实行重点监控,使设备在生产中处于良好运行状态。凡重点设备都有非常明显的提示牌,以提示员工对设备监管的频度和内容。班组的全员设备管理充分体现了全员参与的意识,在班组内可以看到员工对设备提出的改进意见、改进方案图和设备改进前后的对比分析示意图。由于全员设备管理工作的开展,打破了设备管理只是少数专业人员的局限,同时也给班组员工创造了参与管理的环境。另外,全员设备管理也得到了各生产企业领导的重视,并及时对全员设备管理成绩突出的班组和个人进行奖励和表扬。

(5) 星级教师制的效果　在三星集团下属工厂的班组里都有专职教师,这个专职教师负责对所有员工在操作技能上的指导、帮助、学习、提高,他们的责任是培养出更多的"师资"水平的员工。开展的星级教师制分为"四星",也就是说,当班组员工取得四个星级时,那就证明你具有了专职教师的资格,可以对三星、二星、一星的员工进行操作指导和帮助。这项活动的开展,极大地调动了全体员工的学习热情和向四星级奋斗的目标。

(6) 让创新深入三星人心中　"创新"是三星极力提倡的工作精神,并作为厂训深深地扎根在"三星人"的心中。班组合理化建议的开展,大大激发了员工的创造精神。班组合理化建议有个人提出的,也有组成"合理化建议小组"后提出的。他们将合理化建议贴在墙上,并将建议的内容拍成照片,配上文字,附有改进前后的可行性分析,非常生动。另外,只要合理化建议被采纳,就给予奖励。在三星,每个员工一个月平均4次向上级提合理化建议,可见职工热爱企业的程度。

(7) 公益活动和集体活动　班组在完成生产任务后,也利用空余时间参加社会公益活动,很类似我国的"学雷锋"活动。其内容有:植树、值勤、到敬老院做好事及与社会有关的其他活动,从而增强个人对社会的责任感和展示员工的人性美和道德观。"三星人"

讲："我们三星之所以能够开展丰富多彩的公益活动，正是因为企业把这种精神作为自身基础的结果。"

　　班组集体活动有旅游、聚会、联欢、体育比赛等内容，而且将每次活动的内容拍成照片，贴在"班组园地"里，让大家共享那美好、难忘的集体生活。由于集体活动的丰富性，锻炼了班组的团队精神，培养了人和人之间友善和谐的关系，创造了宽松、和谐的班组氛围，而正是这些集体活动培养了员工对集体的责任感。

　　三星集团为员工们建造了很多现代化的文体中心，为他们提供了培养多种兴趣的条件，从而不断提高"三星人"的生活质量。

　　班组的管理活动内容还很多。例如，综合评定员工的"累计分考核制"，全面质量管理，以及提倡环境舒畅和气氛融洽的民主管理等，都在班组管理中发挥着重要作用，使班组这个企业最小的生产组织单位在企业管理中变成了最积极、最活跃、最富创造力的群体。

复习思考题

1. 试述现场与现场管理的概念。
2. 何谓定置管理？
3. 何谓"5S"活动？其内容和要求是什么？
4. 试述现场管理的特点。
5. 试述"5S"活动对搞好企业生产运作管理的意义。
6. 试分析不同搬运方式的优缺点。
7. 试说明生产现场诊断的切入点和难点。
8. 判断以下说法的正误。

　　(1) 关于过年的值班安排，下午全班组集体讨论。

　　(2) 班组要新进一台机床设备供小王和小李使用，班组长召集了小王和小李对购买何种性能、型号、品牌的机器设备进行讨论。

　　(3) 班组的生产线要进行技术升级改造，由于这一改造影响到班组的每一个成员，所以班组长召集全班组成员进行集体讨论。

　　(4) 公司要进行分配制度的改革，要求每个班组拿出一个方案，于是，班组长决定召开班组全体会议来讨论此事。

项目 2　年度生产计划

　　计划是管理的首要职能。没有计划，企业内一切活动都会陷入混乱。在一个好的计划指导下，水平一般的下属，也会做出成效；在一个差的计划指导下，能力很强的下属，也会把工作弄糟。现代工业生产是社会化大生产，企业内部分工十分精细，协作非常紧密，任何部门的生产活动都离不开其他部门而单独进行。因此，需要统一的计划来指挥企业各部分的活动。企业里没有计划，就像一个交响乐队没有乐曲，是无法进行任何生产经营活动的。

　　本项目主要介绍计划的层次，指标体系，制订计划的一般步骤，滚动式计划方法，生产能力，预估型生产企业和订货型生产企业年度生产计划的制订方法。

模 块 1　计 划 管 理

　　按照计划来管理企业的生产经营活动，称为计划管理。计划管理是一个过程，通常包括编制计划、执行计划、检查计划完成情况和拟订改进措施四个阶段。计划管理包括企业生产经营活动的各个方面，如生产、技术、劳动力、供应、销售、设备、财务、成本等。计划管理不仅仅是计划部门的工作，所有其他部门和车间都要通过四个阶段来实行计划管理。

2.1.1　计划的层次

　　企业里有各种各样的计划，这些计划是分层次的。一般可以分成战略层、战术层与作业层三个层次，如图 2-1 所示。

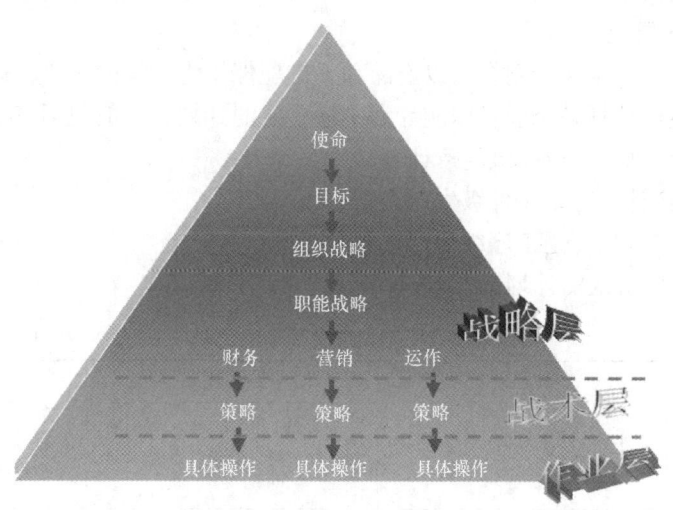

图 2-1　计划层次示意图

　　战略层计划涉及产品发展方向、生产发展规模、技术发展水平、新生产设备的建造等。战术层计划是确定在现有资源条件下所从事的生产经营活动应该达到的目标，如产量、品种、产值和利润。作业层计划是确定日常生产经营活动的安排。三个层次的计划有不同的特点，见表2-1。由表可以看出，从战略层到作业层，计划期越来越短，计划的时间单位越来越细，覆盖的空间范围越来越小，计划内容越来越详细，计划中的不确定性越来越小。

表2-1 三个层次计划的特点

	战略层计划	战术层计划	作业层计划
计划期	长（≥5年）	中（一年）	短（月、旬、周）
计划的时间单位	粗（年）	中（月、季）	细（工作日、班次、小时、分）
空间范围	企业、公司	工厂	车间、工段、班组
详细程度	高度综合	综合	详细
不确定性	高	中	低
管理层次	企业高层领导	中层，部门领导	低层，车间领导
特点	涉及资源获取	资源利用	日常活动处理

企业战略层计划中最主要的是经营计划，也称年度综合计划，年度综合计划又包括企业的各种职能计划，如销售计划，生产计划，财务计划等。这些职能计划之间不是孤立的，而是密切联系的。

2.1.2 生产计划的层次与计划指标体系

1. 生产计划

生产计划又称为生产大纲，它是根据销售计划所确定的销售量，在充分利用生产能力和综合平衡的基础上，对企业所生产的产品品种、数量、质量和生产进度等方面所作的统筹安排，是企业生产管理的依据。

年度生产计划是一个中期生产计划，处理的对象以产品级为主。年度生产计划是企业生产与其他活动安排的依据。年度生产计划以需求作为输入，通过合理安排使整个计划期的需求和生产能力达到大致的平衡，并且使完成任务的成本尽可能低。

2. 生产计划的层次

生产计划是一种战术性计划，它以产品和工矿配件作为计划的对象，这些都是企业向市场提供的东西。生产计划是企业各职能计划中最重要的计划，一般包括三个层次：

1) 厂级生产计划，是产品级生产计划。
2) 车间级生产计划，是零件级生产计划。
3) 班组级生产计划，是工序级生产计划。

表2-2列出不同层次的计划。

表2-2 不同层次计划的比较

	计划层	执行层	操作层
计划的形式及种类	生产计划大纲、产品产出计划	零部件（毛坯）投入产出计划、原材料（外购件）需求计划等	双日（或周）生产作业计划、关键机床加工计划等
计划对象	产品（假定产品、代表产品、具体产品）、工矿配件	零件（自制件、外购件、外协件）、毛坯、原材料	工序
编制计划的基础数据	产品生产周期、成品库存	产品结构、加工制造提前期、零件、原材料、毛坯库存	加工路线、加工时间、在制品库存

(续)

	计划层	执行层	操作层
计划编制部门	经营计划处(科)	生产处(科)	车间计划科(组)
计划期	1 年	1 月~1 季	双日、周、旬
计划的时间单位	季(细到月)	旬、周、日	工作日、小时、分
计划的空间范围	全厂	车间及有关部门	工段、班组、工作地
采用的优化方法举例	线性规划、运输问题算法、搜索决策法则(SDR)、线性决策法则(LDR)	MRP、批量算法	各种作业排序方法

生产作业计划是生产计划的执行计划，是指挥企业内部生产活动的计划。对于大型加工装配型企业，生产作业计划一般分成厂级生产作业计划和车间级生产作业计划两级。厂级生产作业计划的对象为原材料、毛坯和零件，从产品结构的角度来看，也可称作零件级作业计划。车间级生产作业计划的对象为工序，故也可称为工序级生产作业计划。

3. 生产计划指标体系

生产计划的主要指标有品种、产量、质量、产值和产出期。

（1）**品种指标** 是企业在计划期内产出的产品名、型号、规格和种类数，它涉及"生产什么"的决策。确定品种指标是编制生产计划的首要问题，关系到企业的生存和发展。

考核指标

$$品种计划完成率(\%) = \frac{报告期完成计划产量的品种数}{报告期计划品种数} \times 100\%$$

需要注意的是，不能以计划外品种代替计划内品种，品种完成率不大于100%。

（2）**产量指标** 是企业在计划期内产出的合格产品的数量，它涉及"生产多少"的决策，关系到企业能获得多少利润。产量可以用台、件、吨表示。对于品种、规格很多的系列产品，也可用主要技术参数计量，如拖拉机用马力、电动机用千瓦等。

考核指标

$$产量计划完成率(\%) = \frac{报告期实际完成产量}{报告期计划产量} \times 100\%$$

需要注意的是，实际完成产量可包括计划外产品产量和超计划产量。产量计划完成率可大于100%。

（3）**质量指标** 是企业在计划期内产品质量应达到的水平，常采用统计指标来衡量，如一等品率、合格品率、废品率、返修率等。

（4）**产值指标** 是用货币表示的产量指标，能综合反映企业生产经营活动成果，以便不同行业比较。根据具体内容与作用不同，产值分为商品产值、总产值与净产值三种。

商品产值是企业在计划期内产出的可供销售的产品价值。商品产值的内容包括：用本企业自备的原材料生产的成品和半成品的价值；外单位来料加工的产品加工价值。只有完成商品产值指标，才能保证流动资金正常周转。

总产值是企业在计划期内完成的以货币计算的生产活动总成果的数量。总产值包括：商品产值；期末、期初在制品价值的差额；订货者来料加工的材料价值。总产值一般按不变价格计算。

净产值是企业在计划期内通过生产活动新创造的价值。由于扣除了部门间重复计算,它能反映计划期内为社会提供的国民收入。净产值指标算法有两种:生产法和分配法。按生产法:净产值 = 总产值 − 所有转入产品的物化劳动价值;按分配法:净产值 = 工资总额 + 福利基金 + 税金 + 利润 + 属于国民收入初次分配的其他支出。

(5) 产出期　是为了保证按期交货确定的产品产出期限。正确地决定产出期很重要。因为产出期太紧,保证不了按期交货,会给用户带来损失,也会给企业的信誉带来损失;产出期太松,不利于争取顾客,还会造成生产能力浪费。

对于 MTO 企业,确定交货期和产品价格是主要的决策;对于 MTS 企业,主要是确定品种和产量。

2.1.3　制订计划的一般步骤及滚动式计划

1. 制订计划的一般步骤

制订计划的一般步骤如图 2-2 所示。

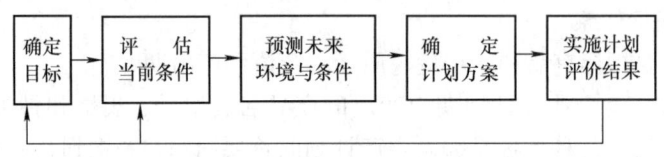

图 2-2　制订计划的一般步骤

确定目标要根据上期计划执行的结果。目标要尽可能具体,如利润指标、市场占有率等。

评估当前条件是要弄清楚现状与目标有多大差距。当前条件包括外部环境与内部条件。外部环境主要包括市场情况、原料、燃料、动力、工具等供应情况,以及协作关系情况。内部条件包括设备状况、工人状况、劳动状况、新产品研制及生产技术准备状况、各种物资库存情况及在制品占用量等。

预测未来环境与条件是根据国内外各种政治因素、经济因素、社会因素和技术因素综合作用的结果,预测未来,把握现状将如何变化,找出达成目标的有利和不利因素。

2. 滚动式计划

(1) 滚动式计划的编制方法　编制滚动式计划通常将整个计划期分为几个时间段,其中第一个时间段的计划为执行计划,后几个时间段的计划为预计计划。执行计划较具体,要求按计划实施。预计计划比较粗略。每经过一个时间段,根据执行计划的实施情况以及企业内、外条件的变化,对原来的预计计划作出调整与修改,原预计计划中的第一个时间段的计划变成了执行计划。例如,2005 年编制 5 年计划,计划期从 2006 ~ 2010 年,共 5 年。若将 5 年分成 5 个时间段,则 2006 年的计划为执行计划,其余 4 年的计划均为预计计划。当 2006 年的计划实施之后,又根据当时的条件编制 2007 ~ 2011 年计划,其中 2007 年的计划为执行计划,2008 ~ 2011 年的计划为预计计划。依次类推。修订计划的间隔时间称为滚动期,它通常等于执行计划的计划期,如图 2-3 所示。滚动期和计划期如图 2-4 所示。

1) 滚动期:修订计划的间隔时间,它通常等于执行计划的计划期限。年度计划一般以一季为一个滚动期;五年或五年以上计划以一年为一个滚动期。

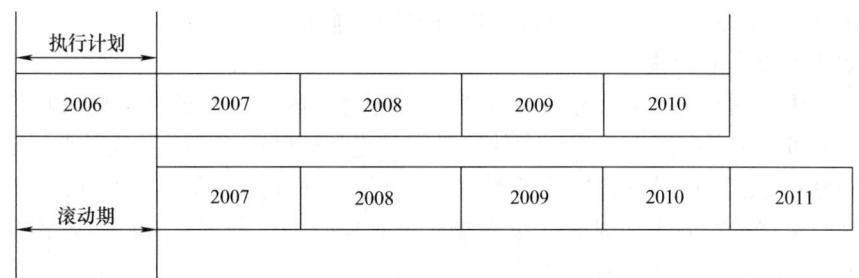

图 2-3　滚动计划

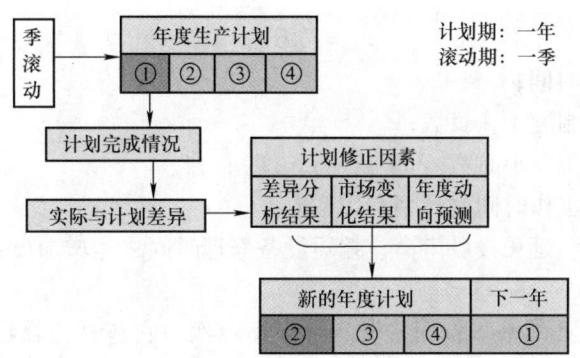

图 2-4　滚动期和计划期

2）计划期：滚动计划所包括的时间长度。

（2）滚动式计划的特点　滚动式计划有以下优点：

1）使计划的严肃性和应变性都得到保证。因为执行计划与编制计划的时间接近，内、外条件不会发生很大变化，所以可以基本保证完成，体现了计划的严肃性；预计计划允许修改，体现了应变性。如果不是采用滚动式计划方法，第一期实施的结果出现偏差，以后各期计划如不作出调整，就会流于形式。

2）提高了计划的连续性。逐年滚动，自然形成新的 5 年计划。

2.1.4　生产能力

生产能力是指企业的设施，在一定时期（年、季、月）内，在先进合理的技术组织条件下所能生产一定种类产品的最大数量。对于流程式生产，生产能力是一个准确而清晰的概念。例如某化肥厂年产 30 万 t 合成氨，这是由设备的能力和实际运行时间决定的。对于加工装配式生产，生产能力则是一个模糊的概念。不同的产品组合，表现出的生产能力是不一样的。大量生产且品种单一时，可用具体产品数表示生产能力；对于大批生产且品种数少时，可用代表产品数表示生产能力；对于多品种、中小批量生产，则只能以假定产品的产量来表示生产能力。

生产能力有设计能力、查定能力和现实能力之分。设计能力是建厂或扩建后应该达到的最大年产量；查定能力是原设计能力已不能反映实际情况，重新调查核实的生产能力；现实能力为计划年度实际可达到的生产能力，是编制年度生产计划的依据。国外有的人将生产能力分成固定能力和可调整能力两种，前者指固定资产所表示的能力，是生产能力的上限；后者是指以劳动力数量和每天工作时间和班次所表示的能力。

1. 影响生产能力的因素

（1）生产中的固定资产的数量　指企业在查定时期内所拥有的全部能够用于生产的机器设备、厂房和其他生产用建筑物面积的数量，如正在运转的设备，正在检修、安装或准备检修、安装的设备，因暂时没有任务或其他不正常原因而停用的设备。

（2）固定资产的有效工作时间　是指按照企业现行工作制度计算的机器设备的全部有效工作时间和生产面积的全部利用时间。

1）制度工作时间。

2）有效工作时间

$$F_e = F_0 H \eta_0$$

式中　F_e——有效工作时间；

F_0——设备全年制度工作日数；

H——每日制度工作小时数（即工作日长度）；

η_0——设备制度工作时间的计划利用系数。

加强设备维护保养，延长设备寿命，缩短设备修理时间，是增加设备有效工作时间总数的重要办法。

（3）固定资产的生产效率　指固定资产生产率定额。它包括机器设备的生产效率和生产面积的生产效率。

设备的生产效率有两种表示方式：一种是单台设备在单位时间内的产量定额 P；另一种是单台设备制造单位产品的时间消耗定额 T（台时定额），二者互为倒数关系。固定资产生产率定额是计算生产能力的最基本因素。固定资产的生产效率是一个综合性因素，对它的正确确定不能单纯依靠数字计算，还须对这些因素进行客观分析。

2. 生产能力的核定步骤

1）确定企业的经营方向和生产纲领。

2）组织和收集资料。

3）计算核定。核定内容包括：设备和设备组的生产能力；生产线和工段的生产能力；车间的生产能力；企业的生产能力。

3. 单一品种生产时设备组生产能力的计算

（1）单台设备及流水线生产能力的计算和确定

1）单台设备的生产能力

$$M_1 = F_e / T$$

或

$$M_1 = F_e P$$

式中　T——单位产品需该设备台时数；

P——单位时间产量定额；

2）流水线的生产能力是各工序生产能力平衡的结果。

（2）设备组生产能力的计算

$$M = M_1 S$$

式中　S——设备组内的设备数量。

（3）工段的生产能力的计算　工段生产能力的计算在设备组生产能力的基础上进行。

一个工段往往要包括几个设备组，而设备组的生产能力又往往不相等，这就要进行综合平衡工作。如图 2-5 所示的设备组，可采用的方式有：以铣代刨；以车代镗；钻床组技术革新或加班加点。

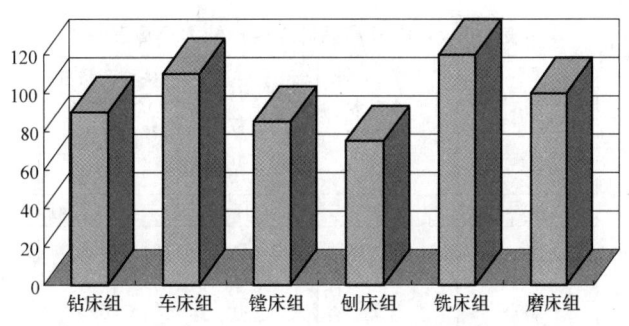

图 2-5　工段生产能力计算

（4）企业生产能力的确定。

4. 多品种条件下生产能力的计算

（1）代表产品法（标准产品法）

1）选定代表产品"0"。实际工作中，常将各产品的计划产量换算为代表产品的产量。确定代表产品的原则：该产品反映企业专业方向，产量较大，占用劳动量较多，在结构和工艺上具有代表性。

2）计算代表产品表示的生产能力，计算公式为

$$M_0 = F_e S / T_0$$

式中　S——设备组内的设备数量；

　　　T_0——产品的劳动量。

3）计算产品换算系数，公式为

$$K_i = T_i / T_0 \quad (i = 1, 2, \cdots, n)$$

4）将各具体产品的产量换算成代表产品的产量，换算公式为

$$Q_{0i} = K_i Q_i \quad (i = 1, 2, \cdots, n)$$

5）计算各种产品占全部产品的比重 w_i（%），公式为

$$w_i = Q_{0i} / \sum Q_{0i} \quad (i = 1, 2, \cdots, n)$$

6）计算各种产品的生产能力 M_i，公式为

$$M_i = M_0 w_i / K_i \quad (i = 1, 2, \cdots, n)$$

7）比较各品种的计划产量 Q 与各生产能力 M 的大小。$Q > M$ 则表示生产能力不足，即很难完成任务；$Q < M$ 则表示生产能力足够，即完全能完成任务。

【例 2-1】 某厂生产 A、B、C、D 四种产品，其计划产量分别为 250，100，230 和 50 台，各种产品在机械加工车间车床组的计划台时定额分别为 50，70，100 和 150 台时，车床组共有车床 12 台，两班制，每班 8h，设备停修率 10%，试求车床组的生产能力。（每周按 6 个工作日计算）

【解】（1）确定 C 为代表产品

（2）计算以 C 为代表产品表示的生产能力

$$M_0 = \frac{(365-59) \times 2 \times 8 \times 0.9 \times 12}{100} \text{台} = 529 \text{台}$$

（3）计算各具体产品的生产能力 M_i，见表2-3。

表2-3 以代表产品计算生产能力换算表

产品名称	计划产量 Q_i/台	单位产品台时定额 T_i	换算系数 K_i	换算为代表产品数量 Q_{0i}/台	各种产品占全部产品的比重 $w_i(\%)$	以代表产品为单位的生产能力 M_0/台	换算为各种产品的生产能力 M_i/台
甲	①	②	③	④=①×③	⑤=④/∑④	⑥=	⑦=⑤⑥/③
A	250	50	0.5	125	25	(365−59)	264.5
B	100	70	0.7	70	14	×2×8×12×	105.8
C	230	100	1.0	230	46	0.9/100 =	243.3
D	50	150	1.5	75	15	529	52.9
合计	630			500			666.5

结论：每种产品生产能力均大于计划产量，生产能力有富余。

（2）假定产品法 企业产品品种比较多，各品种在结构、工艺和劳动量方面差别较大，不易确定代表产品时，使用假定产品法计算生产能力。

1）计算假定产品台时定额（T_m），公式为

$$T_m = \sum T_i D_i \quad (i = 1,2,3,\cdots,n)$$

式中 T_i——第 i 种产品单位台时定额；

D_i——第 i 种产品占产品总产量的百分比。

2）计算假定产品生产能力，公式为

$$M_m = F_e S / T_m$$

式中 S——设备组内的设备数量，其余各字母含义可参见前面介绍。

3）计算各具体产品的生产能力，计算公式为

$$M_i = M_m D_i \quad (i = 1,2,3,\cdots,n)$$

【例2-2】 在例2-1的基础上，用假定产品法确定车床组生产能力。

【解】（1）各产品占产量总数的比重见表2-4，其计算公式为

$$D_i = Q_i / \sum_{i=1}^{n} Q_i \quad (i = 1,2,\cdots,n)$$

（2）计算假定产品台时定额，见表2-4。

表2-4 假定产品法生产能力换算表

产品名称	计划产量 Q_i/台	单位产品台时定额 T_i	各产品占产量总数的比重 D_i	单位假定产品台时定额 T_m	假定产品表示的生产能力 M_m	具体产品的生产能力 M_i
甲	①	②	③	④=②×③	⑤	⑥=⑤×③
A	250	50	0.4	20		267
B	100	70	0.16	11.2	667.6	106.8
C	230	100	0.36	36		240
D	50	150	0.08	12		53
合计	630		1	79.2		666.8

(3) 计算假定产品生产能力

$$M_{\mathrm{m}} = \frac{F_{\mathrm{e}}S}{T_{\mathrm{m}}} = \frac{(365-59) \times 2 \times 8 \times 0.9 \times 12}{79.2} = 667.6$$

结论：生产能力能够满足计划要求。

5. 生产能力与生产任务（负荷）的平衡

考察生产能力与负荷平衡的目的是衡量生产计划的可行性。生产能力与生产任务平衡包括三个方面的内容：将生产任务与生产能力进行比较；按比较的结果采取措施；计算生产能力利用指标。

比较生产任务与生产能力有两种方法，即用产品数（产量平衡）和用台时数（工时平衡），后者用得较多。

对于单品种生产企业，可用具体产品数进行比较。具体计算步骤如下：

设备生产能力 = 设备年有效工作小时数/单位产品台时定额

设备年有效工作小时数 = 全年工作日×每天工作小时数×(1 - 设备停修率)。

取最小的设备生产能力（台数）作为生产线或企业的生产能力，将其与计划年产量比较。

对于多品种生产，可用代表产品或假定产品，但计算较复杂，不如用台时数计算方便。具体做法是将计划产量转换成工时数，并与设备的年有效工作小时数进行比较。步骤如下：

负荷 = 计划产量×单位产品台时定额

设备生产能力 = 设备年有效工作小时数

当负荷 < 生产能力时，应设法利用富余的生产能力，避免浪费。

当负荷 > 生产能力时，应采取措施，扩大生产能力、加班加点、转包、调整任务等。

根据计算结果，调整生产能力和负荷使其差额尽可能小。

需说明的是，这是一种能力与任务总量上的比较。由于需求不均匀，即使总量上平衡，某段时间内负荷仍可能超过生产能力。总量平衡还有一个问题是，无论作业计划安排得如何好，机床的空闲都是不可避免的。因此，在实际应用时，有的企业将能力再打一个折扣，如任务量达到能力的90%，就算平衡了。

计划年度（期）企业生产能力平衡过程：

1) 计算基本生产车间主要生产工序上主体设备的年生产能力。

2) 以该主体设备的生产能力为基准，对基本生产车间的其他工序采取技术组织措施，使其生产能力与主体设备的生产能力相平衡。

3) 使与产品生产工艺过程相关的各基本生产车间的生产能力相平衡。

4) 使辅助生产车间的生产能力与基本生产车间的生产能力相平衡，同时对生产服务部门采取技术组织措施，使其能够保证基本车间、辅助车间生产能力的实现，进而使全企业各生产环节的生产能力实现综合平衡。在各环节生产能力平衡以后所确定的综合生产能力，即为企业生产能力。

【例2-3】 已知某车间由车、铣、钻三个工序组成，生产某种产品，现有生产设备及各工序台时定额见表2-5。该车间每周生产6天，实行两班工作制，每班生产7.5h，设备计划检修率6%，求该车间年生产能力（年制度工作日数306天）。

表 2-5 设备数量与工序台时定额表

工序名称	车削加工	铣加工	钻孔
单位产品台时定额 $t/(h/件)$	100	60	15
设备名称及数量 n	车床 75 台	铣床 30 台	钻床 10 台

【解】（1）单台设备年有效工作小时数

$$T_{单} = 7.5 \times 2 \times 306 \times (1 - 0.06)h = 4315h$$

（2）设备组年有效工作小时数

$$T_{车组} = T_{单} n_{车} = 4315 \times 75h = 323625h$$

$$T_{铣组} = T_{单} n_{铣} = 4315 \times 30h = 129450h$$

$$T_{钻组} = T_{单} n_{钻} = 4315 \times 10h = 43150h$$

（3）设备组生产能力

$$Q_{车} = \frac{T_{车组}}{t_{车}} = \frac{323625}{100}件 \approx 3236件$$

$$Q_{铣} = \frac{T_{铣组}}{t_{铣}} = \frac{129450}{60}件 \approx 2158件$$

$$Q_{钻} = \frac{T_{钻组}}{t_{钻}} = \frac{43150}{15}件 \approx 2877件$$

由计算可得知，车、铣、钻三个工序生产丙种产品的能力是不平衡的。在生产能力不平衡的情况下，该车间的年生产能力只能为瓶颈工序的生产能力，即铣床加工丙种产品的年生产能力 2158 件。为了实现均衡生产，应采取技术组织措施，使车、铣、钻三个工序生产能力平衡。

模块 2　MTS 企业年度生产计划的制订

预估型生产企业编制年度生产计划的核心内容是确定品种和产量，因为有了品种和产量就可以计算产值。预估型生产无交货期设置问题，因为顾客可直接从成品库提货。大批和中批生产一般是预估型生产。

2.2.1　品种与产量的确定

1. 品种的确定

大量大批生产，其品种数很少；而且既然是大量大批生产，所生产的产品一定是市场需求量很大的产品，因此不存在品种选择问题。

多品种批量生产则有品种选择问题。确定生产什么品种是十分重要的决策。确定品种可以采取象限法和收入利润顺序法。象限法是美国波士顿顾问中心提出的方法，该方法是按"市场引力"和"企业实力"两大类因素对产品进行评价，确定对不同产品所应采取的策略，然后从整个企业考虑，确定最佳产品组合方案。这里不作详细介绍。

收入利润顺序法是将生产的多种产品按销售收入和利润排序，并将其绘在收入利润图上，表 2-6 所示的 8 种产品的收入和利润顺序，如图 2-6 所示。

表 2-6 收入利润顺序表

产品代号	A	B	C	D	E	F	G	H
销售收入大小顺序	1	2	3	4	5	6	7	8
利润大小顺序	2	3	1	6	5	8	7	4

由图 2-6 可看出，一部分产品在对角线上方，还有一部分产品在对角线下方。销售收入高，利润也大的产品，即处于图 2-6 左下角的产品，应该生产。相反，对于销售收入低，利润也小的产品（甚至是亏损产品），即处于图 2-6 右上角的产品，需要作进一步分析。其中很重要的因素是产品生命周期。如果是新产品，处于导入期，因顾客不了解，销售额低，同时，由于设计和工艺未定型，生产效率低，成本高，利润少，甚至亏损，就

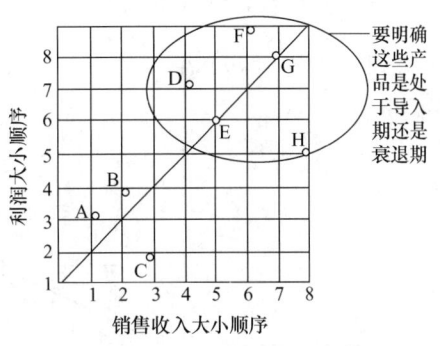

图 2-6 收入利润顺序图

应该继续生产，并做广告宣传，改进设计和工艺，努力降低成本。如果是老产品，处于衰退期，就不应继续生产。除了考虑产品生命周期因素以外，还可能有其他因素，如质量不好，则需提高产品质量等。

一般来说，销售收入高的产品，利润也高，即产品应在对角线上。对于处于对角线上方的产品，如 D 和 F，说明其利润比正常的少，需要考虑是销价低了还是成本高了。反之，处于对角线下方的产品，如 C 和 H，利润比正常的高，可能由于成本低所致，可以考虑增加销售量，以增加销售收入。

2. 产量的确定

品种确定之后，需确定每个品种的产量，可以采用盈亏平衡（CVP）分析法、经营安全程度分析法和线性规划法等方法。

（1）盈亏平衡（CVP）分析法（图 2-7）

1）基本原理。盈亏平衡（CVP）分析法是根据与决策方案相关的产品产销量，成本与盈利之间的相互关系，来分析各种决策方案对盈亏产生的影响，从而评价和优选方案的决策方法。它的基本原理是从成本与产量之间的依存关系将成本分为变动成本和固定成本两大类（表 2-7），利用计算公式画出盈亏平衡分析图，确定盈亏平衡点。

2）基本计算公式。盈亏平衡分析法的基本计算公式有：

成本总额 C

$$C = F + V_a Q$$

销售收入总额 S

$$S = PQ$$

利润 M

$$M = S - C = PQ - F - V_a Q$$

式中　C——成本总额（元）；

F——固定成本（元）；
V_a——单位变动成本（元/台）；
Q——产销量（台）；
P——销售单价（元/台）；
M——利润（元）；
S——销售收入总额（元）。

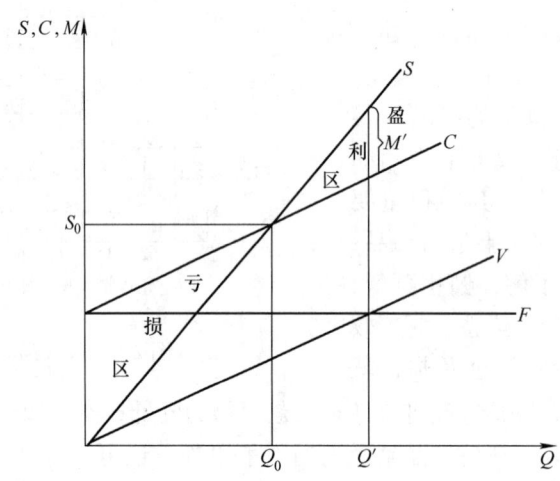

图 2-7　盈亏平衡（CVP）分析法

表 2-7　成本的分类

	变动成本	固定成本
概念	随产量变化成正比变化的成本，如原材料费、燃料动力费、计件工资、按产量计提的固定资产折旧费	在一定时间、一定产销量（规模）范围，不随产量变动而变动的（相对固定）成本费用，如计时工资，按年限计提的固定资产折旧费用，车间经费，企业管理费中与产量无关的部分
特点	单位产品的变动成本不随产销量的变动而变动	单位产品的固定成本，随产销量的增加而减少（成反比变化）
符号	$V = V_a Q$	F

盈亏平衡点产销量 Q_0

$$C = S$$
$$PQ_0 - F - V_a Q_0 = 0$$

$$Q_0 = \frac{F}{P - V_a}$$

盈亏平衡点销货额 S_0

$$S_0 = Q_0 P$$

盈利目标为 M' 时的产销量 Q'

$$M' = PQ' - F - V_a Q'$$

$$Q' = \frac{F + M'}{P - V_a}$$

盈利目标 M' 时的销售额 S'

$$S' = Q'P$$

【例2-4】 某水泥厂水泥销售单价为150元/t,单位变动成本为90元,年固定成本总额3000000元,求其保本产量。若方案1实现目标利润1200000元,方案2实现目标利润1800000元。求两方案的产量分别为多少。

【解】
$$Q_0 = \frac{F}{P - V_a} = \frac{3000000}{150 - 90}t = 50000t$$

$$Q_1 = \frac{F + M_1}{P - V_a} = \frac{3000000 + 1200000}{150 - 90}t = 70000t$$

$$Q_2 = \frac{F + M_2}{P - V_a} = \frac{3000000 + 1800000}{150 - 90}t = 80000t$$

3) 边际贡献(收益)、边际贡献(收益)率及变动成本率。

① 边际贡献就是单位产品价格和单位产品变动成本的差额。

单位产品边际贡献

$$H_{单} = P - V_a$$

边际贡献总额

$$H = S - V \text{ 或 } H = \sum_{i-1}^{n} H_i$$

② 边际贡献率是边际贡献在销售收入中的比重。

单位产品边际贡献率

$$h_{单} = \frac{H_{单}}{P} = 1 - \frac{V_a}{P}$$

加权边际贡献率(多品种)

$$h = \frac{S - V}{S} = 1 - \frac{V}{S} \qquad h_i = \frac{H_i}{S_i} = 1 - \frac{V_i}{S_i}$$

或

$$h = \frac{\sum H_i}{S} = \frac{\sum h_i s_i}{S} = \sum h_i q_i$$

式中 q_i——i 产品的销售收入比重;

h_i——i 产品单位产品加权边际贡献率。

③ 变动成本率

单位产品变动成本率

$$K_{单} = \frac{V_a}{P}$$

综合变动成本率（多品种）

$$K = \frac{V}{S}$$

4）单一品种及多品种企业盈亏平衡法的应用。
① 对单一品种企业，既可以求销售量，又可求销售额。
盈亏平衡点

$$Q_0 = \frac{F}{P - V_a} = \frac{F}{H_{单}}$$

$$S_0 = Q_0 P \text{ 或 } S_0 = \frac{F}{h_{单}}$$

边际贡献

$$H_{单} = P - V_a$$

边际贡献率

$$h_{单} = \frac{H_{单}}{P}$$

$$H_{单} = h_{单} P$$

目标利润为 M' 时

$$Q' = \frac{F + M'}{H_{单}}$$

$$S' = \frac{F + M'}{h_{单}}$$

② 对多品种企业只能求销售额。

【例 2-5】 设某企业去年销售收入 $S = 2400$ 万元，固定成本总额 $F = 800$ 万元，获利润 $M = 400$ 万元，试计算盈亏平衡点销售额。

【解】 如图 2-8 所示，

$$H = F + M = 800 \text{ 万元} + 400 \text{ 万元} = 1200 \text{ 万元}$$

$$S_0 = \frac{800}{1200/2400} \text{ 万元} = 1600 \text{ 万元}$$

5）注意事项。当考虑到销售税金时，将税金作为变动成本纳入公式计算。

产量

$$Q_0 = \frac{F}{P - (t_a + V_a)}$$

$$Q_i = \frac{F + M_i}{P - (t_a + V_a)}$$

式中 t_a——单位产品税金。

销售额

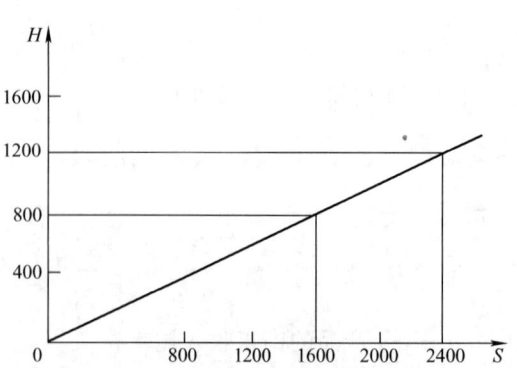

图 2-8 计算盈亏平衡点销售额

$$S_0 = \frac{F}{P - (t/s + v/s)}$$

$$S_i = \frac{F + M_i}{P - (t/s + v/s)}$$

式中　　t——税金总额（元）；
　　　　s——销售收入（元）；
　　　　v——变动成本（元）。

CVP 分析的假设是投入量 = 产出量 = 销售量，在实际产销活动中对分析结果应进行调整。

（2）经营安全程度分析法（图 2-9）

1）概念：利用 CVP 分析的数据，对企业经营安全状况进行评价，并据此作出提高经营安全程度决策的分析方法。其指标为经营安全率。

经营安全率公式

$$Z = \frac{Q_i - Q_0}{Q_i} \times 100\%$$

$$Z = \frac{S_i - S_0}{S_i} \times 100\%$$

$$Z = \frac{C}{A}$$

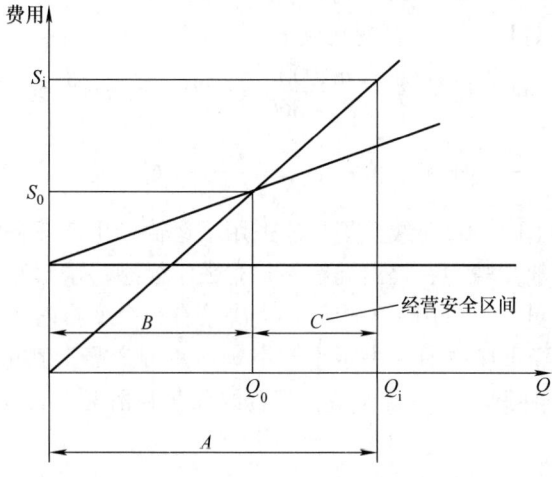

图 2-9　经营安全程度分析法

2）判断经营状态，见表 2-8。

表 2-8　经营状态判断

评价指标	经营安全程度				
	安全	尚好	不太安全	警惕	危险
经营安全率(%)	>30	30~25	25~15	15~10	<10

3）提高经营安全率的途径：增大经营安全区间（提高 Q_i 或降低 Q_0）。

【例 2-6】 某纸浆厂纸浆每吨售价 $P=600$ 元，销售税金 $t_a=30$ 元（税率 5%），$V_a=360$ 元，$F=840000$ 元，计划产量 $Q=5000t$，年盈利 $M=210000$ 元。计算：（1）经营安全率。（2）若经营安全率目标为 30%，探讨各种可行措施。

【解】（1）
$$Q_0 = \frac{F}{P-(t_a+V_a)} = \frac{840000}{600-(30+360)}t = 4000t$$

$$Z = \frac{5000-4000}{5000} \times 100\% = 20\% \text{（不太安全）}$$

（2）措施一，增大产量到 Q_x

$$\frac{Q_x - 4000}{Q_x} \times 100\% = 30\% \quad Q_x = 5714t$$

措施二，降低保本点产量到 Q_{0x}

$$\frac{5000 - Q_{0x}}{5000} \times 100\% = 30\% \quad Q_{0x} = 3500t$$

① P、t_a、V_a 不变，F 降低到 F_x

$$\frac{F_x}{600-(30+360)} = 3500 \quad F_x = 735000 \text{ 元}$$

② P、t_a、F 不变，V_a 降低到 V_{ax}

$$\frac{84000}{600-(30+V_{ax})} = 3500 \quad V_{ax} = 546 \text{ 元}$$

③ 设税率、成本 F、V_a 不变，P 提高到 P_x

纳税后价格 P'_x $\dfrac{84000}{P'_x - 360} = 3500$ $P'_x = 600$ 元

纳税前价格 $P_x = \dfrac{P'_x}{1-5\%} = 632$ 元

（3）线性规划法（图 2-10） 线性规划法适用于运输、生产任务的分配、生产计划安排和资源合理利用。其一般步骤为：提出问题→建立数学模型→求解数学模型。

当决策仅有两个变量时，可用图解求解；当决策有三个变量时，可用单纯形法求解等。

【例 2-7】 某工厂经市场调研，决定生产甲、乙两种产品，其单台利润分别为 60 元和 30 元，两种产品共用一种钢材、一台设备，其资源及获利情况见表 2-9，求利润最大的产品结构决策。

表 2-9 两种产品资源及获利情况

	甲	乙	现有资源
钢材消耗定额/(kg/台)	2	4	600kg
台时消耗定额/(h/台)	3	1	400h
配件/(件/台)	2	0	250 件
利润/元	60	30	

【解】（1）设变量，设甲生产 x_1 台，乙生产 x_2 台，可得最大利润。

（2）确定目标函数及约束条件——建立数学模型

目标函数

$$\max P = 60x_1 + 30x_2 \quad (1)$$

约束条件

$$2x_1 + 4x_2 \leq 600 \quad (2)$$
$$3x_1 + x_2 \leq 400 \quad (3)$$
$$2x_1 \leq 250 \quad (4)$$
$$x_1, \ x_2 \geq 0 \quad (5)$$

(3) 将不等式变为等式并在 $x_1 - x_2$ 坐标图中作出直线，如图 2-10 所示。

(4) 最优点在多边形的顶点，代入式（1）可得 $\max P$

$$M_B = (60 \times 100 + 30 \times 100) 元 = 9000 元$$
$$M_C = (125 \times 60 + 25 \times 30) 元 = 8250 元$$
$$M_D = (125 \times 60) 元 = 7500 元$$
$$M_A = (150 \times 30) 元 = 4500 元$$

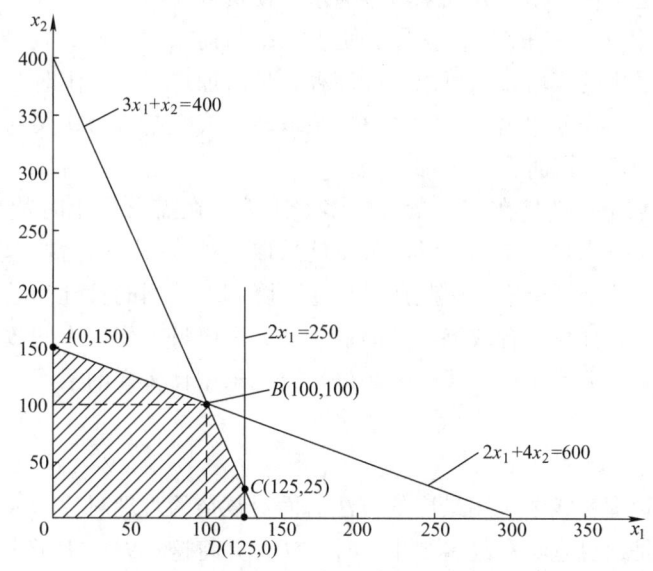

图 2-10　线性规划法

2.2.2　产品产出计划的编制

确定了产品品种与产量之后，再安排产品的产出时间，就得到了产品产出计划。编制产品产出计划需要解决的一个基本问题是如何处理非均匀需求。市场需求的起伏和波动是绝对的，而企业内部组织生产又要求均衡，要解决这个矛盾，就要研究处理非均匀需求的策略。

1. 处理非均匀需求的策略

处理非均匀需求有三种策略：改变库存水平、改变工人的数量和改变生产率。

（1）改变库存水平（均匀策略）　就是通过库存来调节生产，而维持生产率和工人数量不变。如图 2-11 所示，当需求不足时，由于生产率不变，库存就会上升；当需求过大时，将消耗库存来满足需要，库存就会减少。这种策略可以不必按最高生产负荷配备生产能力，节约了固定资产投资，是处理非均匀需求常用的策略。成品库存的作用好比是水库，可以蓄

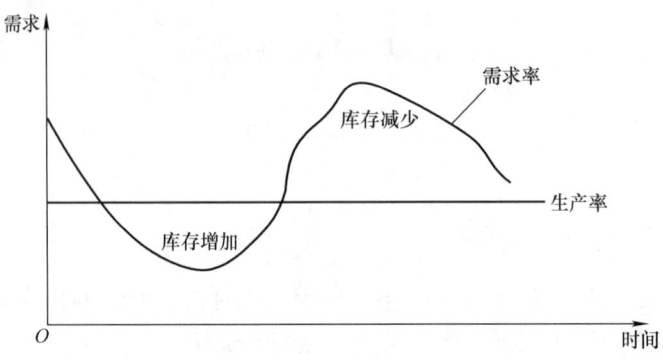

图 2-11 改变库存水平（均匀策略）

水和供水，保证水位正常，既防旱又防涝。但是，通过改变库存水平来适应市场的波动，会产生维持库存费；同时，库存也破坏生产的准时性。纯劳务性生产就不能采用这种策略。纯劳务性生产只能通过价格折扣等方式来转移需求，使负荷高峰比较平缓。

（2）改变生产率（跟踪策略） 就是要使生产率与需求率匹配，需要多少就生产多少。这是准时生产制所采用的策略，它可以消除库存，忙时加班加点，闲时把工人调到其他生产单元或做清理工作。当任务超出太多时，可以采取转包或变制造为购买的办法。这种策略引起的问题是生产不均衡，同时会多付加班费。

（3）改变工人数量 就是在需求量大时多雇工人，在需求量小时裁减工人。这种做法不一定永远可行。对技术要求高的工种一般不能采取这种策略，因为技术工人不是随时可以雇到的。另外，工人队伍不稳定会引起产品质量下降和一系列的管理问题。

以上三种策略可以任意组合成混合策略。例如，可以将改变工人的数量与改变库存水平结合起来。混合策略一般要比单一策略效果好。究竟采用什么样的策略，一般要通过反复试验法确定。

2. 反复试验法

反复试验法是管理实践中应用最广的方法。面对复杂的管理对象，人们很难找到最优化的方法来处理，于是通过直觉和经验得出一种方法，并将这种方法用于实践，取得经验，发现问题，对方法作出改进，再用于实践……如此反复。这种方法虽然不一定能得到最优解，但是一定可得到可行的且令人满意的结果。在制订生产计划中，也可采用反复试验法。下面以一个例子说明如何应用反复试验法。

【例 2-8】 某公司将预测的市场需求转化为生产需求，见表 2-10。该产品每件需 20h 加工，工人每天工作 8h。招收工人需广告费和培训费，折合雇一个工人需 300 元，裁减一个工人需付解雇费 200 元。假设生产中无废品和返工。为了应付需求波动，有 1000 件产品作为安全库存。单位维持库存费为 6 元/(件·月)。设每年的需求类型相同，则在计划年度开始时的工人数等于计划年度结束时的工人数，相应地，库存量也近似相等。现比较以下不同策略下的费用。

【解】（1）仅改变工人的数量，采取这种单一策略需假定随时可以雇到工人，具体见表 2-11。

（2）仅改变库存水平，这种策略需允许延期交货，具体见表 2-12。

表 2-10 预测的需求

月份	预计月生产需求量/件	累计需求量/件	每月正常工作日数/天	累计正常工作日数/天
4	1600	1600	21	21
5	1400	3000	22	43
6	1200	4200	22	65
7	1000	5200	21	86
8	1500	6700	23	109
9	2000	8700	21	130
10	2500	11200	21	151
11	2500	13700	20	171
12	3000	16700	20	191
1	3000	19700	20	211
2	2500	22200	19	230
3	2000	24200	22	252

表 2-11 仅改变工人的数量

月份①	预计月生产需求量②/件	累计需求量③/件 (=20×②)	每月正常工作日数④/天	每人每月生产小时⑤ (=8×④)	需工人数⑥ (=③/⑤)	月初增加工人数⑦	月初裁减工人数⑧	变更费⑨ (=300×⑦ 或 200×⑧)
4	1600	32000	21	168	190		37	7400
5	1400	28000	22	176	159		31	6200
6	1200	24000	22	176	136		23	4600
7	1000	20000	21	168	119		17	3400
8	1500	30000	23	184	163	44		13200
9	2000	40000	21	168	238	75		22500
10	2500	50000	21	168	298	60		18000
11	2500	50000	20	160	313	15		4500
12	3000	60000	20	160	375	62		18600
1	3000	60000	20	160	375			0
2	2500	50000	19	152	329		46	9200
3	2000	40000	22	176	227		102	20400
合计						256	256	128000

表 2-12 仅改变库存水平的策略

月份①	累计生产天数②	累计产量③ ②×96.4	累计生产需求④	月末库存⑤ ③-④+1000	维持库存费⑥ 6×(月初库存量+月末库存量)/2
4	21	2024	1600	1424	7272
5	43	4145	3000	2145	10707
6	65	6266	4200	3066	15633
7	86	8290	5200	4090	21468

(续)

月份①	累计生产天数②	累计产量③ ②×96.4	累计生产需求④	月末库存⑤ ③-④+1000	维持库存费⑥ 6×(月初库存量+月末库存量)/2
8	109	10508	6700	4808	26694
9	130	12532	8700	4832	28920
10	151	14556	11200	4356	27564
11	171	16484	13700	3784	24420
12	191	18412	16700	2712	19488
1	211	20340	19700	1640	13056
2	230	22172	22200	972	7836
3	252	24293	24200	1093	6195
合计					209253

（3）一种混合策略，可以多种多样，此处这种策略，考虑到需求的变化，在前一段时间采取相对低的均匀生产率，具体见表2-13。

表2-13 一种混合策略

月份①	累计生产天数②	生产率③	累计产量④	累计需求⑤	月末库存⑥ ④-⑤+1000	维持库存费⑦	变更工人数费用
4	21	80	1680	1600	1080	6240	
5	43	80	3440	3000	1440	7560	
6	65	80	5200	4200	2000	10320	
7	86	80	6880	5200	2680	14040	
8	109	80	8720	6700	3020	17100	
9	130	108.4	10996	8700	3296	18948	71×300=21300
10	151	108.4	13273	11200	3073	19107	
11	171	108.4	15441	13700	2741	17442	
12	191	108.4	17609	16700	1909	13950	
1	211	108.4	19777	19700	1077	8958	
2	230	108.4	21836	22200	636	5139	
3	252	108.4	24221	24200	1021	4971	71×200=14200
合计						143775	35500

反复试验法不能保证获得最优策略，但可以不断改善所采取的策略，读者还可改变混合策略来减少总费用。

3. 不同生产类型产品产出计划的编制方法

根据处理非均匀需求的策略，可以编制产品产出计划。由于不同的生产类型有不同的特点，所以在编制产品产出计划的方法上也有一定差别。

（1）大量大批生产企业 由于其品种数很少，产量大，生产的重复程度高，是典型的预估型生产。其生产的直接目标是补充成品库存，采用改变库存水平的策略较好。这样可以通过成品库将市场与生产系统隔开，使生产率均匀，保证生产的节奏性。

有三种方式分配各季各月的产量：

1）均匀分配方式，将全年计划产量按平均日产量分配给各月。这种方式适用于需求稳定、生产自动化程度较高的情况。

2）均匀递增分配方式，将全年计划产量按劳动生产率每季（或每月）平均增长率分配到各月生产。这种方式适用于需求逐步增加、企业劳动生产率稳步提高的情况。

3）抛物线递增分配方式，将全年产量按开始增长较快，以后逐渐缓慢的递增方式安排各月任务。

（2）成批生产企业　由于品种较多，各种产品产量相差较大，不能采用大批量生产企业的方式安排生产。具体方法有：

1）对于订有合同的产品，要按合同规定的数量与交货期安排任务。

2）对于产量大、季节性需求变动小的产品，可按"细水长流"的方式安排。

3）对于产量小的产品，要权衡库存费用与生产准备费用，确定投产批量做到经济合理。

4）同一系列不同规格的产品，当产量较少时，尽可能安排在同一时期内生产，这样可以集中组织通用件的生产。

模块3　MTO企业年度生产计划的制订

2.3.1　概述

单件小批生产是典型的订货型生产，其特点是按用户订单的要求，生产规格、质量、价格、交货期不同的专用产品。

单件小批生产方式与大量大批生产方式都是典型的生产方式。大量大批生产以其低成本、高效率与高质量取得的优势，使得一般中等批量生产难以与之竞争。但是，单件小批生产却以其产品的创新性与独特性在市场中牢牢地站稳了脚跟。其原因主要有三个：

1）大量大批生产中使用的各种机械设备是专用设备，专用设备是以单件小批生产方式制造的。

2）随着技术的飞速进步和竞争的日益加剧，产品生命周期越来越短，研制大量新产品成为企业赢得竞争优势的关键。新产品即使要进行大量大批生产，但由于在研究与试制阶段，因其结构、性能、规格还要作各种改进，也只能是单件小批生产。

3）单件小批生产制造的产品大多为生产资料，如大型船舶、电站锅炉、化工炼油设备、汽车厂的流水线生产设备等，它们是为新生产活动提供的手段。

对于单件小批生产，由于订单到达具有随机性，产品往往又是一次性需求，所以无法事先对计划期内的生产任务作总体安排，也就不能应用线性规划进行品种和产量组合上的优化。但是，单件小批生产仍需要编制生产计划大纲。生产计划大纲可以对计划年度内企业的生产经营活动和接受订货决策进行指导。一般来讲，编制大纲时，已有部分确定的订货，企业还可根据历年的情况和市场行情，预测计划年度的任务，然后根据资源的限制进行优化。单件小批生产企业的生产计划大纲只能是指导性的，产品产出计划是按订单做出的。因此，对单件小批生产企业，接受订货决策十分重要。

当用户订单到达时,企业要作出接或不接,接什么,接多少和何时交货的决策。在作出这项决策时不仅要考虑企业所能生产的产品品种,现已接受任务的工作量,生产能力与原材料、燃料、动力供应状况,交货期要求等,还要考虑价格是否能接受。因此,这是一项十分复杂的决策,其决策过程描述如图 2-12 所示。

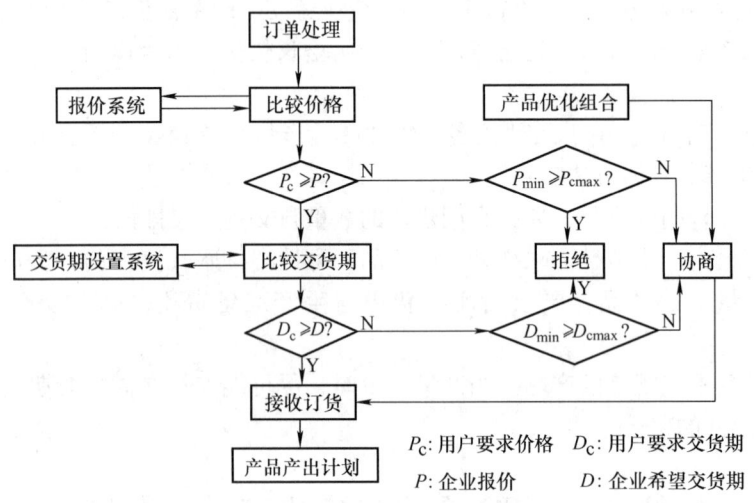

图 2-12 订货决策过程

用户订货一般包括要订货的产品型号、规格、技术要求、数量、交货时间 D_c 和价格 P_c。在顾客心里可能还有一个最高可以接受的价格 P_{cmax} 和最迟的交货时间 D_{cmax}。超过此期限,顾客将另寻生产厂家。

对于生产企业来说,它会根据顾客所订的产品和对产品性能的特殊要求以及市场行情,运用它的报价系统(计算机和人工的)给出一个正常价格 P 和最低可接受的价格 P_{min},也会根据现有任务情况、生产能力和生产技术准备周期、产品制造周期,通过交货期设置系统(计算机和人工的)设置一个正常条件下的交货期和赶工情况下最早的交货期 D_{min}。

在品种、数量等其他条件都满足的情况下,显然当 $P_c > P$ 和 $D_c > D$ 时,订货一定会被接受。接受的订货将列入产品产出计划;当 $P_{min} > P_{cmax}$ 或者 $D_{min} > D_{cmax}$ 时,订货一定会被拒绝。若不是这两种情况,就会出现很复杂的局面,需经双方协商解决。其结果可能是接受,也可能是拒绝。较紧的交货期和较高的价格,或者较松的交货期和较低的价格,都可能成交。符合企业产品优化组合的订单可能在较低价格下成交,不符合企业产品优化组合的订单可能在较高价格下成交。

从接受订货决策的过程可以看出,品种、数量、价格与交货期的确定对 MTO 企业十分重要。

2.3.2 品种、价格与交货期的确定

1. 品种的确定

对于订单的处理,除了前面讲的即时选择的方法之外,有时还可将一段时间内接到的订单累积起来再作处理,这样做的好处是可以对订单进行优选。

对于小批生产也可用线性规划方法确定生产的品种与数量。对于单件生产,无所谓产量

问题，可采用 0-1 型整数规划来确定要接受的品种。

【例 2-9】 已接到 A、B 和 C 三种订货，其加工时间和可获利润见表 2-14，能力工时为 40 个时间单位，接受哪些品种最有利？

表 2-14 产品的加工时间和利润

产　品	A	B	C
加工时间/h	12	8	25
利润/元	10	13	25

【解】 决策变量 1，生产该产品；决策变量 0，不生产该产品。

0-1 型整数规划数学模型

$$\max \quad 10x_A + 13x_B + 25x_C$$

满足 $12x_A + 8x_B + 25x_C \leq 40$

$$x_A x_B x_C = 0 \text{ 或 } 1$$

启发式算法：按照（利润/加工时间）值排序

A　10/12 = 0.83；B　13/8 = 1.63；C　25/25 = 1

B→C→A

首先选择 B，余下能力工时为 32；再选择 C，余下能力工时为 7，不足以加工产品 A。

结果：选择 B 和 C，获利 38。

2. 价格的确定

确定价格可采用成本导向法和市场导向法。成本导向法是以产品成本作为定价的基本依据，加上适当的利润及缴纳税金，得出产品价格的一种定价方法。这是从生产厂家的角度出发的定价法，其优点是可以保证所发生的成本得到补偿。但是，这种方法忽视了市场竞争与供求关系的影响，在供求基本平衡的条件下比较适用。

市场导向法是按市场行情定价，然后再推算成本应控制的范围。按市场行情，主要是看具有同样或类似功能产品的价格分布情况，然后再根据本企业产品的特点，确定顾客可以接受的价格。按此价格来控制成本，使成本不超过某一限度，并尽可能小。

对于单件小批生产的机械产品，一般采用成本导向定价法。由于单件小批生产产品的独特性，它们在市场上的可比性不是很强。因此，只要考虑少数几家竞争对手类似产品的价格就可以了。而且，大量统计资料表明，机械产品原材料占成本的 60%～70%，因此按成本定价是比较科学的。

由于很多产品都是第一次生产，而且在用户订货阶段，只知产品的性能、质量上的指标，并无设计图样和工艺，按原材料和人工的消耗来计算成本是不可能的。因此，往往采取类比的方法来定价，即按过去已生产的类似产品的价格，找出同一大类产品价格与性能参数、质量之间的相关关系，来确定将接受订货的产品价格。

3. 交货期的确定

产出期与交货期的确定对单件小批生产十分重要。产品产出后，经过发运才能交到顾客手中。交货迅速而准时可以争取顾客。正确设置交货期是保证按期交货的前提条件。交货期设置过松，对顾客没有吸引力，还会增加成品库存；交货期设置过紧，超过企业的生产能力，造成误期交货，会给企业带来经济损失和信誉损失。

现将常用的交货期设置方法作一简单介绍。

（1）CON（Constant）法

$$d_i = r_i + k$$

式中　d_i——产品（工件）i 的完工期限；

　　　r_i——产品（工件）i 的到达时间或准备就绪时间；

　　　k——固定常量，对所有产品都一样，由经验决定。

CON 法建立在所有产品从接受订货后的生产技术准备与生产制造所花的时间都一样的假设基础上。显然，这是一种比较粗略的处理方法。

（2）RAN（Random）法

$$d_i = r_i + e_i$$

式中　e_i——随机数，其余符号同前。

RAN 法是指交货期是按顾客要求决定的，因而具有随机性。完全按照顾客要求定交货期的情况也比较少。

（3）TWC（Total Work Content）法

$$d_i = r_i + kp_i$$

式中　k——系数，由经验确定，一般取 3~8；

　　　p_i——产品（工件）i 的总工作量，其余符号同前。

TWC 法考虑了不同产品的工作量，在实际中应用较多。

（4）SLK（Slack）法

$$d_i = p_i + r_i + k$$

式中　k——固定常量，其余符号同前。

SLK 法与 CON 法的不同之处是将产品的总工作量分离出来，体现了不同产品之间的差别。

（5）NOP（Number of Operations）法

$$d_i = r_i + kn_i$$

式中　n_i——产品（工件）i 的工序数，其余符号同前。

NOP 法实际上认为排队时间是主要的。

还有一些其他设置交货期的方法，这里就不一一介绍了。

对单件小批量生产，设置交货期不仅要考虑产品从投料到产出之间的制造周期，而且还要考虑包括设计、工艺编制、工装设计制造、大型铸锻件准备和原材料采购供应等活动所需的生产技术准备周期。然而，由于产品的独特性，生产技术准备周期和制造周期难以估计。因此，统计方法一直是最广泛使用的方法。

复习思考题

1. 什么是车间级生产作业计划的任务，以及它与厂级生产作业计划的任务有何区别与联系？
2. 车间级生产作业计划应实现的目标是什么及如何处理好这些目标之间的矛盾关系？
3. 均衡生产对企业的生产经营具有什么意义？
4. 实现均衡生产需做哪几方面的工作？
5. 常用的优先规则有哪些及它们各能满足什么控制作业顺序的要求？

6. 生产作业控制的基本内容是什么？

7. 已知某工厂可以生产 A、B 两种产品，两种产品都畅销。生产每种产品的单位消耗和单位利润见表 2-15。

表 2-15　每种产品的单位消耗和单位利润

产品	利润/(元/包)	劳动力	原料/kg	电力
A	300	1	3	1
B	400	1	7	5

该厂有劳动力 7000 人，可供原料 42t，可供电力 30000kW·h。要使总利润最高时，这两种产品各应生产多少？

项目 3　流水生产作业计划编制与控制

模块 1　流水生产的流程设计

3.1.1　生产过程的概念及组成

1. 生产过程的概念

生产过程有狭义和广义之分：广义的生产过程是指从生产准备开始到产品制造出来为止的全部过程；狭义的生产过程是指从原材料投入开始到产品制造出来为止的全部过程。

2. 生产过程的组成

生产过程包含生产技术准备过程、基本生产过程、辅助生产过程、生产服务过程（图3-1）。

（1）基本生产过程　基本生产过程是指对构成产品实体的劳动对象直接进行工业加工的过程，如机械制造企业的铸造、机械加工和装配等。基本生产过程是企业的主要生产活动。

（2）辅助生产过程　辅助生产过程是指为保证基本生产过程的正常进行而从事的各种辅助生产活动的过程，如为基本生产提供动力、工具和维修工作等。

（3）生产技术准备过程　生产技术准备过程是企业正式生产前所进行的一系列生产技术上的准备工作过程，包括产品设计、工艺设计等。

（4）生产服务过程　生产服务过程是指为保证生产活动顺利进行而提供的各种服务性工作，如供应工作、运输工作和技术检验工作等。

企业的基本生产过程和辅助生产过程是企业的主要生产过程，由若干相互联系的工艺阶段组成，而每个工艺阶段又由若干个工序组成。工艺阶段是按照使用的生产手段的不同和工艺加工性质的差异而划分的局部生产过程。工序是指一个工人或一组工人在同一工作地点对同一劳动对象进行连续加工的生产环节。

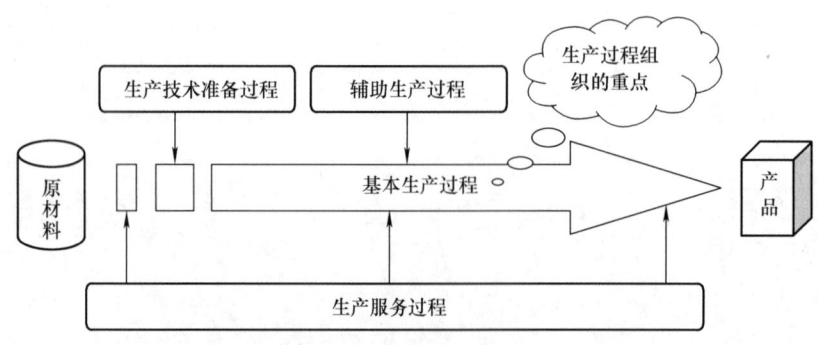

图 3-1　生产过程的组成

3.1.2 生产过程的组织

1. 生产过程组织的概念

生产过程的组织是指对生产过程中劳动者、劳动手段、劳动对象以及生产过程的各个阶段、环节和工序的合理组织与安排,包括生产过程的空间组织和生产过程的时间组织。

2. 生产过程组织的目的

1) 在空间上、时间上衔接平衡,紧密配合,形成一个有机协调的产品生产系统。
2) 按计划规定的产品品种、质量、数量、交货期生产产品,满足市场需求。
3) 保证产品在制造时行程最短、时间最省、耗费最小,获得最大的经济效益。

3. 合理组织生产过程的原则

(1) 生产过程的连续性　指产品生产过程的各个阶段、各个工序,在时间上紧密衔接、连续进行,不发生或很少发生中断现象。

(2) 生产过程的比例性(或协调性)　指生产过程各个工艺阶段、各工序之间,在生产能力上和生产工作量上保持必要的比例关系。

(3) 生产过程的节奏性(或均衡性)　指生产过程的各工艺阶段、各个工序在相同的时间间隔内,产品产量大致相等或均匀递增,使每个工作地的负荷保持均匀,避免前紧后松现象,保证生产正常进行。

(4) 生产过程的适应性　指生产过程的组织形式要灵活,能及时地满足市场变化要求。

(5) 生产过程的平行性　指平行交叉作业。

(6) 生产过程的准时性　指生产过程各工艺阶段和工序按时生产。

3.1.3 生产类型与生产过程形式

1. 生产类型的概念

企业生产类型是影响生产过程组织的主要因素,也是设计企业生产系统首先应确定的重要问题。企业的产品结构、生产方法、设备条件、生产规模和专业化程度等方面都有各自的特点,这些特点都直接影响企业的生产过程组织。因此,有必要将各种不同的生产过程划分为不同的生产类型,以便有针对性地选择合适的生产组织形式。企业生产类型是按照工业企业生产过程的专业化程度所作的分类,或者说生产类型是生产过程的类型。

影响生产类型的因素较多,为了便于研究,需按一定的标志,将企业划分为不同的生产类型,并根据各生产类型的特点来确定相应的生产组织形式和计划管理方法。

2. 生产类型的种类

(1) 按工作地专业化程度分

1) 大量生产:生产数量很大,品种很少,或在同一工作地重复同一工作的频率很高的生产类型。

2) 成批生产:在计划期内有较多品种的产品分成若干批,轮流投入,批量不算太大,且要重复生产的生产类型。

3) 单件生产:这类生产品种繁多,而每种产品仅生产一件或少数几件,是只生产一次或不定期重复的生产类型。

(2) 按生产方法分

1）合成型：将不同的原材料（零件）合成或装配成一种产品。
2）分解型：将原材料加工后生产出多种产品，即化工性质的产品生产类型。
3）提取型：从地下或海洋中提取产品。
4）调制型：通过改变加工对象的形状或性能而制成产品的生产类型。

（3）按接受生产任务的方式分

1）订货生产方式：根据用户提出具体订货要求，组织设计、制造、出厂等工作。
2）备货生产方式：指在对市场需求量进行预测的基础上，有计划地进行生产，产品有库存。

（4）按生产的连续程度分

1）连续生产方式：指长时间连续不断地生产一种或很少几种产品，生产的产品、工艺流程和使用的生产设备都是固定的、标准的，工序之间没有在制品储存。
2）间断生产方式：指输入生产过程的各种要素是间断性地投入，生产设备和运输装置必须适合多种产品加工的需要，工序间要求有一定的在制品储存。

3. 生产单位专业化形式

生产单位专业化形式是生产过程空间组织的重要内容。它决定着企业内部的生产分工、协作关系、工艺进程的流向以及原材料、在制品在厂内的运输路线等，有两种基本形式。

1）工艺专业化。由工艺相同的工序或工艺阶段组成一个生产单位，集中同类型设备和同工种的工人，用相同的工艺方法对不同类型的产品进行部分加工。

优点：生产单位适应性强；充分利用设备和工人的工时；工艺管理方便；便于车间内协作和管理。

缺点：在制品运输路线长；产品生产周期长，流动资金占用多，资金周转速度慢；车间之间联系复杂，不便于管理。

2）对象专业化。把某种产品的全部或大部分工艺过程集中起来，组成一个生产单位，用不同的工艺方法和设备，不同工种的工人对同一对象进行加工。

优点：专业化程度高，劳动生产率高；运输路线短，节约费用；缩短生产周期，节约资金，加速资金周转；减少车间之间的联系，便于管理。

缺点：适应性差；不利于充分利用设备和工人的工作时间；不利于协作和工艺、设备的管理。

3.1.4 生产过程的时间组织

合理地组织生产过程，不仅要对企业内部各生产单位和部门在空间上进行科学的组织，而且要使劳动对象在车间之间、工段（小组）之间、工作地之间的运动在时间上互相配合和衔接，最大限度地提高生产过程的连续性和节奏性，提高设备的利用率，缩短生产周期，加速资金周转，降低成本，提高企业劳动生产率。

对于简单的生产过程，由于生产对象按工艺顺序通过各道工序，所以为了缩短生产过程的时间，需要正确确定零件在工序间的移动方式。

零件移动方式有三种类型：

1）顺序移动方式，是指一批零件在全部完成上一道工序加工后才整批移到下道工序。
2）平行移动方式，是指一批零件在每一种完成上一道工序的加工后，就立即转移到下道工序。

3）平行顺序移动方式，是指一批零件中的一部分完成上一道工序加工后，便先转移到下道工序去，以保证下道工序在上道工序结束之前尽早开始连续的加工。

零件的移动方式与同一次生产的零件数量有关。当一次生产的零件只有一个时，零件只能顺次地经过各工序，而不能同时在不同的工序上进行零件加工。当生产零件为多个时，即按一定批量进行加工时，零件在工序间就有不同的移动方式。随着移动方式的不同，批量零件的生产周期是不同的。

3.1.5 流水生产的概念

1. 流水生产的概念及特征

流水生产是指劳动对象按一定的工艺路线和统一的生产速度，连续不断地通过各工作地，顺次地进行加工并生产产品（零件）的一种生产组织形式。它主要用于大量生产的生产类型。

流水生产的基本特征有：

（1）专业性　工作地专业化程度高。
（2）节奏性　生产具有明显的节奏性，按节拍进行生产。
（3）连续性　劳动对象流水般地在工序间移动，生产过程具有高度的连续性。
（4）一致性　各工序工作地（设备）数量与各工件单件加工时间的比值相一致。
（5）封闭性　工艺过程是封闭的。
（6）顺序性　工作地按工艺顺序排列成链式，劳动对象在工序间单向移动。

2. 组织流水生产的条件

1）产品结构和工艺要相对稳定。
2）产量要足够大。
3）工艺能同期化，即工艺过程经过调节，可使各道工序的时间与流水线的产出制品间隔时间相等或成倍数关系。
4）生产面积容纳得下。

3. 流水生产的分类

1）按生产对象是否移动，分为固定流水生产和移动流水生产。
2）按生产品种数量的多少，分为单一品种流水生产和多品种流水生产。
3）按生产的连续性，分为连续性和间断性流水生产。
4）按实现节奏的方式，分为强制节拍和自由节拍流水生产。
5）按对象的轮换方式，分为不变流水生产、可变流水生产和混合流水生产。
6）按机械化程度，分为自动、机械化和手工流水生产。

3.1.6 单一品种流水生产线的流程设计

1. 单一品种流水生产线概念

单一品种流水生产线又称为不变流水生产线，是指只生产一种产品，品种是固定不变的，且流水线上的设备有足够流水生产的工作负荷。因此，它一般适用于大量生产类型。

2. 流水生产的设计流程

根据生产过程组织合理性的要求，流水生产组织的设计流程图如图3-2所示。

3. 单一品种流水生产的流程设计

【例3-1】 某企业的主要产品为气动工具，现该厂新承接长期供货合同，生产D型气动工具。按备货型生产制订生产计划，年生产D型气动工具3万件。现要求A车间负责其中两零件QM013和QM017的生产，QM013的机械加工工艺过程卡见表3-1。因QM013需作为备件，因而QM013年产量要求为6万件，QM017年产量要求为3万件。产品生产采用与企业原有类似产品的流水生产线（可进行一定调整）。根据厂生产计划要求及生产车间的现有条件，对QM013、QM017零件分别设立独立流水生产线，并对流水生产进行生产流程设计。

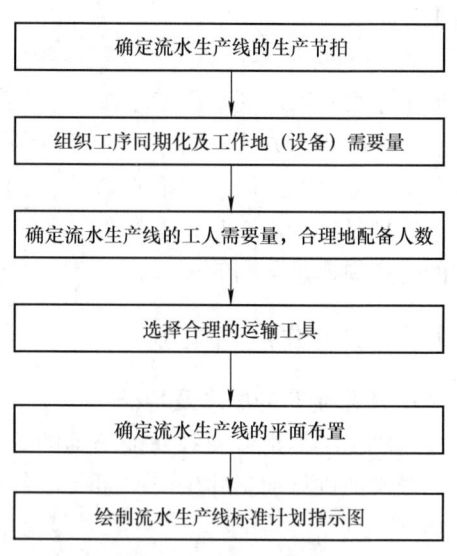

图3-2 流水生产的设计流程

分析：流水生产流程设计主要是指基本加工过程的组织设计。QM013零件流水生产线或QM017零件流水生产线上只生产一种固定的产品，因而此类流水生产线的组织设计就是单一流水生产线的组织设计。这里按照流水生产组织设计的步骤进行，使生产过程具有连续性、节奏性等，达到生产低成本、高效率，满足生产计划要求的目的。

(1) 流水线生产节拍的确定　节拍是指流水生产中连续生产两个相同制品的间隔时间。它表明流水生产线生产率的高低，是流水生产线最重要的工作参数。

节拍计算公式

$$R = F/N$$

式中　R——流水线的生产节拍（min/件）；
　　　F——计划期内有效工作时间（min）；
　　　N——计划期的产品产量（件）。

计划期的产品产量N，除应根据生产大纲规定的产出量计算外，还应考虑生产中不可避免的废品和备品的数量。

计划期内有效工作时间

$$F = 计划期内制度工作时间 F_0 \times 时间利用系数 K$$

确定系数K时要考虑几个因素：设备修理、调整、更换模具的时间，工人休息的时间。一般K取$0.9 \sim 0.96$，两班制工作K取0.95。

对例3-1进行节拍的计算：

① 计划期内（月）工作有效时间 $F = 22 \times 2 \times 8 \times 0.95 \times 60 \text{min} = 20064 \text{min}$（月工作日为22天，每天2班，每班工作8h）

② 节拍 $R = 20064 \text{min} \div (60000 \div 12)$件 $= 4.013 \text{min}/$件

为保证生产满足计划要求，节拍时间圆整，只能小于设计值，确定节拍为4min/件。

(2) 工序同期化及工作地（设备）需要量的组织

1) 工序同期化。工序同期化是指流水生产线节拍确定后，要根据节拍来调节工艺过程，使各道工序时间与流水生产线的节拍相等或成倍数关系。工序同期化是组织流水生产线的必要条件，也是提高设备负荷、劳动生产率和缩短生产周期的重要方法。

工序同期化的主要措施：

① 提高设备的生产效率。可以通过改装设备、改变设备型号、同时加工几个制件来提高生产效率。

② 改进工艺装备，采用快速安装夹具、模具，减少装夹零件的辅助时间。

③ 改进工作地布置与操作方法，减少辅助作业时间。

④ 提高工人的工作熟练程度和效率。

⑤ 详细地进行工序的合并与分解。首先将工序分成几部分，然后根据节拍重新组合工序，以达到同期化的要求，这是工序同期化的主要方法。

对例 3-1 实施工序同期化：

① 将原工序进行列表。通过零件工艺文件（表3-1），将零件 QM013 各工序、各工步的时间及工作地进行列表，见表 3-2 的前半部分。通过列表可知，工序 2、4、5、6 的加工时间与流水生产线节拍的同期化程度差。要保证流水生产连续、高效进行，需工艺同期化。

同期化程度就是指各工序平均在一个工作地上的加工时间与流水生产线节拍的比值：T_i/R，此值最好是倍数关系。例如，工序 2 的同期化程度 =（工序时间 7/工作地数 2）/节拍 4。

② 对工艺进行分析后，进行同期化。通过对零件工艺文件的分析，可知采取一定的措施，能够满足同期化要求，见表 3-2。

表 3-1　QM013 机械加工工艺过程卡

机械加工工艺过程卡片					产品型号	×××-D	零件图号	QM013		
					产品名称	×××	零件名称	输入轴	共 1	第 1
材料	45 圆钢	毛坯种类	棒料	毛坯外形尺寸		每毛坯可制件数	1	每台件数	1	备注
序号	工序名称	工序内容			车间	工段	设备	工艺装备	工时/min	
									工步	单件
1	粗车				金工		车床			13
		1——粗车 A 端外圆							11	
		2——钻中心孔							2	
2	粗车						车床			7
		3——粗车 B 端外圆							5	
		4——钻中心孔							2	
3	半精车						车床			9
		5——半精车 A 端外圆 $\phi 27mm$、$\phi 9mm$、$\phi 6mm$							9	
4	半精车						车床			2
		6——半精车 B 端外圆 $\phi 6mm$							2	
5	磨						磨床			5
		7——磨 A 端外圆 $\phi 9mm$、$\phi 10mm$							5	
6	磨						磨床			7
		8——磨 B 端外圆 $\phi 27mm$、$\phi 9mm$							7	
7	铣键槽						立铣			8
		9——铣键槽							8	
8	铣槽						卧铣			40
		10——铣四槽							40	

表 3-2 零件 QM013 加工工序同期化前后对比列表

原工序号	1		2		3	4	5	6	7	8
工序时间/min	13		7		9	2	5	7	8	40
工步号	1	2	3	4	5	6	7	8	9	10
工步时间/min	11	2	5	2	9	2	5	7	10	40
工作地数(机床)	4		2		3	1	2	2	2	10
同期化程度	3.25		1.75		2.25	0.5	1.25	1.75	2	10
流水生产线节拍	4(min/件)									
新工序号	1				2		3		4	5
新工序时间/min	20				11		12		8	40
工作地数(机床)	5				3		3		2	10
同期化程度	1				0.92		1		1	1
新合并的工步	1、2、3、4				5、6		7、8		9	10
设备负荷系数	1				0.92		1		1	1

为达到以上工序同期化采取的措施有：

① 将 1、2 工序合并，将粗加工在一个工序内完成。

② 将 3、4 工序合并，将半精加工在一个工序内完成。

③ 通过改进夹具、缩短辅助时间来降低工序所需时间，将两"磨"工序合并为新工序 3，使工序同期化程度≤1。

2) 工序同期化后，可根据新确定的工序时间来计算各道工序的设备需要量。

设备需要量计算公式

$$S_i = T_i/R$$

式中 S_i——第 i 道工序所需工作地数（设备台数）；

T_i——第 i 道工序的单件时间定额（包括工人在传送带上取放制品的时间）；

R——流水线的节拍（min/件）。

一般来说，计算出的设备数不是整数，所取的设备数取大于计算数的邻近整数，因而设备具有不同的负荷。

设备负荷系数计算公式

$$K_i = S_i/S_{ei}$$

式中 S_i——第 i 道工序所需工作地数（设备台数）；

S_{ei}——第 i 道工序所需的实际工作地数。

流水生产设备总负荷系数

$$K_a = \frac{\sum_{i=1}^{m} S_i}{\sum_{i=1}^{m} S_{ei}}$$

式中 m——流水生产的工序数。

流水生产设备总负荷系数决定了流水生产线的连续程度。K_a 为 0.75~0.85 宜组织间断流水生产线；K_a 为 0.85~1.05 宜组织连续流水生产线。

若某设备的负荷较大，就应转移部分工序到其他设备上或增加工作时间来减少设备的负荷。

例 3-1 中设备需要量及负荷计算如下：
① 工序 1 设备需要量 $S_1 = (20/4)$ 台 = 5 台
② 工序 1 设备负荷系数 $K_1 = 5/(20/4) = 1$
其他工序同样计算，见表 3-2。
③ 流水生产线总负荷系数 $K_a = (5 + 2.75 + 3 + 2 + 10)/(5 + 3 + 3 + 2 + 10) = 0.99$

（3）流水生产线的工人需要量确定及人数的合理配备　人员需用量计算公式：

1）以手工劳动和手工工具为主的流水生产线的人员需要量

$$P_i = S_{ei} G W_i$$

式中 P_i——第 i 道工序的人员需要量；
　　　G——日工作班；
　　　W_i——第 i 道工序同时工作人数，其他参数同前。

2）以设备加工为主的流水生产线的人员需要量

$$P = (1 + b) \sum_{i=1}^{m} \frac{S_i G}{f_i}$$

式中 P——人员总需要量；
　　　f_i——第 i 道工序每个工人的设备重复定额；
　　　b——考虑缺勤等因素的后备工人百分比，其他参数同前。

（4）合理的运输工具的选择

1）确定流水生产线运输批量。当流水生产线上加工的零件小，节拍只有几秒或几十秒时，零件就要采用成批运输，此时顺序生产两批同样制品之间的时间间隔称为节奏，它等于节拍与运输批量的乘积。流水生产线采取按批运输制品时，如果批量较大，虽然可以简化运输工作，但流水生产线的在制品占用量却要随之增大。因此，对劳动量大、制件重量大、价值高的产品应采用较小的运输批量；反之，则应扩大运输的批量。

2）选择流水生产线运输设备。

强制节拍流水生产线：为保证严格的产出速度，一般采用机械化的传送带作为运输工具。

自由节拍流水生产线：由于工序同期化程度和连续性较低，一般采用连续式传送带、滚道或其他运输工具。

需要注意的是，流水生产采用什么样的节拍，主要根据工序同期化的程度和加工对象的重量体积、精度和工艺性等特征。当工序同期化程度高、工艺性好以及制品的重量、精度和其他技术条件要求严格地按节拍出制品时，应采用强制节拍，否则就采用自由节拍。

3）计算强制节拍流水生产线的机械传送带的速度和长度。

传送带速度计算公式

$$v = S/R$$

式中　v——传送带的速度（m/s）；
　　　S——产品间隔长度（m）；
　　　R——流水线的节拍（min/件）。

产品间隔长度的选取要根据具体情况来确定，其最小限度为 0.7~0.8m，考虑其他原因，还要给予附加的空程长度。

传送带长度计算公式

$$L = mB + X$$

式中　L——传送带的长度（m）；
　　　m——工序数；
　　　B——工序间隔长度（m）；
　　　X——传送带两端附加空程量（m）。

对例 3-1 进行人员需要量的计算和运输工具的选择。

① 工序 1 人员需要量 =5×2×1 人 =10 人

其余工序同样计算。

② 流水生产线人员总需要量 =（1+5%）×（10+6+6+4+20）人 =48.3 人，定为 49 人。

其中，根据企业实际情况，取后备工人百分比为 5%。

③ 选择合理的运输工具。由于零件 QM013 流水生产线工艺同期化程度高，并且其他技术条件也能保证加工按严格节拍进行，采用的是强制节拍。强制节拍流水生产线为了保证严格的产出节拍，通常采用三种类型传送带：分配式传送带、连续式传送带、间歇式传送带。此处采用分配式传送带。分配式传送带用于工序传送在制品，允许各工序的工时有微小波动，并用保险在制品来保证，一般用于产量较大的小型产品的生产。

（5）流水线生产的平面布置（图 3-3）　流水线生产的平面布置应遵循的原则：

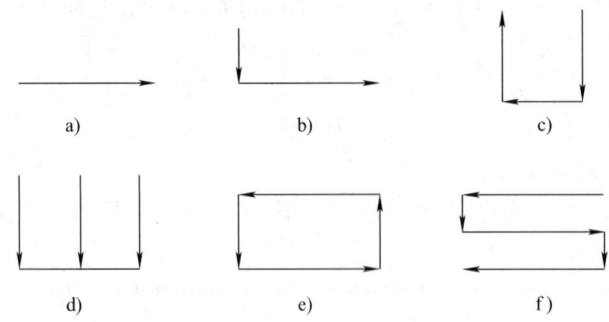

图 3-3　流水线平面布置的形状
a）直线形　b）直角形　c）U 形　d）山字形　e）环形　f）S 型

1）保证制品的运输路线最短。
2）利于生产工人操作方便。
3）流水生产线上互相衔接流畅。

4）充分利用生产面积。

5）辅助服务部门工作便利。

为满足这些要求，在进行流水生产线平面布置时应考虑流水生产线的形式、流水生产线内工作地的排列方法等问题。

对例3-1确定平面布置形式。

根据流水生产平面布置的原则，以及QM013流水生产线的多个特点，工序不是很多，大部分工序具有多个的同类工作地，最好双列布置在运输路线的两侧，会有一个工人看管多台设备的情况；考虑工人移动距离尽可能短等因素，以及车间为长条形等企业实际情况，选择双列直线型布置。

（6）流水生产线标准计划指示图的绘制　流水生产线上每个工作地都按一定的节拍重复地生产，所以可绘制出流水生产线的标准计划指示图表，表示出流水生产的期量标准、工作制度和工作程序等，为生产作业计划的编制提供依据。

连续流水生产线的标准计划指示图表比较简单，只要规定整个流水生产线工作的时间与程序就可以了。间断流水生产线的标准计划指示图表比较复杂，要规定每一道工序的各个工作地工作的时间与程序。

有关标准计划指示图表将在期量标准制订中详细说明。

3.1.7　多品种流水生产线的流程设计

1. 多品种流水生产线概念

多品种流水生产线是指在一条流水生产线上生产两种或两种以上结构、工艺相似的产品。其又可分为：可变流水生产线和混合流水生产线。

可变流水生产线：在整个计划期内（如一季，一月，一天），按一定的重复期（间隔期），成批轮流生产多种产品，但在计划期的各段时间内，流水生产线上只生产一种产品，这种产品按规定的批量完成以后，才转而生产另一种产品。

混合流水生产线：将流水生产线上生产的多种产品，按一定的数量和顺序编成组，同组的各种产品在一定时间内混合地同时进行生产。

2. 多品种流水生产线的流程设计

【例3-2】　仍是本模块中例3-1所述条件，根据零件的设计及工艺文件，可以得出QM013、QM017零件的结构及工艺等具有相似性。当考虑企业原有设备及车间布置、管理等情况要求（一条流水线），以及设备生产负荷平衡的要求（两零件的年产量不同）时，可在同一流水生产线上生产QM013、QM017两种零件，需根据厂生产计划要求对QM013、QM017零件的流水生产线进行生产组织设计。

分析：根据用户对零件月交货批次的需求不同，对零件QM013、QM017的流水生产线可按可变流水线进行组织设计，即流水生产线在一段时间内只加工QM013，然后在另一段时间只加工QM017；也可按混合流水线进行组织设计，即同时生产两种零件。这里将分别按照流水生产线组织设计的步骤进行可变流水生产线和混合流水生产线的组织设计，主要是节拍的计算，其他步骤与单一流水生产线相同。

1）可变流水生产线节拍的计算方法有两种。

代表产品法：从流水生产线上生产的产品中，选择一种产量大、劳动量大、工艺过程较复杂的产品作为代表产品,将其他产品按劳动量比例关系换算成代表产品的产量,以此表示流水生产线总的生产能力,再计算代表产品的节拍和其他各种产品的节拍。

劳动量比重法:按制品在流水生产线上加工总劳动量中所占比重分配流水生产线有效工作时间,然后计算制品节拍。

下面对例3-2中可变流水生产线节拍进行计算。

已知QM013计划月产量为5000件,在各工序的单件作业时间为91min,QM017计划月产量2500件,单件作业时间为74min,月有效工作时间为20064min。

① 用代表产品法计算时,考虑QM013的产量大、结构复杂,确定其为代表产品。

计划期(月)代表产品QM013的产量 = (5000 + 2500 × 74/91)件 = 7033件

代表产品QM013的节拍 = (20064/7033)min/件 = 2.85min/件

QM017的节拍 = (2.85 × 74/91)min/件 = 2.3min/件

② 用劳动量比重法计算节拍。

$$QM013产品劳动量占总劳动量 = \frac{5000 \times 91}{5000 \times 91 + 2500 \times 74} \times 100\% = 71\%$$

$$QM017产品劳动量占总劳动量 = \frac{2500 \times 74}{5000 \times 91 + 2500 \times 74} \times 100\% = 29\%$$

则 QM013的节拍 = (20064 × 71%/5000)min/件 = 2.85min/件

QM017的节拍 = (20064 × 29%/2500)min/件 = 2.3min/件

以上两种方法实质上是一样的,可互相转换。

2) 混合流水生产线节拍计算方法。在混合流水生产线上,产品的品种虽不同,但它们在结构上必须是相似的,工艺、尺寸也要很相近。要使流水生产线的计划生产能力满足计划期生产的全部产品品种和产量的需要。根据产品的投入方式,混合流水生产线的节拍又有固定与可变之分。

固定节拍计算公式

$$R = \frac{T}{\sum_{i=1}^{n} N_i}$$

式中 T——计划期作业时间;

N_i——计划期各种产品产量;

n——品种数。

例3-2中混合流水线生产节拍计算:

平均节拍 = [20064/(5000 + 2500)]min/件 = 2.675min/件,圆整为2.6min/件

余下的步骤与单一流水线的组织设计相同。

模块2 制订期量标准

3.2.1 期量标准的概念

期量标准又称作业计划标准,是指为制造对象在生产期限和生产数量方面所规定的标准

数据。大量流水生产的期量标准有节拍、流水生产线作业指示图表、在制品定额等。

（1）节拍　是组织大量流水生产的依据，是大量流水生产期量标准中最基本的期量标准，其实质是反映流水生产线的生产速度。它是根据计划期内的计划产量和计划期内的有效工作时间来确定的。

（2）流水生产线作业指示图表　在大量流水生产中，每个工作地都按一定的节拍反复地完成规定的工序。为确保流水生产线按规定的节拍工作，必须对每个工作地详细规定它的工作制度，绘制作业指示图表，协调整个流水生产线的生产。

（3）在制品定额　在制品是指从原材料投入到产品入库为止，处于生产过程中尚未完工的所有零件、组件、部件和产品的总称。在制品定额是指在一定的时间、地点和生产技术组织条件下为保证生产的连续进行而制订的必要的在制品数量标准。

3.2.2　流水生产线期量标准的制订

1. 节拍的制订

节拍是组织大量流水生产的依据，是大量流水生产期量标准中最基本的期量标准，其实质是反映流水线的生产速度。它是根据计划期内的计划产量和计划期内的有效工作时间确定的。

2. 流水生产线作业指示图表

正确绘制流水生产线作业指示图表对提高生产效率、设备利用率和减少在制品起着重要的作用。此外，它还是简化生产作业计划、提高生产作业计划质量的有效工具。

（1）流水生产线作业指示图表的特点　流水生产线作业指示图表是根据流水生产线的节拍和工序时间定额来绘制的。流水生产线作业指示图表的绘制随流水生产线的工序同期化程度不同而不同。

1）连续流水线作业指示图表的特点。连续流水线的工序同期化程度很高，各个工序的节拍基本等于流水线的节拍，因此工作地的负荷率高。这时就不存在工人利用个别设备不工作的时间去兼顾其他设备的问题，作业指示图表较简单。

2）间断流水线作业指示图表的特点。间断流水线由于各工序的生产率不一致，因此绘制间断流水线作业指示图表比较复杂。

（2）流水生产线作业指示图表的绘制

1）绘制连续流水生产线作业指示图表。连续流水生产线作业指示图表比较简单，只要规定流水生产线在轮班内的工作中断次数、工作中断时刻、工作中断时间即可。中断的次数与时间根据作业的复杂情况及辅助时间不同而不同。表3-3为连续流水生产线不同产品作业指示图示例。

【例3-3】　按例3-1所述条件，针对不同的企业生产情况和用户需求情况，对QM013、QM017零件的流水生产流程进行设计后，进行下一步，也就是生产作业计划编制的前期工作——期量标准制订。

对例3-3进行连续流水生产线作业指示图表的绘制。

零件QM013的工序同期化程度比较高，是连续流水生产，经试生产并根据本企业生产经验，确定流水生产工作中断次数及工作中断时间，绘制流水生产线作业指示图表，见表3-4。

表 3-3 连续流水生产线作业指示图表

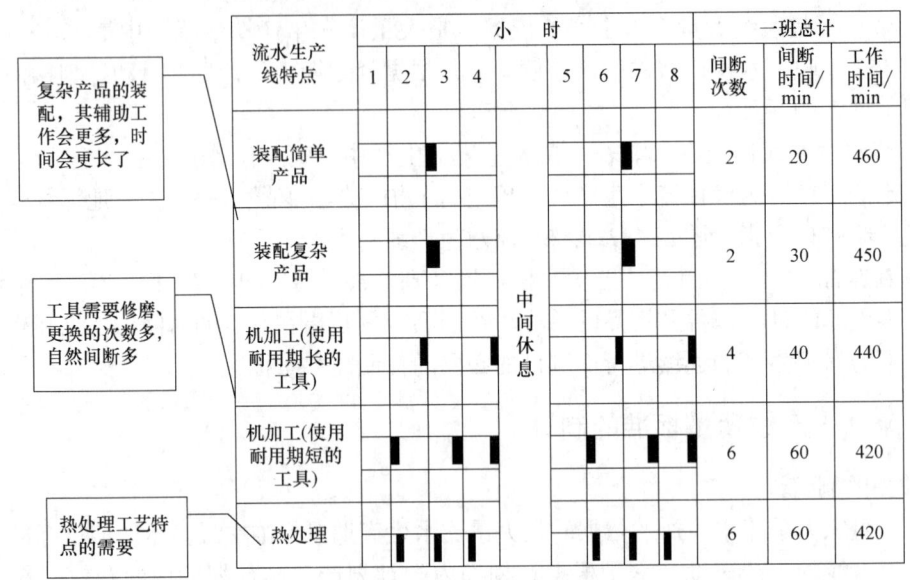

表 3-4 零件 QM013 流水生产线作业指示图表

产品名称	小时								一班总计		
	1	2	3	4	5	6	7	8	间断次数	间断时间/min	工作时间/min
QM013		■		■	中间休息		■	■	4	40	440

2) 绘制间断流水生产线作业指示图表。间断流水生产线由于各工序的节拍与流水生产线的节拍不同步，也不成倍数关系，所以各道工序的生产效率不能协调一致。为了平衡各道工序的生产效率，需要组织负荷过少的工人看管多台设备。因而间断流水生产线作业指示图表的绘制需确定看管期，确定看管期各工作地产量及负荷，计算看管期内各工作地工作时间长度，确定工作起止时间，确定每个工作地的人员数量及劳动组织形式等。

间断流水生产线由于各工序的工序节拍与流水生产线的节拍不同步，各道工序的生产效率不协调，生产中就会出现停工停料或等待加工的现象。间断流水生产线上事先规定一个循环时间，在循环时间段内，各道工序的产量相等，以平衡整条流水生产线运行，通常称为间断流水生产线的看管期。

现根据间断流水生产线作业指示图表规定的内容依次确定相应参数，绘制作业指示图表。

① 确定看管期。看管期是指间断流水生产线中为负荷较少的工人安排多设备看管而规定的一定时间间隔（一个周期时间）

$$T = QR$$

式中　T——看管期；
　　　Q——看管期产量；

R——流水线的节拍（min/件）。

看管期长短对其他经济指标有一定的影响。看管期长则工人在工作地之间的往返次数少，有利于提高劳动效率，降低疲劳程度，但在制品的数量会增多，占用流动资金。因此，应根据在制品的特点及工人看管设备之间的距离来确定合理的看管期。一般应大于1h，小于1个轮班，且最好是轮班的约数。如：2、4、8h。

确定看管期的长短考虑的因素：

a. 根据加工对象的特点来确定，如体积大、价值高、看管期取短，以使在制品占用量减少，反之取长。

b. 根据流水生产线各工作地间的距离大小决定看管期长短。工作地之间距离大，看管期可取长些，反之取短些。

② 确定看管期内工作地产量及负荷（图3-4）。

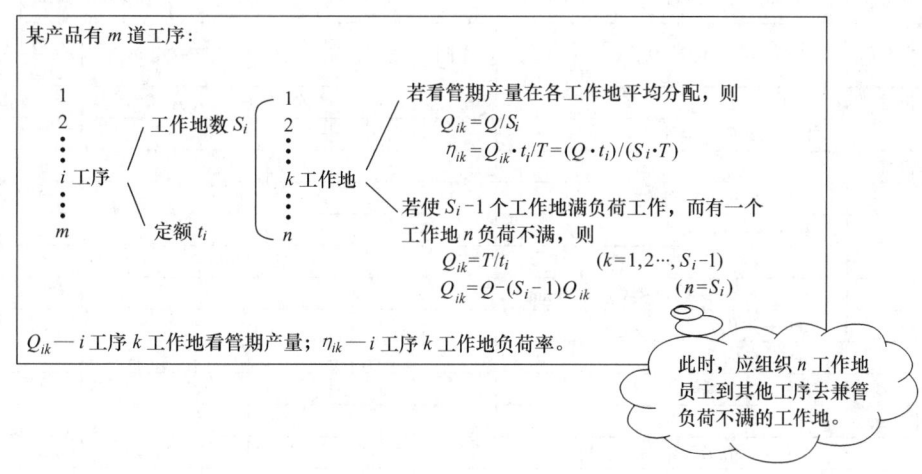

图3-4　确定看管期内工作地产量及负荷

③ 计算看管期内各工作地工作时间长度，公式为

$$T_{ik} = Q_{ik} t_i$$

式中　T_{ik}——i 工序第 k 个工作地的工作时间。

④ 绘制作业指示图表，确定作业起止时间。对负荷不满的工作地，在考虑员工兼管工作地的可能性后，确定各工作地的作业起止时间，并将其绘制成作业指示图表。

⑤ 确定流水生产线上工人数及劳动组织形式。在确定流水生产线上工人数的同时，要考虑劳动组织形式，尽量组织工人进行多设备看管。

对例3-3进行间断流水生产线作业指示图表的绘制。

对零件QM017进行流水生产时，因零件QM017工序同期化程度低，而形成间断流水生产的情况，相关工艺参数见表3-5、表3-6。

表3-5　零件QM017工序时间定额表

工序号	1	2	3				4	5	6	7
工序时间/min	3	7	19				10	20	10	5
工步号	1	2	3	4	5	6	7	8	20	11	12

(续)

工序号	1	2	3				4	5	6	7
工步时间(min)	3	5	2	9	3	3	4	10	20	10	5
工作地数(机床)	1	1	3				2	3	2	1
同期化程度	0.375	0.875	0.79				0.625	0.83	0.625	0.625
流水生产线节拍	$R = (20064 \times 12 / 30000)$ min/件 $= 8$ min/件									

注:零件 QM017 年产量 30000 台,年工作时间为 (20064×2) min。

表 3-6 QM017 零件机械加工工艺过程卡

机械加工工艺过程卡片				产品型号	×××-D	零件图号	QM017	
				产品名称	×××	零件名称	输出轴	共1页 第1页
材料	45 圆钢	毛坯种类	棒料	毛坯外形尺寸		每毛坯可制件数	1	每台件数	1	备注

序号	工序名称	工序内容	车间	工段	设备	工艺装备	工时/min	
							工步	单件
1	粗车		金工		车床			3
		1——粗车 A 端外圆					3	
2	粗车				车床			7
		2——粗车 B 端外圆					5	
		3——钻中心孔					2	
3	半精车				车床			19
		4——半精车 A 端螺纹及 $\phi 20$mm					9	
		5——钻孔					3	
		6——车内孔					3	
		7——攻内螺纹					4	
4	半精车				车床			10
		8——半精车 B 端各轴台外圆					10	
5	磨				磨床			20
		9——磨 B 端各轴台外圆					20	
6	铣键槽				立铣			10
		10——铣键槽					10	
7	铣槽				卧铣			5
		11——铣 A 端槽					5	

首先确定看管期。QM017 零件体积较小,但加工地较集中,根据企业实际情况,确定看管期及看管期的产量,以平衡工人的劳动效率、在制品数量在合理的范围内,并使看管期为一班(8h)的约数,确定看管期 $T = 2$h,计算结果为

$$Q = T/R = (120/8) \text{件} = 15 \text{件}$$

其次确定看管期内工作地产量及负荷。以工序 3 为例计算,工序 3 时间定额为 19min,工作地为 3 个,保证前面 2 个工作地满负荷,则:

工序 3 工作地 1 的产量 $Q_{31} = T/t_3 = (120/19)$件 $= 6.3$ 件,取 6 件。

$$\text{负荷率 } \eta_{31} = [6/(120/19)] \times 100\% = 95\%$$

$$Q_{32} = Q_{31} = 6 \text{件}$$

工序 3 工作地 3 的产量 $Q_{33} = Q - (Q_{31} + Q_{32}) = (15 - 12)$件 $= 3$ 件

$$\text{负荷率 } \eta_{33} = [3/(120/19)] \times 100\% = 47.5\%$$

其余工序按同样方法计算。

再计算看管期内各工作地工作时间长度。仍以工序 3 为例，工序 3 工作地 1 的工作时间
$T_{31} = Q_{31}t_3 = (6 \times 19)\text{min} = 114\text{min}$

$$T_{32} = T_{31} = 114\text{min}$$

工序 3 工作地 3 的工作时间 $T_{15} = Q_{33}t_3 = (3 \times 19)\text{min} = 57\text{min}$

最后绘制作业指示图表，确定作业起止时间。根据以上述计算资料，进行工人多设备看管组织，并形成作业指示图表，如图 3-5 所示。

流水线产品名称	班次	日产量/件	节拍/min	运输批量/件	节奏/min	看管周期/h	看管周期产量/件
QM017零件	2	120	8	1	24	2	15

工序号	工时定额/min	工作地号	工人号	劳动组织	每一个看管期(2h)标准工作进度												看管期产量
					10	20	30	40	50	60	70	80	90	100	110	120		
1	3	01	01	兼管05工作地														15
2	7	02	02															15
3	19	03	03															6
		04	04															6
		05	01															3
4	10	06	05															12
		07	06	兼管10工作地														3
5	20	08	07															6
		09	08															6
		10	06															3
6	10	11	09															11
		12	10	兼管13工作地														4
7	5	13	10															15

图 3-5 零件 QM017 间断流水生产线工作作业指示图

3. 在制品定额

在制品定额是在正确划分在制品种类的基础上，通过分析计算，分别制订出来的。企业生产类型不同，制订在制品定额的方法也不同。

在制品占用量分类如图 3-6 所示。

在确定在制品的占用量时，应该注意以下几个问题：

① 对不同车间（或流水生产线）应明确哪种占用量在生产中起主导作用。例如，毛坯车间的在制品占用量有工艺、周转和保险占用量三种，其中周转占用量是主要的；机加工车间有工艺、运输、周转和保险四种，其中工艺占用量是主要的。

② 占用量定额是按一种零件分别计算的，计算时应考虑生产过程的衔接，结合标准作业计划加以确定，然后按存放地点汇总成零件的占用量定额表。

③ 占用量定额表由生产科编制，由财务科估价和核算占用的流动资金。

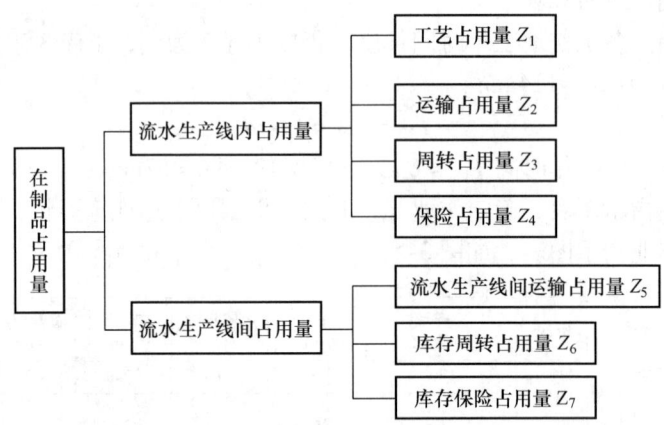

图 3-6 在制品占用量分类图

④ 占用量定额制订后，必须按车间、班组和仓库细分，并把它交给员工讨论核实，使人人关心，共同管好在制品。

⑤ 占用量定额一经批准，就成为全厂计划工作中的一种非常重要的期量标准，对稳定生产作业秩序和协调生产活动有着极重要的作用，应严肃对待，并要注意定额水平的变动情况，定期调整。

(1) 工艺占用量（Z_1） 工艺占用量是指正在流水生产线各道工序每个工作地上加工、装配或检验的在制品数量。

工艺占用量计算公式

$$Z_1 = \sum_{i=1}^{m} S_i g_i$$

式中 S_i——第 i 道工序的工作地数；

m——流水生产线的工序数目；

g_i——第 i 道工序的工作地点上同时加工的零件数。

(2) 运输占用量（Z_2） 运输占用量是指处于运输过程中或放置在运输装置上的在制品占用量。运输占用量取决于：运输方式、运输批量、运输间隔期、零件体积及存放地的情况等因素。

采用连续输送装置时运输占用量计算公式

$$Z_2 = \frac{L n_t}{l}$$

式中 L——运输装置的长度（m）；

l——两批在制品距离（m）；

n_t——运输批量。

(3) 周转占用量（Z_3） 周转占用量是指由于平衡前后相邻工序生产率周而复始积存的在制品占用量。周转占用量可用分析计算法和图表法结合起来加以确定。

分析计算法公式

$$Z_{3\max} = \frac{t_s S_i}{t_i} - \frac{t_s S_j}{t_j}$$

式中 t_s——两相邻工序生产率之差不变的同时工作时间（min）；

S_i，S_j——第 i、j 工序在 t_s 时段的工作地数；i 为前工序，j 为后工序；

t_i、t_j——第 i、j 工序单件工时（min）。

Z_3 为正值，表明最大占用量是在同时工作结束时形成的；Z_3 为负值，表明最大占用量是在同时工作前形成的。

图表分析可参考例 3-3。

（4）保险占用量（Z_4） 保险占用量是指为了防止前工序出现生产故障造成零件供应中断而设置的在制品占用量。数量多少应根据故障概率和排除故障所需时间而定。

$$Z_4 = 消除故障时间/工序单件工时$$

整个流水生产线设置的保险占用量，常集中在流水生产线的末端，用来弥补出现废品和出现生产故障，造成零件供应中断；为工作地设置的专用保险占用量，常集中于关键的工作地旁边。

至此，根据以上的计算可得出流水线内部占用量 $Z_内$：

采用分配长传送带的连续流水生产线时，$Z_内 = Z_1 + Z_2 + Z_4$。

采用工作式传送带的连续流水生产线时，$Z_内 = Z_1 + Z_4$。

采用间断流水生产线在制品占用量定额时，$Z_内 = Z_1 + Z_3 + Z_4$。

对例 3-3 用在制品定额计算法进行计算。以零件 QM017 流水生产的间断流水生产线来进行计算，相关参数见表 3-5，则流水生产线在制品占用量 $Z_内 = Z_1 + Z_3 + Z_4$

① 确定工艺占用量。根据零件加工情况，每个工作地同时加工的零件数为 1 件。

$$Z_1 = (1+1+3+2+3+2+1) \times 1 \text{件} = 13 \text{件}$$

② 确定工序间流动占用量。根据图 3-5 所示的数值进行如下计算。

$$Z_{3\max}(1-2) = 45 \times (1/3 - 1/7) \text{件} = 8.6 \text{件}$$

$$Z_{3\max}(2-3) = 57(1/7 - 2/19) \text{件} = 2.4 \text{件}$$

$$Z_{3\max}(3-4) = 30(2/19 - 2/10) \text{件} = -3 \text{件}$$

$$Z_{3\max}(4-5) = 30(2/10 - 3/20) \text{件} = 1.5 \text{件}$$

$$Z_{3\max}(5-6) = 40(2/20 - 2/10) \text{件} = -4 \text{件}$$

$$Z_{3\max}(6-7) = 40(2/10 - 0/5) \text{件} = 8 \text{件}$$

对例 3-3 用在制品定额图解法进行求值。

从上述结果，并通过对图 3-5 中各工序同时工作时间及产量的分析，可以看出：工序 5 与工序 6 的最大占用量为 2 件，工序 5 的 2 个工作地在与工序 6 同时工作的 40min 完成了 4 件，而工序 6 则在这期间完成了 8 件，所以在同时工作之前，工序 5 就应给工序 6 准备 4 件产品，否则，10 号工人在第 6 道工序时停止，就不能在后 60min 内兼做工序 7。当工序 6 的 12 工作地停止工作，工序 5 仍然继续生产，在后 80min 内为工序 6 准备了 4 件的在制品的占用量，如此周而复始，在工序 5 和工序 6 之间，在制品从最大占用量逐渐减少到零，然后再由零逐渐增加到最大占用量，如图 3-7 所示。

（5）流水生产线间运输占用量（Z_5） 流水生产线间运输在制品占用量定额的计算方法与运输方式有关，公式为

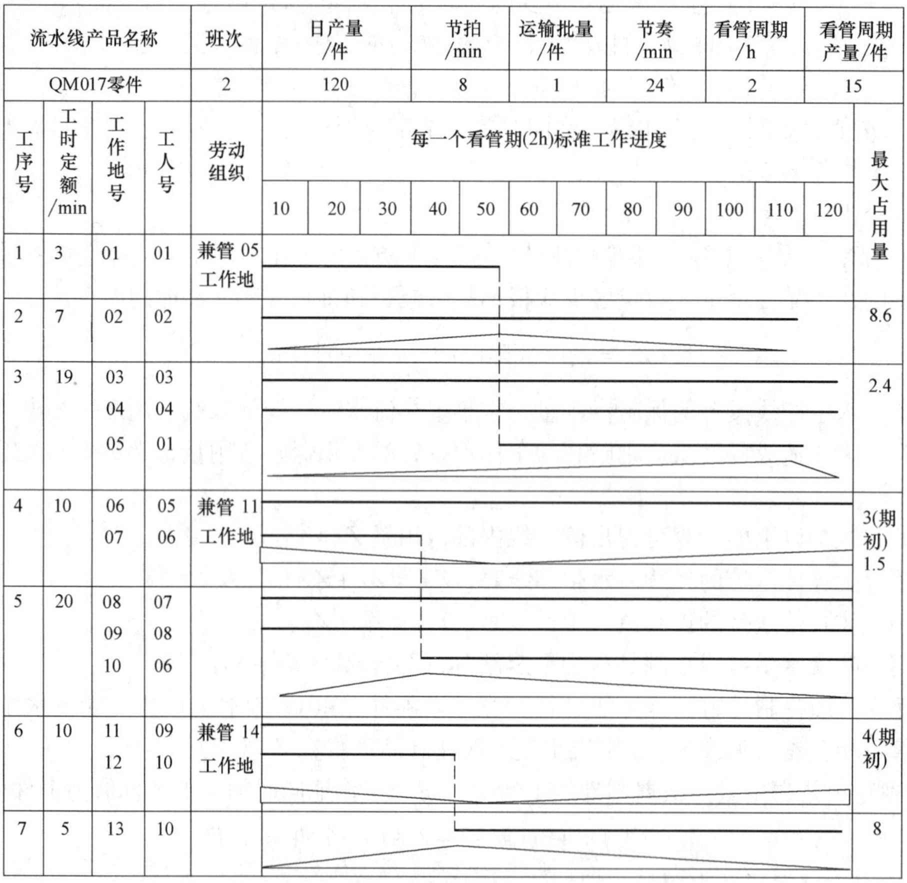

流水线产品名称	班次	日产量/件	节拍/min	运输批量/件	节奏/min	看管周期/h	看管周期产量/件							
QM017零件	2	120	8	1	24	2	15							
工序号	工时定额/min	工作地号	工人号	劳动组织	每一个看管期(2h)标准工作进度									最大占用量
					10	20	30	40	50	60	70	80	90	100	110	120	
1	3	01	01	兼管05工作地													
2	7	02	02														8.6
3	19	03 04 05	03 04 01														2.4
4	10	06 07	05 06	兼管11工作地													3(期初) 1.5
5	20	08 09 10	07 08 06														
6	10	11 12	09 10	兼管14工作地													4(期初)
7	5	13	10														8

图 3-7 间断流水生产线工序间流动占用量变化示意图

$$Z_5 = (L/l)P\eta_r$$

式中 L——运输装置的有效长度（m）；

l——运输装置上相邻两个运输批之间的距离（m）；

P——运输批的批量；

η_r——运输装置负荷率。

（6）库存流动占用量（Z_6） 库存周转占用量是使车间或流水生产线之间协调工作而占用的零部件或毛坯数量。它是由于前后两车间或流水线之间生产效率不等以及工作制度（班次或起止时间）不同而形成的在制品的占用量，计算公式为

$$Z_6 = Q_1(P_1 - P_h)$$

式中 Q_1——生产效率较低的车间或流水生产线的班产量；

P_1——生产效率较低的车间或流水生产线的班次；

P_h——生产效率较高的车间或流水线的班次。

（7）库存保险占用量（Z_7） 库存保险占用量是由于供应车间（或流水线）交付延期或出现大量废品，为保证需用车间正常生产而设置的在制品的占用量，计算公式为

$$Z_7 = T_{in}/R$$

式中 T_{in}——供应车间（或流水生产线）的恢复间隔期；

R——供应车间(或流水生产线)的生产节拍。

至此,根据以上的计算可得出流水线间占用量

$$Z_{间} = Z_5 + Z_6 + Z_7$$

模块3 流水生产作业计划的编制

3.3.1 流水生产作业计划编制方法

1. 生产作业计划的概念

生产作业计划是生产计划的具体执行性计划。它把企业的全年生产任务具体地分配到各车间、工段、班组以及每个工人,规定他们每月、旬、周、日以至轮班和小时内的具体生产任务,从而保证按品种、质量、数量、期限和成本完成企业的生产任务。

2. 流水生产作业计划的编制方法

(1) 流水生产作业计划的层次划分

流水生产作业计划分为两个层次:

1)厂级生产作业计划,即依据企业年(季)度生产计划编制的各车间的月(旬、周)生产作业计划。

2)车间内部作业计划,即依据厂级生产作业计划来编制的工段(班、组)生产作业计划及工段(班、组)内部的生产作业计划。

(2) 厂级生产作业计划的编制方法

1)选择计划单位。计划单位是指编制生产作业计划时规定生产任务所用的计算单位。它反映了生产作业计划的详细程度即各级分工关系。

流水生产企业采用的计划单位有以下几种。

① 以产品作为编制生产作业计划时分配生产任务的计算单位。只统一规定投入产品数、产出产品数和相应日期,不具体规定每个车间生产的零件品种、数量和进度。采用这种计划单位可以简化厂级生产作业计划的编制,便于车间根据自己的实际情况灵活调度;缺点是整个生产的配套性差,生产周期长,在制品占用量大。

② 以部件作为分配生产任务的计算单位。根据装配工艺的先后次序和主要部件中主要零件的生产周期,按部件规定投入和产出的品种、数量及时间。采用这种计划单位的优点是生产的配套性较好,车间也具有一定灵活性;缺点是编制计划的工作量加大。

③ 以生产中具有共同特征的一组零件作为分配生产任务的计算单位。它要求同一组零件中的各零件,加工工艺相似,投入装配的时间相近,生产周期基本相同。按零件组规定投入和产出的品种、数量及时间。其优点是可以减少零件在各生产阶段中及生产阶段间的搁置时间,即生产配套性更好,在制品占用更少;缺点是计划工作量大,不容易划分好零件组,车间灵活性较差。

④ 以零件作为各车间生产任务的计算单位。先根据生产计划规定的生产任务层层分解,计算出每种零件的投入量、产出量、投入期和产出期要求,然后以零件为单位,为每个生产单位分配生产任务,具体规定每种零件的投入、产出量和投入、产出期。其优点是生产的配套性很好,在制品及流动资金占用最少,生产周期最短。同时,当发生零件的实际生产与计

划有出入时,易于发现问题并调整处理。其缺点是编制计划的工作量很大。

大量流水生产企业多采用零件为计划单位编制生产作业计划。由于目前计算机在企业中广泛应用,尤其是运用制造资源计划(MRP II)后计划编制工作量大大减少,因此,如果有条件应尽量采用这种计划单位,它的优点很突出而缺点不明显。另外,编制车间内部的生产作业计划时,一般都采用这种计划单位。

2)确定车间生产任务。编制厂级生产作业计划的主要任务是:根据企业的生产计划,为每个车间正确地规定每一种制品(部件、零件)的产出量和产出期。安排车间生产任务的方法随车间的生产类型和生产组织形式而不同。确定车间生产任务的方法有:

① 在制品定额法:用在制品定额作为调节生产任务数量的标准,以保证车间之间的衔接。也就是运用预先制订的在制品定额,按照工艺反顺序计算方法,调整车间的投入和产出数量,顺次确定各车间的生产任务。

② 提前期法:根据预先制订的提前期来转化为提前量,确定同一时期产品在各生产环节的提前量,从而保证各车间在生产上的相互衔接。

③ 生产周期法:以生产周期为依据,规定各车间生产作业任务的一种方法。

大量流水生产产品品种单一,生产任务稳定,各车间投入和产出数量及时间之间有密切的配合关系,并且生产作业计划的编制,重点在于解决各车间在生产数量上的协调配合。因此,在制品定额法适于大量流水生产企业的生产任务安排。

(3)车间内部作业计划的编制 车间内部生产作业计划的编制主要包括:车间生产作业计划日常安排、工段(班、组)生产作业计划的编制、工段(班、组)内部生产作业计划的编制等。一般由车间及工段计划人员编制。

对于产品品种少、生产稳定、节拍生产的流水生产线,车间内部作业计划的编制工作比较简单,一般只需从厂级月度作业计划中,将有关零件的产量,按日均匀地分配给相应工段(班、组)即可。

车间内部的生产作业计划编制原则:

1)保证厂级生产作业计划中各项指标的落实。

2)认真进行各工种、设备生产能力的核算和平衡。

3)根据任务的轻重缓急,安排零件投入、加工和产出进度。

4)保证前后工段、前后工序互相协调,紧密衔接。

(4)车间内部作业计划的作业排序

1)作业排序概念。作业排序是指将企业加工工件的生产计划转变为每个班组、人员、每台设备的工作任务,即具体地确定每台设备、每个人员每天的工作任务和工件在每台设备上的加工顺序的过程。

作业排序是解决当多项任务(零件)排队等候某个工作中心加工时,确定哪项任务应优先安排,并达到下面的目标:

① 满足交货日期。

② 极小化提前期。

③ 极小化准备时间或成本。

④ 极小化在制品库存。

⑤ 极大化设备或劳动力的利用。

2）作业排序规则。目前已有多种排序规则被用来解决排序问题，每种规则各有其适用的对象，因此排序问题只有特殊解，没有一般解。常用的排序规则：

① FCFS（先到先服务）：按订单送到的先后顺序进行加工。

② SOT（最短作业时间）：所需加工时间最短的作业首先进行，然后是加工时间第二短的，依次类推。

③ EDD 法则：优先选择完工期限紧的工件。

④ SCR 法则：优先选择临界比最小的工件。临界比为工件允许停留时间与工件余下加工时间之比。

⑤ STR（剩余松弛时间）法则：STR 是交货期前所剩余时间减去剩余的加工时间所得的差值。STR 最短的任务最先进行。

⑥ CR（关键比率）法则：关键比率是用交货日期减去当前日期的差值除以剩余的工作日数。关键比率最小的任务先执行。

⑦ QR（排队比率）法则：排队比率是用计划中剩余的松弛时间除以计划中剩余的排队时间。排队比率最小的任务先执行。

⑧ LCFS（后到先服务）：该规则经常作为缺省规则使用。因为后来的工单放在先来的上面，操作员通常是先加工上面的工单。

通常，运用一个优先规则还不能唯一地确定下一个应选择的工件，需使用多个优先规则的组合。当然，以上这些优先调度规则的简单性掩饰了排序工作的复杂性。实际上，要将数以百计的工件在数以百计的工作地（机器）上的加工顺序决定下来是一件非常复杂的工作，需要有大量的信息和熟练的排序技巧。

3.3.2 厂级及车间生产作业计划编制

【例 3-4】 按例 3-1 所述条件，完成 QM013、QM017 零件的流水生产流程设计及期量标准制订后，根据这些资料进行 QM013、QM017 零件流水生产作业计划的编制。

分析：对于产品品种少、生产稳定、节拍生产的流水生产线，车间内部作业计划的编制工作比较简单，一般只需从厂级月度作业计划中，将有关零件的产量，按日均匀地分配给相应工段（班组）即可。通常用标准计划法来对工段（小组）分配工作地（工人）生产任务，即编制出标准计划指示图表。有了它就可以有计划地做好生产前的各项准备工作。严格按标准安排生产活动，就不必每日都编制计划，而只需要将每月产量任务作适当调整就可以了。

这里，还有一个较重要的作业排序问题，当同一生产线生产不同品种零件 QM013 和 QM017 时，就需要解决流水作业排序问题。

大量流水生产适合用零件为单位及在制品定额法进行车间生产计划的编制。实际上，本例题只是编制零件 QM013 及 QM017 的生产作业计划，但也已经说明它是以零件为计划单位的。

1. 厂级生产作业计划中生产任务的确定

确定生产任务可采用在制品定额法，先依次计算各个车间的投入量和产出量

$$Q_{oi} = Q_{Ij} + Q_{si} + (Z_I - Z_p)$$
$$Q_{Ii} = Q_{oi} + Q_{fi} + (Z_L - Z'_L)$$

式中　Q_{oi}——i 车间的计划期的产出量；

　　　Q_{Ii}——i 车间的计划期的投入量；

Q_{Ij}——i 车间的后续车间（j）计划期的投入量；

Q_{si}——i 车间的外销在制品量；

Q_{fi}——i 车间允许的废品数量；

Z_I——i 和 j 车间之间的在制品占用量定额；

Z_p——计划期初 i 和 j 车间之间实际在制品占用量定额；

Z_L——i 车间内部在制品占用量定额；

Z'_L——计划期初 i 车间内部实际在制品占用量。

在制品定额法的优点：

1) 各个车间可以平衡地编制作业计划。
2) 不需要预计当月任务完成情况。
3) 生产任务可以自动修改。
4) 可以用来检查零部件生产的成套性，保证厂级生产作业计划中各项指标的落实。

现在用在制品定额法计算例 3-4。

根据前期所计算的数据，进行 A 车间的制品 QM013、QM017 投入量及产出量的计算，见表 3-7。

A 车间产出量 = B 车间投入量 + A 车间半成品外售量 +
（车间之间半成品占用定额 - 期初预计半成品库存量）

A 车间投入量 = A 车间产出量 + A 车间计划允许废品数 +
（本车间期末在制品定额 - 本车间期初在制品预计数）

表 3-7 在制品定额计算表

		产 品 名 称	D 型气动工具	
		产 品 产 量	2500 台/月	
		零 件 编 号	QM013	QM017
		零 件 名 称	输入轴	输出轴
		每 台 件 数	1	1
装配车间	1	产出量	2500	2500
	2	废品及损耗	10	10
	3	在制品定额	120	120
	4	期初预计在制品结存量	50	60
	5	投入量（1+2+3-4）	2580	2570
零件库	6	半成品外售量	2500	—
	7	库存半成品定额	100	100
	8	期初预计结存量	110	120
加工车间	9	产出量（5+6+7-8）	5070	2550
	10	废品及损耗	50	20
	11	在制品定额	80	60
	12	期初预计在制品结存量	100	100
	13	投入量（9+10+11-12）	5100	2530

(续)

	14	半成品外售量	—	—
毛坯库	15	库存半成品定额	200	100
	16	期初预计结存量	200	100
	17	产出量(13 + 14 + 15 − 16)	5100	2530
	18	废品及损耗	10	10
毛坯车间	19	在制品定额	100	50
	20	期初预计在制品结存量	60	30
	21	投入量(17 + 18 + 19 − 20)	5150	2560

2. 车间内生产作业计划的编制

流水作业排序问题的基本特征是每个工件的加工路线都一致，在流水生产线上制造不同的零件，遇到的就是流水作业排序问题。一般说来，对于流水作业排序问题，工件在不同机器上的加工顺序不尽一致。这里只对一种特殊情况，即所有工件在各台机器上的加工顺序都相同的情况进行讨论，这就是作业排序问题。

(1) 最长流程时间 F_{max} 的计算 即 $n/m/P/F_{max}$ 问题，其中 n 为工件数，m 为机器数，P 表示流水线作业排列排序问题，F_{max} 为目标函数。目标函数是使最长流程时间最短。

最长流程时间又称作加工周期，它是从第一个工件在第一台机器开始加工时算起，到最后一个工件在最后一台机器上完成加工时为止所经过的时间。

计算方法如下所述。

假设所有工件的到达时间都为零（$r_i = 0$，$i = 1, 2, \cdots, n$），所以 F_{max} 等于排在末位加工的工件在车间的停留时间，也等于一批工件的最长完工时间 C_{max}。

设 n 个工件的加工顺序为 $S = (S_1, S_2, S_3, \cdots, S_n)$

$$C_{1_{s_i}} = C_{1_{s_{i-1}}} + p_{s_i}^1$$

$$C_{k_{s_i}} = \max\{C_{(k-1)_{s_i}}, C_{k_{s_{i-1}}}\} + p_{s_i}^k$$

$$(k = 2, 3, \cdots, m; \quad i = 1, 2, \cdots, n)$$

式中　$C_{k_{s_i}}$——工件 S_i 在机器 M_k 上的完工时间，$k = 1, 2, \cdots, m$；

　　　$p_{s_i}^k$——工件 S_i 在机器 M_k 上的加工时间，$k = 1, 2, \cdots, m$；

　　　S_i——第 i 位加工的工件代号，$i = 1, 2, \cdots, n$；

当 $r_i = 0$，$i = 1, 2, \cdots, n$ 时，递推可得 $F_{max} = C_{m_{s_n}}$。

【例3-5】 因企业案例任务项目中仅有2种零件，较为简单，为此假设此产品的6种零件都需按相同的4道工艺顺序在同一流水生产线上混合生产，即6零件在4台设备上进行排序，需要求得在固定的加工顺序下所需的所有零件完工时间。

【解】 这是一个 $6/4/P/F_{max}$ 问题，其加工时间见表3-8。当按顺序 $S = (F, A, E, B, D, C)$ 加工时，求 F_{max}。

① 按顺序 $S = (F, A, E, B, D, C)$ 列出加工时间矩阵，见表3-8。

表 3-8 加工时间矩阵

i	A	B	C	D	E	F
P_{i1}	4	2	3	1	4	2
P_{i2}	4	5	6	7	4	5
P_{i3}	5	8	7	5	5	5
P_{i4}	4	2	4	3	3	1

② 按公式递推，将每个工件的完工时间标在其加工时间的右上角。

对于第一行第一列，只需把加工时间的数值作为完工时间标在加工时间的右上角。

对于第一行的其他元素，只需从左到右依次将前一列右上角的数字加上计算列的加工时间，将结果填在计算列加工时间的右上角。

对于从第二行到第 4 行，第一列的算法相同。只要把上一行右上角的数字和本行的加工时间相加，将结果填在加工时间的右上角。

从第 2 列到第 6 列，则要从本行前一列右上角和本列上一行的右上角数字中取大者，再和本列加工时间相加，将结果填在本列加工时间的右上角。

③ 这样计算下去，最后一行的最后一列右上角数字，即为 $C_{m_{sn}}$，也是 F_{max}。

计算结果见表 3-9。本例 $F_{max} = 46$。

表 3-9 顺序 S 下的加工时间矩阵

i	F	A	E	B	D	C
P_{i1}	2^2	4^6	4^{10}	2^{12}	1^{13}	3^{16}
P_{i2}	5^7	4^{11}	4^{15}	5^{20}	7^{27}	6^{33}
P_{i3}	5^{12}	5^{17}	5^{22}	8^{30}	5^{35}	7^{42}
P_{i4}	1^{13}	4^{21}	3^{25}	2^{32}	3^{38}	4^{46}

(2) $n/2/F/F_{max}$ 问题的最优算法 对于 $n/2/F/F_{max}$ 问题，F 表示流水线作业排序问题，机器数量为 2 台，S. M. Johnson 于 1954 年提出了一个有效算法，即著名的 Johnson 算法，如图 3-8 所示。Johnson 算法建立在 Johnson 法则的基础之上。

Johnson 法则：设每个工件均按 M1→M2 的路线加工。

如果 $\min(a_i, b_j) < \min(a_j, b_i)$ 则 J_i 排在 J_j 之前；

$\min(a_i, b_j) = \min(a_j, b_i)$ 则 J_i 既可排在 J_j 之前，也可在之后。

式中 a_i——工件 J_i 在 M_1 上的加工时间；

b_i——工件 J_i 在 M_2 上的加工时间。

【例3-6】 表 3-10 为 6 个零件在 2 台设备上按同样的顺序排队加工，求最佳（用时最短，即设备利用率最高）的排序，即 6/2/F/F_{max} 问题的最优解。

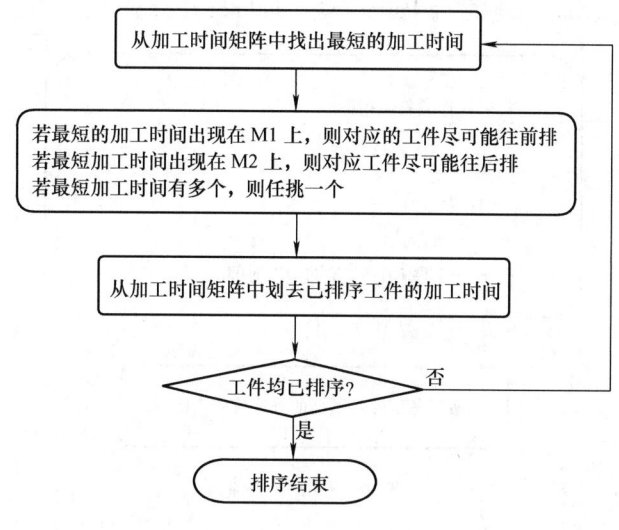

图 3-8 Johnson 算法

表 3-10 加工时间矩阵

i	A	B	C	D	E	F
a_i	5	1	8	5	3	4
b_i	7	2	2	4	7	4

【解】 应用 Johnson 算法。

① 从加工时间矩阵中找出最短加工时间为 1 个时间单位，它出现在 M_1 上。所以，相应的工件（工件 B）应尽可能往前排。即，将工件 B 排在第 1 位，划去工件 B 的加工时间。

② 余下加工时间中最小者为 2，它出现在 M_2 上，相应的工件（工件 C）应尽可能往后排，于是排到最后一位，划去工件 C 的加工时间。

③ 继续按 Johnson 算法安排余下工件的加工顺序。求解过程可简单表示如下：

将工件 B 排第 1 位　B
将工件 C 排第 6 位　B　　　　　　　　C
将工件 E 排第 2 位　B　E　　　　　　　C
将工件 F 排第 3 位　B　E　F　　　　　C
将工件 D 排第 5 位　B　E　F　　　D　C
将工件 A 排第 4 位　B　E　F　A　D　C

最优加工顺序为 $S = (B, E, F, A, D, C)$。

④ 利用前面的公式可求得最优顺序下的 $F_{max} = 28$。

(3) 一般 $n/m/P/F_{max}$ 问题的启发式算法　对于 3 台机器的流水车间排序问题，只有几种特殊类型的问题找到了有效算法。对于一般的流水车间排序问题，可以用运筹学中的分支定界法。用分支定界法可以保证得到一般 $n/m/P/F_{max}$ 问题的最优解。但对于实际生产中规模较大的问题，计算量相当大，以至用计算机也无法求解。同时，还需考虑经济性。如果为了求最优解付出的代价超过了这个最优解所带来的好处，也是不值得的。

为了解决生产实际中的排序问题，人们提出了各种启发式算法。启发式算法以小的计算量得到足够好的结果，因而比较实用，其中有 Palmer 法。1965 年，D. S. Palmer 提出按斜度指标排列工件的启发式算法，称之为 Palmer 法。Palmer 法计算方法如图 3-9 所示。

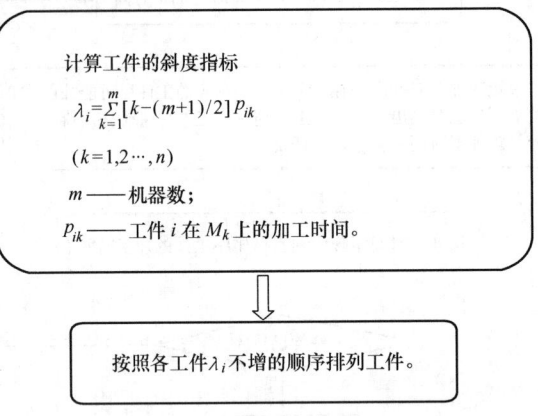

图 3-9　Palmer 法流程

【例 3-7】　当零件 1、零件 2、零件 3、零件 4，按同样的工艺顺序在 3 台设备进行排序加工时，求其较优排序方案，这是一个 $4/3/F/F_{max}$ 问题，其加工时间见表 3-11。

表 3-11　加工时间矩阵

i	1	2	3	4
P_{i1}	1	2	6	3
P_{i2}	8	4	2	9
P_{i3}	4	5	8	2

【解】　① 按照公式计算

$$\lambda_i = \sum_{k=1}^{m} [k - (3+1)/2] p_{ik} \quad k = 1, 2, 3$$

则

$$\lambda_i = -p_{i1} + p_{i3}$$
$$\lambda_1 = -p_{11} + p_{13} = -1 + 4 = 3$$
$$\lambda_2 = -p_{21} + p_{23} = -2 + 5 = 3$$
$$\lambda_3 = -p_{31} + p_{33} = -6 + 8 = 2$$
$$\lambda_4 = -p_{41} + p_{43} = -3 + 2 = -1$$

② 按 λ_i 不增的顺序排列工件，得到加工顺序 (1, 2, 3, 4) 和 (2, 1, 3, 4)。恰好这两个顺序都是最优顺序。如不是这样，则从中挑选较优者。

③ 根据前面公式可知，在最优顺序下，$F_{max} = 28$。

模块 4　流水生产运作控制

3.4.1　生产运作控制

1. 生产运作控制的概念

生产运作控制是指在生产过程中，按既定的政策、目标、计划、标准，通过监督和检查生产活动的进展情况、实际成效,及时发现偏差,找出原因,采取措施,以保证目标、计划的实现。

2. 生产运作控制程序

生产运作控制是一个涉及各方面的反复进行的过程,其程序如图 3-10 所示。

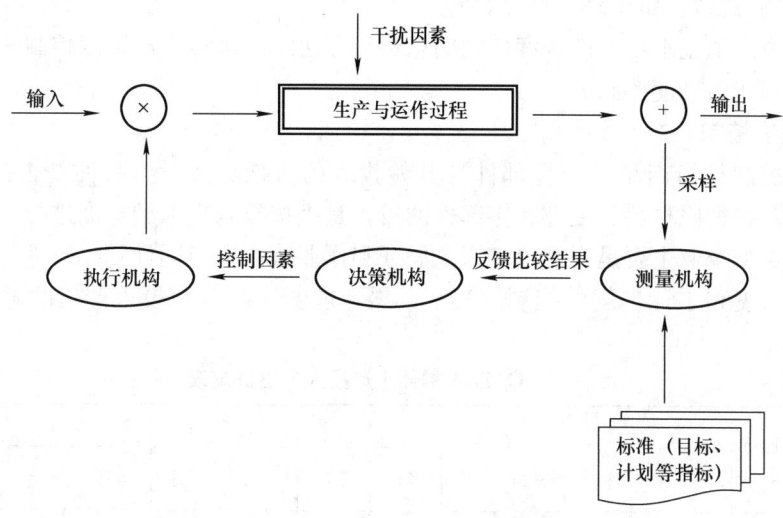

图 3-10　生产运作控制程序

3. 生产运作控制的主要方面

生产运作控制的内容涉及生产过程中的人、机器、物料、资金等各个方面,主要包括:

(1) 进度控制　目的是确保生产运作过程中的生产进度安排。

(2) 质量控制　对影响质量的所有要素加以控制,确保质量的整个形成过程趋于最优状态。

(3) 物料控制　满足生产数量在主生产计划中具有合理的组合,包括库存、正常生产、加班生产等,并控制库存,借以寻求成本总和最小的生产能力组合。

(4) 成本控制　探索所有可控制的对象,以减少生产运作中的费用及资源消耗。

4. 生产进度控制

生产进度控制是对生产量和生产期限的控制,其主要目的是保证完成生产进度计划所规定的生产量和交货期限。生产进度控制是预防性的控制。例如在对生产投入进度控制时,投入不及时必然会造成生产中断、赶工突击,影响成品的按时产出;投入过多,又会造成在制品的大量积压,生产现场混乱,大量占用流动资金。

生产进度控制是生产控制的基本方面。其他方面的控制水平,如库存控制、质量控制、维修等都对生产进度产生不同程度的影响。在某种程度上,生产系统运行过程的各个方面问题都会反映到生产作业进度上。因此,在实际运行管理过程中,企业的生产计划与控制部门通过对生产作业进度的控制,协调和沟通各专业管理部门(如产品设计、工艺设计、人事、维修、质量管理)和生产部门之间的工作,可以达到整个生产系统运行控制的协调、统一。

3.4.2　流水生产进度控制

1. 流水生产线进度控制方法

流水生产适用于生产数量大、品种少的厂家,它所具有的以下特点使得生产比较稳定,容易实现均衡生产。

1）流水生产线上的工作地专业化程度高，大量采用专用设备，设备利用率高。
2）工艺过程是封闭的、连续的、按节拍生产的。
3）各零件生产线是平行的，零件配套性好。
4）从零件到总装，每个环节衔接紧密。

这些特点决定了流水线生产进度控制的思路与方法。流水线生产进度控制的主要方法有投入进度控制和产出进度控制。

2. 投入进度控制

投入进度控制是指产品（或零部件）开始投入的日期、数量、品种是否按计划投入，各个生产环节及各种原材料、毛坯、零部件的投入是否按投入提前期标准进行。

流水生产类型企业主要是根据投产指令凭证和作业核算资料同计划比较进行控制，包括各个环节的日进度和累计进度的控制。其中，累计进度控制要用投入产出的进度表进行控制，见表3-12。

表3-12 QM013 零件生产投入产出进度表

零件编号	项目	日历	1 当日	1 累计	2 当日	2 累计	3 当日	3 累计	4 当日	4 累计	5 当日	5 累计	6 当日	6 累计
QM013	计划	投入	237	237	237	474	237	711	237	948	237	1185		
		产出	235	235	235	470	235	705	235	940	235	1175		
	实际	投入	237	237	237	474	235	709	240	949	237	1186		
		产出	235	235	230	465	240	705	240	945	235	1180		

可以看出，零件 QM013 在 3 日投入进度低于计划要求，4 日进行调整后，累计投入符合计划要求。

3. 产出进度控制

产出进度控制是指对产品（或零部件）的产出日期、产出提前期、产出均衡性和成套性进行的控制。产出进度控制比较简单，主要取决于投入进度控制和工序进度控制，不过要根据产出反馈的信息，追踪投入进度和工序进度的控制现状。

产出进度控制通常是计划产出进度同实际产出进度列在同一张表内，以便进行比较和控制，见表3-13。产出进度控制也可用坐标图来表示，如图3-11 所示。

表3-13 ××车间××工段××月计划进度表

零件名称	全月任务	项目		工作日											
				1	2	3	4	5	6	7	8	9	10	11	12	13
A	2000	产出	计划		400					400					400	
			实际		420					425					400	
	2000	投入	计划	440					440					440		
			实际	440					430					410		
B	1500	产出	计划			300					300					300
			实际			300					305					306

(续)

零件名称	全月任务	项目	\multicolumn{13}{c	}{工 作 日}
			1	2	3	4	5	6	7	8	9	10	11	12	13
B	1550	投入 计划		310					310					310	
		投入 实际		305					310					310	
C	400	产出 计划				80					80				
		产出 实际					81				80				
	420	投入 计划	84					84					84		
		投入 实际	84						82				84		

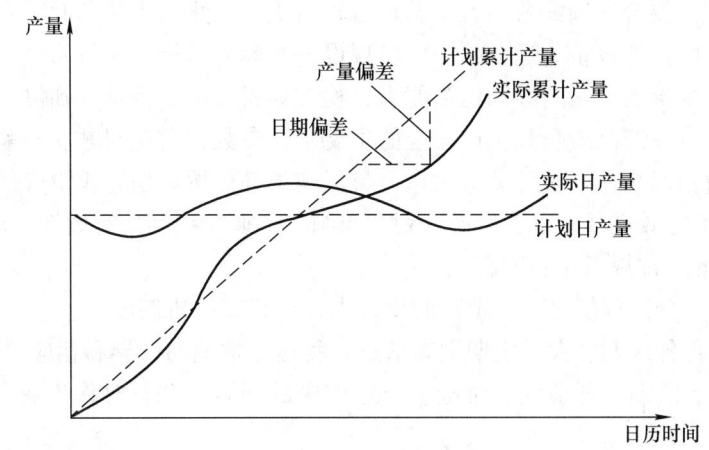

图 3-11　进度检查坐标图

4. 影响进度的原因及措施

生产过程进度控制除了对生产实际进度与计划进度进行比较，及时进行投入产出量调整外，对影响进度原因进行分析确认，并及时采取措施整改，这也是非常重要的。

不同的生产性质的企业影响进度的原因也不相同，但流水生产因其生产组织方式的特殊性，影响进度的原因也有其共同点。

（1）影响流水生产进度的原因

1）设备故障是关键因素。首先，流水生产的整个生产系统刚性很大，环环紧密相扣，一处故障，就可能全线停产。其次，流水生产大多设备利用率非常高，一旦发生故障，因停产造成的欠产很难通过加班方式补上。最后，流水生产中大量采用高效的专用设备，故障后一般的通用设备无法替代。

2）不良品率过高。在流水生产中，人工作业在加工中的比例低，由于采用了高效专用设备，运转速度快，质量控制稍有疏忽，就会出现成批的不良品。控制质量的问题就转化成为控制设备的工序能力。人为的误操作是制造不良品的另一个原因，但是有一种观点认为人总有疏忽的时候，应该在设备上采取措施预防人为疏忽，这样就将人的问题转化为设备管理问题。

（2）采取的措施

1）加大库存，包括原材料和在制品库存，以应付由于流水线故障后的需要。编制流水生产的投入产出进度计划，使用在制品定额法，用在制品库存量来调节生产线的投入量与产出量。但是，库存需要占用较多流动资金，提高生产成本，必须给予足够的重视。

2）加强设备管理。提高流水生产线设备的可靠性、加工精度和自动化程度（装卸、检测、监视、控制），以适应市场变化的需求，减少废品率。

5. 进度控制的主要手段

（1）生产调度　生产调度是企业对日常生产过程的调节活动，是实现作业计划的主要手段。生产调度工作的主要内容有：

1）按作业计划组织日常生产活动，检查作业计划的执行情况，掌握在制品在各个工艺阶段的投入量与产出量，解决生产中出现的问题。

2）检查生产作业前的各项准备工作，督促有关部门做好生产技术准备。

3）根据生产需要合理调配劳动力，调整劳动组织，防止由于缺勤而影响生产。

4）检查、了解生产设备的运行状态，发现设备故障立即组织人员修理。

5）调整企业内部的运输路线和运输能力，检查物料供应是否及时到位。

6）掌握企业有关产品质量和生产安全的主要工艺参数，发现问题立即采取措施。

7）检查销售情况，做好统计分析工作，督促销售部门按计划完成销售任务。

要使生产调度有效进行，确保生产计划、组织、协调、控制的有效性，形成规范的日常工作制度是必需的，常规工作制度有：

① 值班制度：全过程值班，并填写调度日志，严格交接班制度。

② 报告制度：各级调度人员定期发布信息，将运作情况向领导和相应管理部门报告。

③ 调度会议：定期召开会议，讨论生产运作中的问题，并及时作出决定，协调好生产中横向的衔接和协作关系。

④ 班前、班后会议制度：这是基层调度的重要内容，班前布置任务及注意事项，班后检查任务完成情况，总结经验教训。

（2）作业核算　作业核算是指在作业计划执行的过程中，对产品、在制品的实际投入量和产出量、投入期和产出期、在制品的占用量、各单位和个人完成工作任务、设备利用率等进行的核算。作业核算基本操作程序如图 3-12 所示。

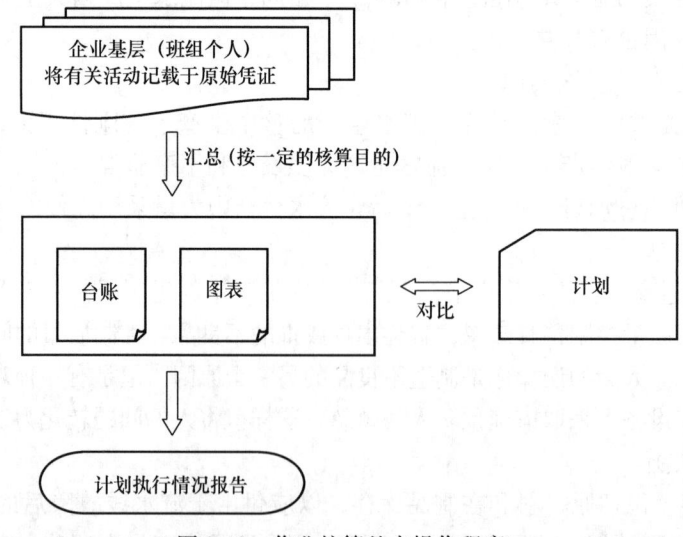

图 3-12　作业核算基本操作程序

（3）内部管理 强化企业内部物流管理，最大限度地减少在制品积压和短缺现象，如图 3-13 所示。

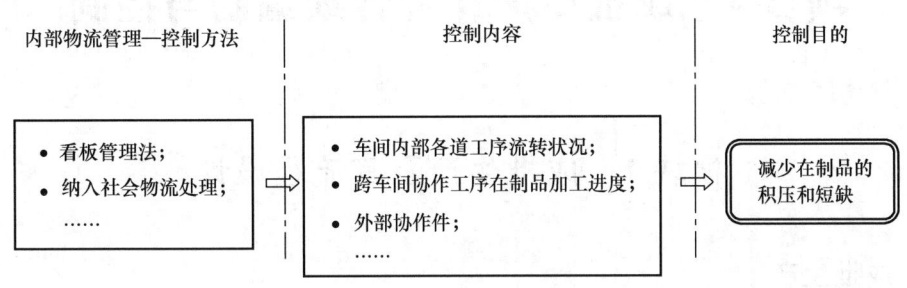

图 3-13 内部物流管理

复习思考题

1. 什么是生产过程？其组成部分有哪些？
2. 解释下列概念：工艺专业化、对象专业化、流水线生产。
3. 产品移动方式有哪几种？其特点有哪些？
4. 组织流水生产应具备的条件有哪些？
5. 如何组织单一品种流水生产线？
6. 如何用在制品定额法确定大量流水生产线车间的生产任务？
7. 影响流水生产进度的原因是什么，有什么措施？
8. 为什么说流水生产作业计划的基本决策是在设计流水生产线时决定的？试结合流水生产方式的特点加以说明。
9. 节拍在组织流水生产作业计划有哪些作用？
10. 多品种流水生产的类型及其各自的特点分别是什么？
11. 流水生产企业采用的生产计划单位有哪些？大量流水生产企业一般采用何种计划单位，为什么？
12. 什么是生产运作控制？主要包括哪些方面？

项目 4　成批生产作业计划编制与控制

模块 1　成批生产及其流程设计

4.1.1　成批生产

1. 成批生产的概念

成批生产是指在计划期内有较多品种的产品分成若干批,轮流投入,批量不算太大,且要重复生产的一种生产类型。

2. 成批生产的特点及组织方式

多品种中、小批生产虽然是客观上的要求,但其不论从设计、加工还是从生产组织来看,都要比少品种大批生产复杂,经济效果差。多品种中、小批生产一般存在以下一些问题:

(1)生产技术准备工作方面　由于产品、零件品种的多样化,工艺人员依照个人的经验编制工艺规程和设计工艺装备,影响了零件的标准化和通用化。单独工艺的数量繁多,妨碍了先进工艺和高效设备的采用,也增加了生产技术准备的工作量。

(2)生产过程组织方面　在品种繁多、批量较小的情况下,一般按工艺专业化原则组织车间,设备布置采取落后的机群式。零件按批投料,按批在工序之间转移,工艺路线复杂,增加了很多不必要的流转运输时间。同时由于零件种类多,机床经常改变加工对象,设备和工艺装备调整频繁,减少了机床实际加工时间,既浪费了设备和人力,又使零件形成大量积压,并且难以提高机床的自动化程度。

(3)生产管理方法方面　由于零件的种类繁多,工艺复杂,更由于产品的批量不等、交货期的不同,对材料和外购件的要求不同,大大增加了生产管理的复杂性和作业计划编制的困难性,严重影响企业发展品种、提高质量、提高劳动生产率和降低成本。

传统的生产组织和管理方法不适应,而且严重阻碍了多品种中、小批生产的发展。促使各国机械工程界去寻求先进的、合理的组织方式。现阶段成批生产的先进生产组织方式有成组技术等。

4.1.2　成组技术

1. 成组技术及成组生产单元

(1)成组技术及成组生产单元的概念　成组技术,简称 GT(Group Technology),是一种有效地组织多品种中、小批生产的方法。这种方法根据零件的结构形状、尺寸大小和工艺特征进行系统的分类,将分散在不同产品中的相似零件组成零件组,对一组零件找出集中加工的科学形式,以扩大加工批量,减少调整、装夹时间,降低制造成本,使多品种中、小批生产企业能取得同大量生产相似的经济效果。

成组生产单元是为一个或几个工艺过程相似的零件组组织成组生产而建立的生产单位。在成组生产单元里,配备了成套的生产设备、工艺装备以及相关工种的工人,以便能在单元里封闭地完成这些零件组的全部工艺过程。

(2) 成组生产单元的优越性

1) 可采用专业化程度较高的机床设备和工艺装备。

2) 按一定的生产纲领和各工序加工工作量配备生产设备和工人。

3) 设备可按零件组典型工艺顺序布置,使物流顺畅。

4) 工件在工序间的传递可采用平行或平行顺序方式,以缩短生产周期,减少在制品。

5) 对生产单元可实行经济类责任制,发挥每个人的积极性和创造性。

2. 零部件的分类方法

分类是依据零部件的相似性进行的。相似性存在于各个方面。例如在结构方面,具有形状、尺寸和精度等相似特征;在材料方面,具有材料的种类、毛坯形式和热处理等相似特征;在工艺方面,具有加工方法、工序顺序和设备与夹具等相似特征。识别零件的相似性,是一项工作量很大且复杂的工作,为此提出了零件分类编码系统。零部件的分类方法有:

(1) 目测和经验法 该方法是一种直观地划分零件的方法,也是最简单的分类方法。这种方法凭经验和目测,把形状、尺寸和工艺方法等相似的零件归为一类。

(2) 分析法 该方法通过分析工厂全部零部件的工艺过程卡片,按所用机床的类似性,把工序相同的零部件归到同一零部件组。

(3) 编号分类法 编号分类法是一个新的发展,其基本原理是"以数代形,按数归组"。各种零部件的形状、尺寸等特征用对应的数字(编号)表示,零部件特征便能转换成数字信息,然后根据编号相同或相近的零部件分类。编号分类法的这种形式为利用计算机进行分类创造了条件。

3. 成组技术生产组织步骤

根据成组技术的概念(原理),确定成组技术的生产组织设计步骤,如图 4-1 所示。

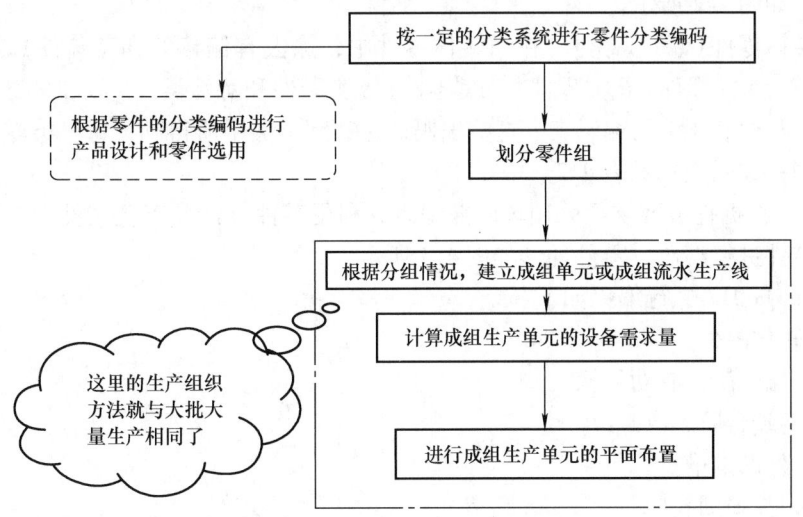

图 4-1 成组技术的生产组织设计步骤

4.1.3 成批生产流程设计

【例 4-1】 某企业主要产品为气动工具,该厂生产 A、B、D 型气动工具,生产方式为根据用户对不同型号的订货量组织生产。根据已有订货合同,第一季度 A、B、D 三种产品的订货量分别为 200 台、300 台、500 台。其中零件 QM017 等轴类、盘类零件由机加工车间来完成。现要求生产部门根据厂级生产计划的要求,对机加工车间车间进行生产流程设计,并制订月生产作业计划。

分析:任务中的产品生产类型是多品种中、小批,生产任务为中、小批量同系列产品的零件加工。根据设计文件及工艺文件可知,这些同系列产品的零件具有工艺、结构形状、材料的相似性,适于成组技术的运用。因而对于此项生产,考虑利用成组技术进行生产的组织设计。

1. 零件分类编码

零件分类编码系统是用数字、字母或符号对零部件的特征进行描述和标识,形成一套特定的规则,按规则对零部件进行编码。

目前世界上已有几十种零件分类系统,按分类所依据的主要特征来看,主要有三大系统:

1) 按零部件结构分类,主要有布里奇分类系统。
2) 按零部件工艺分类,主要有米特洛方诺夫分类系统。
3) 按零部件结构和工艺分类,主要有奥匹兹分类系统。

前两类分类系统各有利弊,第三类则结合了前两类的优点。第三类的方法以德国的奥匹兹分类系统为代表。该分类系统是德国阿享大学奥匹兹在德国机床协会的协助下,针对整个机械行业而设计的,为世界各国所采用。

在奥匹兹分类系统中,每个零部件用 9 位数表示,前 5 位称为形状编号,后 4 位称为辅助编号。5 位形状编号分别代表零部件的类别、主要形状、回转加工、平面加工和辅助孔。辅助编号分别表示尺寸、材料、毛坯和精度。在每个位数上都分成 0~9 个数,分别表示其再分的特征,如图 4-2 所示。

其中回转体零件 0、1、2 类(在回转体零件中,除去有偏移的和特殊件)的主要编码位见表 4-1;3、4 类零件、6 类零件、7 类零件、8 类零件和特殊类(5 类和 9 类)零件的主要编码位都有类似表 4-1 的编码表。这些编码通过查阅有关手册得到;每一类零件的辅助编码位可参照同一编码表,见表 4-2。

对例 4-1,根据任务要求,采用奥匹兹编码,利用零件设计及工艺文件,对机加工车间所需加工的零件进行编码,零件外形如图 4-3 所示。

① 对零件 QM017 进行编码如下:

2——回转体零件,$L/D = 72/24 = 3$。

26——两端台阶,有功能槽。

265——两端台阶,有螺纹。

2653——外部键槽。

26530——无辅助孔。

265301——直径为 20~50mm。

2653012——钢材 $\sigma_b \leqslant 42\text{MPa}$。

26530120——圆棒（无缝钢管）。

265301201——有高精度要求。

得到零件 QM017 编码为：265301201。同样可对所有零件进行编码。

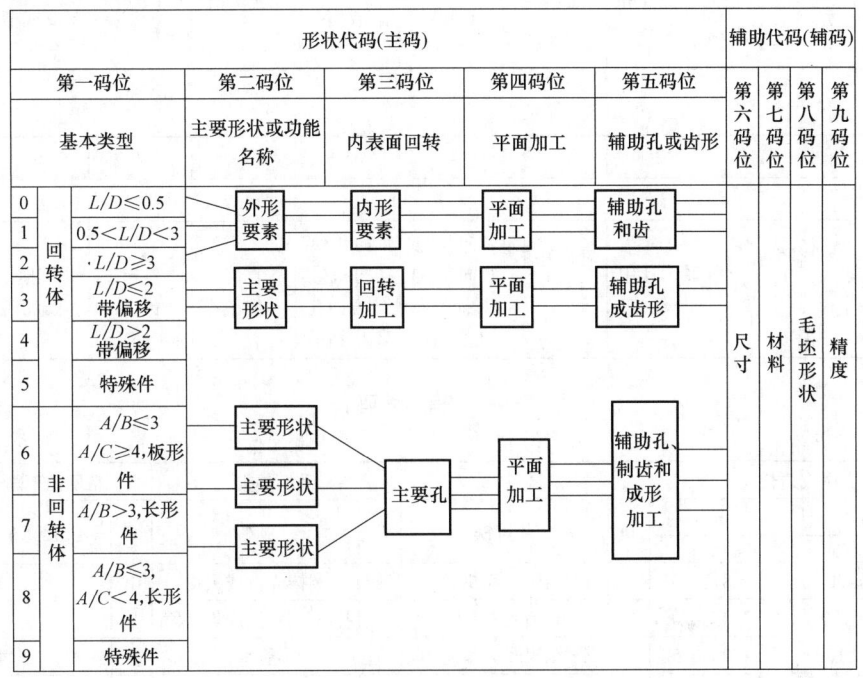

图 4-2 奥匹兹分类编码系统结构示意图

注：L、D 分别为回转体零件长度、直径；A、B、C 分别为非回转体零件的长、宽、高。

表 4-1 0、1、2 类零件编码表

第1位			
	0	1	2
零件类别	回转体零件		
	$\dfrac{L}{D} \leqslant 0.5$	$0.5 < \dfrac{L}{D} < 3$	$\dfrac{L}{D} \geqslant 3$

第2位										
	0	1	2	3	4	5	6	7	8	9
外部形状外表面形状要素	光滑无形状要素	一端台阶或光滑			两端台阶			功能锥面	传动螺纹	其他（>10功能直径）
		无形状要素	有螺纹	有功能槽	无形状要素	有螺纹	有功能槽			

第3位										
	0	1	2	3	4	5	6	7	8	9
外部形状内表面形状要素	无孔、不通孔	光滑或一端台阶			两端台阶			功能锥面	传动螺纹	其他（>10功能直径）
		无形状要素	有螺纹	有功能槽	无形状要素	有螺纹	有功能槽			

第4位

平面加工	0	1	2	3	4	5	6	7	8	9
	无平面加工	外平面或和外表面在一个方向弯曲	外平面绕一圆周相互成等分关系	外部键槽和/或槽	外部花键和/或多边形	沟槽、花键平面和/或槽	内平面和/或沟槽	内花键和/或多边形	内外花键和/或沟槽和/或槽	其他

第5位

辅助孔及齿形加工	0	1	2	3	4	5	6	7	8	9
		无齿								有齿
	无辅助孔	轴向孔,不用钻模加工	轴向孔用钻模加工	径向孔不用钻模加工	轴向和/或径向和/或其他方向孔用钻模	轴向和/或径向和/或其他方向孔不用钻模	直齿齿形	锥齿齿形	其他齿形	其他

表 4-2 辅助编码表

	第6位			第7位		第8位		第9位
	直径 D 或边长 A			材料		毛坯种类		精度(按编码位数)
	mm	in						
0	≤20	≤0.8	0	灰铸铁	0	圆棒	0	无高精度要求
1	>20≤50	>0.8≤2.0	1	球墨铸铁,可锻铸铁	1	圆棒光拉或去皮	1	2
2	>50≤100	>2.0≤4.0	2	钢 σ_b≤42MPa	2	棒材—三角、四角、六角	2	3
3	>100≤160	>4.0≤6.5	3	碳素结构钢 σ_b≤42MPa	3	管材	3	4
4	>160≤250	>6.5≤10.5	4	钢 2+3 热处理	4	角钢、U形钢、工形钢等	4	5
5	>250≤400	>10.5≤16.0	5	合金钢(不热处理)	5	薄板	5	2+3
6	>400≤600	>16.0≤25.5	6	合金钢、热处理	6	中板或厚板	6	2+4
7	>600≤1000	>25.5≤40.0	7	有色金属	7	铸锻件	7	2+5
8	>1000≤2000	>40≤80.0	8	轻合金	8	焊接组合件	8	3+4
9	>2000	>80.0	9	其他材料	9	粗加工零件	9	2+3+4+5

注：1in = 0.0254m

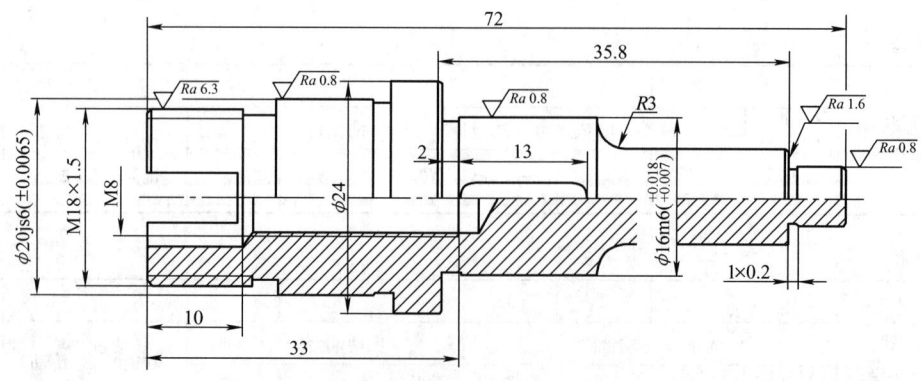

图 4-3　QM017 零件图

2. 零件的分类成组

划分零件组就是按零件的特征和对生产能力的平衡，将各种编号的零件进行适当的组合。根据成组加工单元建立和未建立两种情况，划分零件组有两种不同的方法：

（1）特征数据法 用于成组加工单元尚未建立时，直接根据零件本身的编码进行分类成组。首先在编码系统中选出几个最基本的码位（称之特征码位），作为初分零件组的标准，然后归集这些特征码位上数字相同的零件为若干初分的零件组，最后再按初分的组进行工时和能力平衡，得到合适的零件组。

（2）特征矩阵法 用于成组加工单元已建立。这种方法则需作出各加工单元的特征数据矩阵和零件的特征矩阵，凡零件编码符合某个加工单元特征矩阵的零件，便归为一组。可先按第一、二、六、七位，四个码位作为分组的特征码数，然后再进行平衡。若零件组内数量大、工时太多，则可再按工艺特征将零件组细分。

对例 4-1 中已编码的零件进行分类成组。

因为企业是此产品的专业生产厂，所以生产组织工作是对已有成组加工单元进行组织改进，其设备功能一般均可满足要求，所以可采用特征矩阵法进行试划分。

1）列出依据奥匹兹分类系统编码的零件所对应的零件特征矩阵表。表 4-3 为零件 QM017 编码为 265301201 特征矩阵表，每一列依次表示零件编号中对应的位数，每一行则表示零件编号中每位数上可能出现的分类特征号数。表中每一行每一列的相交点，代表了一个零件某个工艺特征。如果矩阵表中行与列的交点所表示的特征确为零件所具有，则用"1"表示；反之，便用"0"表示。

同理，列出所有零件的特征矩阵表。

2）列出加工单元特征矩阵表。完成零件特征矩阵表后，对企业已有的相关加工单元列出特征矩阵表。各加工单元的编码及矩阵表制订的方式一样，它是把加工单元所具有的工艺能力，对照编码系统（此处为奥匹兹系统）的码位，用矩阵表示出来。矩阵中出现"1"的表示该加工单元有能力完成该码位上相应特征项目的工艺能力，"0"表示不具备该项能力。企业现有相关加工设备有：①C620 型车床；②卧式万能磨床；③立铣床；④卧式万能铣床；⑤B650 型刨床……不同设备所对应的工艺能力范围不同，见表 4-4。

表 4-3 零件 QM017 特征矩阵表

编码位数 代号数	形状编码					辅助编码			
	1	2	3	4	5	6	7	8	9
0	0	0	0	0	1	0	0	1	0
1	0	0	0	0	0	1	0	0	1
2	1	0	0	0	0	0	1	0	0
3	0	0	0	1	0	0	0	0	0
4	0	0	0	0	0	0	0	0	0
5	0	0	1	0	0	0	0	0	0
6	0	1	0	0	0	0	0	0	0
7	0	0	0	0	0	0	0	0	0
8	0	0	0	0	0	0	0	0	0
9	0	0	0	0	0	0	0	0	0

现列出企业加工单元组 A、B，其所含设备分别如下。

A 成组单元：①C620 型车床；②卧式万能磨床；③立铣床；④卧式万能铣床；

B 成组单元：①C620 型车床；②卧式万能磨床；⑤B650 型刨床。

表 4-4　设备工艺能力特征矩阵表

代号数\编码位数	形状编码					辅助编码			
	1	2	3	4	5	6	7	8	9
0	①④⑤	①②	①	③	③	①②⑤	①⑤	①②⑤	①②⑤
1	①②④	①②	①②	0	③	①②⑤	①⑤	①⑤	①②
2	①②④	①	①	③④	③	①②⑤	①②⑤	①⑤	①③
3	0	①	①	③⑤	③	①	0	0	0
4	0	①②	①②	⑤	③	①	0	0	0
5	0	①	①	③⑤	③	①	0	0	0
6	0	①	①	⑤	0	0	0	0	0
7	0	①	①	④⑤	0	0	0	0	0
8	0	0	0	④	0	0	0	0	0
9	0	0	0	0	0	0	0	0	0

根据表 4-4，A 成组单元的工艺能力特征矩阵表见表 4-5。

其他成组单元的工艺能力特征矩阵表也同理列出，此处略去。

表 4-5　A 单元工艺能力特征矩阵表

代号数\编码位数	形状编码					辅助编码			
	1	2	3	4	5	6	7	8	9
0	1	1	1	1	1	1	1	1	1
1	1	1	1	0	1	1	1	1	1
2	1	1	1	1	1	1	1	1	1
3	0	1	1	1	1	1	0	0	0
4	0	1	1	0	1	1	0	0	0
5	0	1	1	1	1	1	0	0	0
6	0	1	1	0	0	0	0	0	0
7	0	1	1	1	0	0	0	0	0
8	0	0	0	1	0	0	0	0	0
9	0	0	0	0	0	0	0	0	0

3）将零件特征矩阵表与加工单元特征矩阵表进行比较。将所有零件的特征矩阵表与加工单元特征矩阵表进行比较，将零件归入加工单元能满足加工的组内，通过比较（采用计算机进行比较）可以得到：

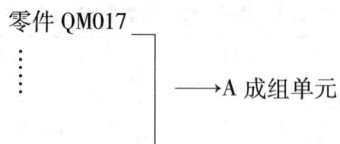

若一个零件的编码与几个加工单元的特征矩阵相符合，则将这几个矩阵号都登记在零件图样上和产品零件明细表上，作为安排作业计划的"负荷平衡零件"。

3. 成组生产单元设备需求量的计算

设备需要量计算公式

$$S_{j\text{计}} = \frac{\sum_{i=1}^{P} N_i t_{ij}}{F_0 \eta_j}$$

式中　$S_{j\text{计}}$——j 设备需要量（计算值）；

N_i——i 产品（零件）年需求量（件）（$i = 1, \cdots, P$）；

t_{ij}——i 产品（零件）在 j 设备上加工的单件工时；

F_0——设备年制度工作时间；

η_j——j 设备的利用系数，一般取 0.9~0.98；

P——零件族中零件种数。

计算例 4-1 中成组单元的设备需求量。

因为产品种类多样，工时不同，所以公式与流水生产有所不同，计算时需累计所有在此设备上加工的产品。

如　A 成组单元 j 设备需求量 $= \dfrac{(\text{QM017年需求量} \times \text{QM017在} j \text{设备加工的工时} + \cdots)}{j \text{设备2班制年工作时间20064(min)} \times \text{系数0.92}}$

分子部分是所有在 j 设备上加工的某种零件年需求量与单件工时积之和。

4. 成组生产单元的平面布置

成组生产单元的平面布置主要有以下 4 种形式：

1）按生产线形式布置，如图 4-4 所示。当单元内加工的零件具有几乎完全相同的工艺路线时，按此种形式布置，零件单向流动，线路短、在制品少。

2）按功能布置，如图 4-5 所示。当加工设备主要是数控机床或加工中心时，每个零件基本可在一台设备上完成加工，则按设备功能相近的布置在一起。

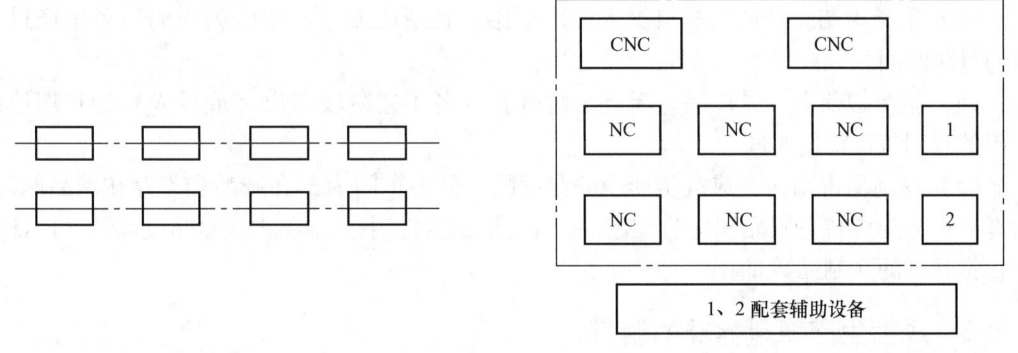

图 4-4　按生产线形式布置　　　　　　图 4-5　按功能布置

3）按 U 形布置，如图 4-6 所示。零件所用设备相同，工艺路线不同时，为缩短运输距离和便于组织多机床看管，采用 U 形布置。

4）分区联合布置，如图 4-7 所示。对成组生产单元较多的企业，通常多个单元集中在

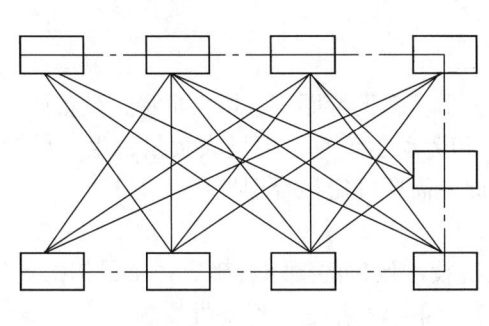

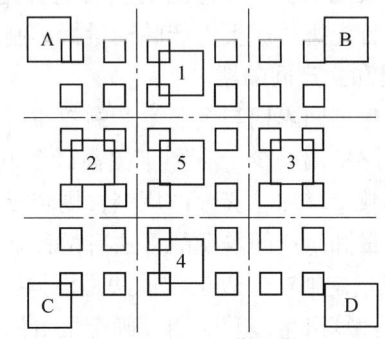

图 4-6　按 U 形布置　　　　　　图 4-7　分区联合布置

注：1、2、3、4 为相邻单元协作区，5 为多单元边界协作区
　　A、B、C、D 为成组生产单元。

成组车间，则按单元分区布置，需协作的共用设备布置考虑运输方便。

对例 4-1 中的成组生产单元平面布置，因零件种类较多，每组的工艺路线不同，但成组生产单元的主要设备都相同，所以按 U 形布置，并使工序间运输距离尽量短，同时对设备的布置也要考虑方便组织多机床看管。

模块 2 制订期量标准

4.2.1 成批生产的期量标准

成批生产在组织和计划方面的主要特点是：企业按一定时间间隔依次成批生产多种产品。成批生产作业计划要解决的主要问题，就是妥善安排生产的轮番作业，保证有节奏地均衡生产。成批生产的期量标准有：

（1）批量 是指同时投入生产并消耗一次准备结束时间，所制造的同种零件或产品的数量。

（2）生产间隔期 是指相邻两批相同产品（零件）投入或产出的时间间隔，生产间隔期是批量的时间表示。

（3）生产周期 是从原材料投入生产开始，到制成成品产出时为止的整个生产过程所需的日历时间。

（4）生产提前期 是产品（毛坯、零件）在各工艺阶段产出（或投入）的日期比成品产出的日期应提前的时间。

（5）在制品占用量 成批生产中的在制品，分为车间内部在制品和库存在制品两部分，后者又可分为周转在制品和保险在制品。由于成批生产中在制品占用量是变动的，因此，占用量指月末的在制品数量。

4.2.2 成批生产期量标准的制订

【例 4-2】 同例 4-1 的条件。机加工车间零件生产以对象专业化进行组织，在对多品种中、小批生产利用成组技术进行生产组织后，根据计划要求及任务组织设计内容，编制车间每成组单元组内不同种类零件的不定期轮番生产计划。

分析：成批生产作业计划的主要内容是安排好生产的轮番作业，保证有节奏地均衡生产。因此，首先进行成批生产的期量标准制订。

1. 批量和生产间隔期

批量和生产间隔期与企业生产的效益有很大关系。就批量而言，增大批量，设备调整次数减少，调整费用就少，有利于提高设备利用率和劳动生产率；但增大批量，生产周期延长，在制品数量增加，资金占用多，周转慢。因此，需要确定最合理批量。

确定批量和生产间隔期的方法有两种。

（1）以量定期法 以量定期法是根据提高经济技术效果的要求，确定一个最初的批量，然后相应地计算出生产间隔期。确定批量的方法有：最小批量法、经济批量法。

1）最小批量法 是确定批量的最下限，表示批量不能小于该界限，否则设备调整次数和费用过大而造成生产活动不能达到经济合理。其计算公式为

$$Q_{\min} = \frac{t_{ad}}{\delta t}$$

式中　$Q_{\min}$——最小批量；
　　　t_{ad}——设备调整时间；
　　　δ——设备调整时间损失系数；
　　　t——单件工序时间。

设备调整时间损失系数 δ 见表4-6。δ 值的选择要保证设备的调整消耗时间在允许的范围内，具体多少取决于批量和劳动量。

表4-6　设备调整时间损失系数

设备调整时间损失系统 δ 零件名称	生产类型 大批	中批	小批
小件	0.03	0.04	0.05
中件	0.04	0.05	0.08
大件	0.05	0.08	0.12

最小批量法规定批量的下限，仅考虑设备的充分利用和较高的生产效率，而忽视了因批量过大造成的在制品资金占用及在制品存放保管费用。

2）经济批量法是根据费用最小原理来确定合理批量的方法，与批量有关的费用包括设备调整费和存货保管费两种，二者成反比关系，如图4-8所示。直观地看，总费用最小的经济批量值是 $C_{保} = C_{调}$ 时，Q 的值，即

$$Y = C_{保} + C_{调} = \frac{Q}{2}Ci + A\frac{N}{Q}$$

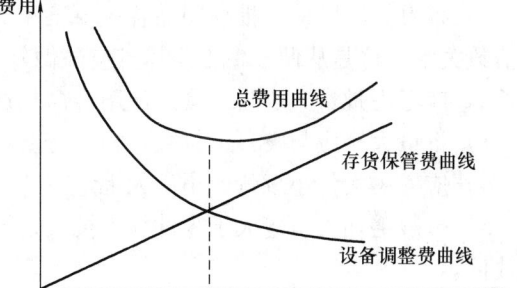

图4-8　设备调整费、存货保管费和批量的关系

式中　$\frac{Q}{2}$——库存在制品平均存量；
　　　C——单位产品成本；
　　　N——年产量；
　　　i——单位产品库存费用率。

当 $dY/dQ = 0$ 时，Y 值最小，即 $\frac{C}{2}i - \frac{AN}{Q^2} = 0$

即

$$Q_{经济} = \sqrt{\frac{2NA}{Ci}}$$

式中　A——设备一次调整费；
　　　C——单位产品成本；
　　　N——年产量；

i——单位产品库存费用率。

　　另外，经济批量还有一种粗略的经验计算方法，它是根据企业历年的统计资料确定一个批量系数，一般为 0.02~0.05，然后将全年计划产量乘以这个系数得到批量

$$\text{经验批量} = \text{年计划产量} \times \text{批量系数}$$

因经济批量牵涉的企业具体条件、数据很多，这里不再一一具体核算。

　　（2）以期定量法　是先确定生产间隔期，然后使批量与之适应。生产间隔期是批量的时间表示，批量 = 生产间隔期 × 平均日产量。

　　生产间隔期的确定是按反工艺顺序来进行的，一般要考虑产品（零部件）的价值、体积、工艺技术复杂性等因素，还要与企业工作制度日数（日、周、旬、月等的工作天数）尽量成倍数或约数关系。以期定量法简便易行，比较适用于中、小批量生产型企业，但缺点在于缺少经济方面的计量分析，需要结合经济批量法来执行。

　　现在确定例 4-2 中的批量和生产间隔期。这里可以采用经济批量法确定批量，除了任务中明确的年产量外，设备调整费用、产品成本都要经过企业财务核算。而且，合理的批量不只与这些经济数字有关，所以计算后仍需修正。

　　此外，按最小批量和经济批量方法计算的批量都只是最初确定的批量，还需要根据生产中的其他条件和因素加以修正。修正一般遵循以下原则：

　　1）批量大小应使一批在制品各主要工序的加工不少于装修轮班，或在数量上与日产量成倍数关系，这是从便于在工间休息空隙做好轮换零件的准备工作、调整工作考虑的。

　　2）应考虑批量大小与工具的使用寿命相适应。

　　3）批量大小应与夹具工位数量相适应。

　　4）应考虑大件小批量、小件大批量。

　　5）一般毛坯批量应大于零件加工批量，零件加工批量应大于装配批量，它们最好是成整数倍。

　　6）批量大小应和零件占用面积和设备容积相适应。

2. 生产周期

　　成批生产中的生产周期是按零件工序、零件加工过程和产品的生产周期进行计算的。其中，零件工序生产周期是计算产品生产周期的基础。

　　（1）零件工序生产周期　零件工序生产周期是指一批零件在一道工序上的制造时间，公式为

$$T_{\text{op}} = \frac{Qt}{SF_e K_t} + T_{\text{se}}$$

式中　T_{op}——一批零件的工序生产周期（天）；

　　　　t——单件工时（h）；

　　　　F_e——有效工作时间总额（h/日）；

　　　　K_t——工时定额完成系数；

　　　　S——同时完成该工序的工作地数；

　　　　Q——零件批量；

　　　　T_{se}——准备结束时间（h）。

　　（2）零件加工过程的生产周期　在成批生产中，零件是成批加工的，因此，零件加工过程的生产周期除了取决于各道工序的生产周期外，还取决于零件工序间的移动方式。通常

先按顺序移动方式计算一批零件的生产周期，然后用一个平行系数加以修正，公式为

$$T_{顺} = \lambda \sum_{i=1}^{m} T_{opi} + (m-1)t_d$$

式中　$T_{顺}$——按该批零件顺序移动方式计算的加工过程生产周期（min 或 h）；

　　　T_{opi}——该批零件在第 i 道工序加工的工序周期（min 或 h）；

　　　m——工序数目；

　　　t_d——该批零件在工序间转移的平均间隔时间（min 或 h）；

　　　λ——平行系数。

平行系数 λ 取决于零件加工过程中各道工序平行交叉的程度。交叉重合程度越大，λ 越小，一般为 0.6~1，顺序移动 $\lambda=1$。

（3）产品生产周期　在零件加工生产周期确定后，可计算毛坯制造、产品装配及其他工艺阶段的生产周期。在此基础上，根据装备系统图及工艺阶段的生产同期的平衡衔接关系，绘制出生产周期图表，确定产品的生产周期。其中，成批生产中由于各零件的生产间隔期不相等，有的一月数投，有的数月一投。零件制造和产品装配的生产间隔期也不相等。在产品连续生产中，可能产品是每天连续产出，而有的零件是 2~3 个月才投一批。因此，计算产品生产周期意义不大，只需计算各零件生产周期、各部件装配周期和产品总装配周期即可。

由于各零部件的装配程序比较复杂，因而在实际工作中，产品生产同期的计算，一般都采用图表法，如图 4-9 所示。

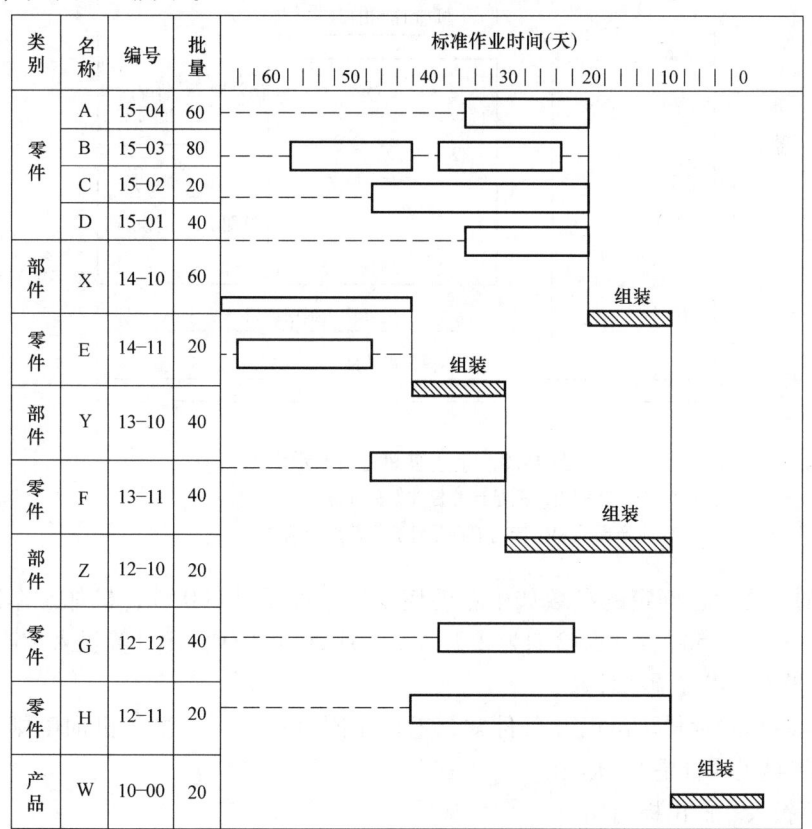

图 4-9　产品生产周期进度图

3. 生产提前期

提前期分为投入提前期和产出提前期。

（1）投入提前期　投入提前期是指各车间投入的日期比成品产出日期应提前的时间，即

某车间投入提前期 = 该车间产出提前期 + 该车间生产周期

图 4-10 所示为某企业车间提前期示意图。

（2）产出提前期　产出提前期是指各车间产出的日期比成品产出日期应提前的时间。

1）前、后工艺阶段（车间）批量相等时，公式为

某车间产出提前期 = 后车间投入提前期 + 保险期

2）前后工艺阶段（车间）批量不等时，即生产间隔期不等时，公式为

某车间产出提前期 = 后车间投入提前期 + 保险期 +
（本车间生产间隔期 − 后车间生产间隔期）

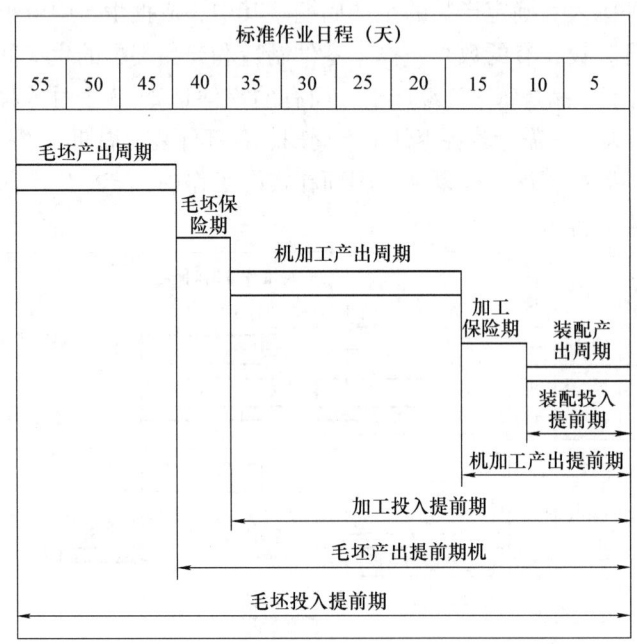

图 4-10　企业车间提前期示意图

注：1. 产品装配出产期是计算提前期的起点。
　　2. 生产周期和生产间隔期是计算提前期的基础。

【例 4-3】　假设已确定的参数如下：毛坯车间的批量是 500 件，机加工车间的批量是 250 件。每月任务是 500 件，保险期为 2 天，一个月 24 个工作日。计算投入和产出提前期。

【解】　投入产出提前期计算：

1）确定各车间批量。由已知条件知，毛坯车间是一个月一批，机加工则是一个月两批，机加工一批工作日是 12 天。

2）计算投入、产出提前期。

因为　毛坯投入提前期 = 24 天 + 毛坯车间产出提前期

毛坯产出提前期 = 机加工车间投入提前期 + 保险期 + 两车间生产间隔期之差

机加工投入提前期 = 机加工产出提前期 + 机加工产出日期 = (0 + 12)天 = 12 天

所以　毛坯产出提前期 = [12 + 2 + (24 − 12)]天 = 26 天

　　　毛坯投入提前期 = (24 + 26)天 = 50 天

4. 在制品占用量

(1) 车间内部在制品占用量　车间内部在制品占用量是由于成批投入但尚未完工产出而形成的,它们整批地停留在车间内,所以应计算其批数和总量。

因为　　　　　　　　　　$Z_{in} = T_c n_d$

所以　　　　　　　　　　$Z_{in} = QT_c/T_m$

式中　T_c——一批零件生产周期（日）；

　　　n_d——平均每日零件需要量，$n_d = Q/T_m$；

　　　Q——零件批量（件）；

　　　T_m——生产间隔期（日）。

成批生产车间内部的各种在制品是不断变化的,因此,需分类计算。

车间内部在制品占用量是指月末（计划期末）在制品数量。通过公式可以看出,车间内部在制品占用量与生产周期 T_c 和生产间隔期 T_m 之比有一定的关系,如图 4-11 所示。

T_c 与 T_m 关系	生产周期 T_c(天)	生产间隔期 T_m(天)	T_c/T_m	进度			在制品平均占用	在制品期末占用量
				上旬	中旬	下旬		
$T_c = T_m$	10	10	1				一批	一批
$T_c > T_m$	20	10	2				二批	二批
$T_c > T_m$	25	10	2.5				二批半	三批
$T_c < T_m$	5	10	0.5				半批	一批

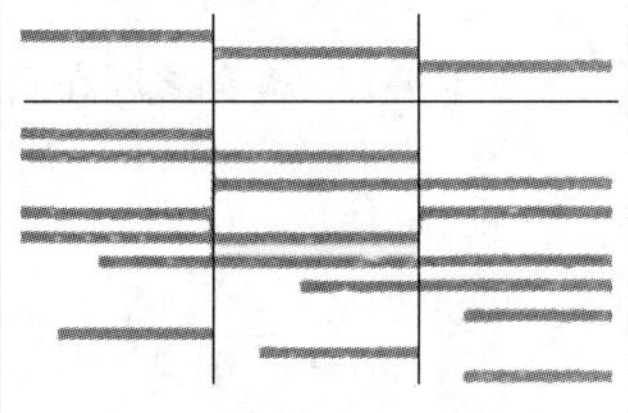

图 4-11　成批生产时在制品占用的各种情况

当 $T_c = T_m$ 时,期末在制品占用量经常为一批。

当 $T_c < T_m$ 时,此时在制品占用量不超过一批零件的数量,仅仅出现在该零件投入期与产出期之间,其他时间没有在制品。

当 $T_c > T_m$ 时,在制品占用量经常为好几批。其批数决定于生产周期与生产间隔之比。

(2) 车间之间库存在制品占用量　车间之间库存在制品是由于前后车间的批量间隔期不同而形成的。车间之间库存在制品占用量包括平均库存流动占用量和库存保险占用量。图 4-12 所示为车间之间在制品占用量变化图解。由图可以看出,因前车间的入库数量和后车间装成品领用数量不一致,车间之间库存流动在制品经常变动,会有多种形式,因此只计算平均库存流动占用量。

1) 平均库存流动占用量

因为　$Z_{st} = n_d D_{st}$，$D_{st} = (T_{m1} − T_{in2})$，$n_d = N_2/D$

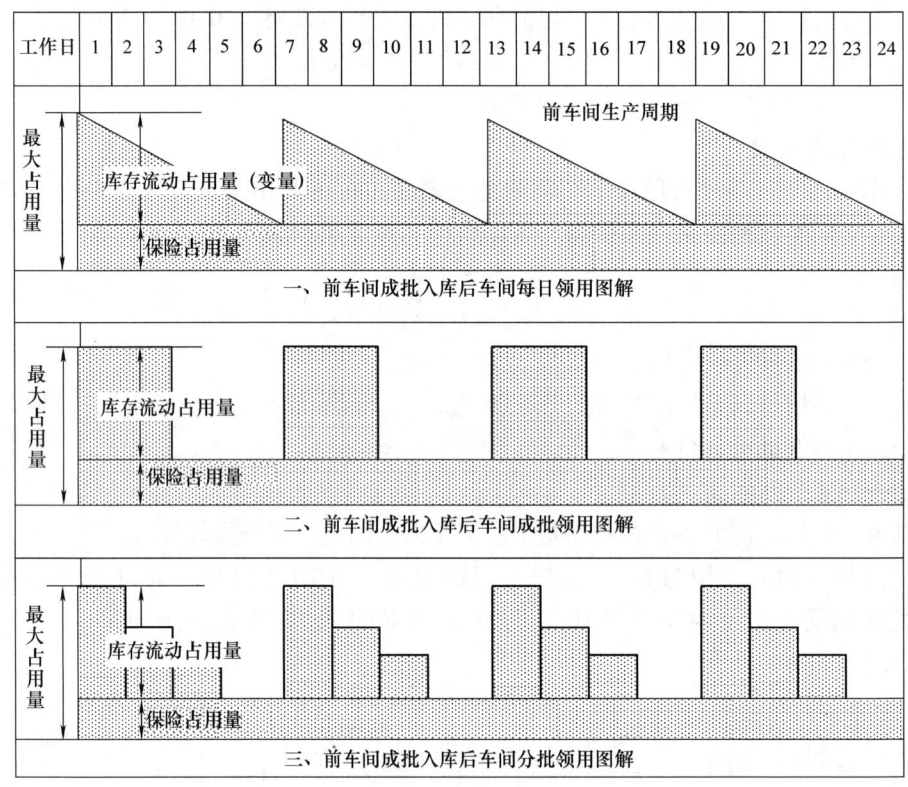

图 4-12 车间之间在制品变化图解

所以

$$Z_{st} = \frac{N_2}{D}(T_{in1} - T_{in2})$$

式中 Z_{st}——平均库存流动占用量（件）；

n_d——每日平均需求量（件/日）；

D_{st}——库存天数（日）；

N_2——后车间领用批量；

D——两次领用间隔天数；

T_{in1}——前车间的产出间隔期；

T_{in2}——后车间的投入间隔期。

2）库存保险占用量

$$Z_{is} = D_{is}n_d$$

式中 Z_{is}——车间之间库存保险占用量（件）；

D_{is}——保险天数（日），其余参数含义同前。

车间之间的库存保险占用量是为了防止意外原因使前后车间生产脱节而设置的，因而保险天数应根据车间生产具体情况确定。

模块 3 成批生产作业计划的编制

4.3.1 成批生产作业计划的编制方法

有关生产计划编制的几种方法前面已进行简要说明,成批生产的作业计划编制方法需针对成批生产的特点来确定。

1. 成批生产的特点

成批生产有定期轮番生产和不定期轮番生产两种,其特点是:

1) 生产品种多、变化较大,在制品难确定。
2) 每种产品投入、产出的批量生产周期、产出提前期是稳定的。

因此,成批生产作业计划一般不用在制品定额法,但可用提前期定额来确定车间的生产任务。

2. 成批生产的作业计划编制方法

(1) 厂级生产作业计划编制的主要方法 成批生产的厂级生产作业计划编制的主要方法有:

1) 提前期法。
2) 耗尽时间法。
3) 最小费用法。
4) MRP 法。

(2) 车间内部作业计划的编制方法 成批生产车间内部作业计划的编制方法取决于车间内部生产组织形式和成批生产的稳定性。如果工段(小组)是按对象原则组成的,各工段(小组)生产的零件也就是车间零件分工表中所规定的零件。因此,工段(小组)月计划任务只要从车间月度生产任务中摘出,无需进行计算。如果工段(小组)是按工艺原则组成的,那么可按在制品定额法或累计编号法,通过在制品定额和提前期定额标准安排任务,并编制相应的生产进度计划。

4.3.2 成批生产作业计划的编制

1. 提前期法(累计编号法)

提前期法就是根据计划期要生产的各种产品总的生产任务、提前期和最终产品(装配)的平均日产量,将生产提前期转化为提前量,以累计编号的形式给各个车间规定各种产品的投入、产出任务的方法。它适用于需求持续而稳定、定期轮番生产的情况。

(1) 提前期法的制订方法 从年初开始生产这种产品起,依成品产出的先后顺序,为每一件产品编上一个累计号码。这样,产品在某一生产环节上的累计号数,同成品产出累计号数的相差号数就成为生产的提前量(提前量 = 提前期 × 平均日产量),它的大小同产品的提前期成正比。

(2) 用提前期法确定各车间生产作业计划任务的步骤

1) 计算装配车间成品的产出累计号数,公式为

成品产出累计编号数 = 上期未成品产出累计号数 + 计划期计划产量

2) 计算产出品在各车间计划期末应达到的产出和投入累计号数，公式为

某车间产出累计号数 = 成品产出累计号数 + 该车间产出提前期定额 × 成品平均日产量

某车间投入累计号数 = 成品投入累计号数 + 该车间产出提前期定额 × 成品平均日产量

3) 计算出各车间计划期投入、产出的任务数，公式为

计划期某车间产出（投入）量 = 计划期末产出（投入）的累计号数 – 计划期初产出（投入）的累计号数

4) 对计算出的各车间产出量和投入量，按各种零件的生产批量进行修正，使各车间产出（或投入）的数量和批量相等或是批量的倍数关系。

2. 耗尽时间法

耗尽时间就是指已安排的产品生产时间（台时），加上库存中已有的产品的生产时间（台时）来满足这项产品的需求（台时）。此法可用来确定共同使用同种设备的一组产品的生产时间，平衡生产能力，以达到对所有产品其"耗尽时间"都是相等的，使在这组产品生产上所作出的努力是均衡的，而不是只集中注意几种产品而忽视了其他产品。

3. 最小费用法

最小费用法就是解决多对象可变流水生产中的不可行问题。每种产品都希望按经济批量法来确定生产批量，而现实中，受生产能力诸因素限制会产生各种产品之间的干扰，使其成为不可行批量，综合最小费用法可以帮助解决这一问题。

【例 4-4】 某车间 J 设备上生产 A、B、C 三种制品，相关参数见表 4-7，计算经济批量。

【解】 计算经济批量得：$Q_A = 30$ 件，$Q_B = 40$ 件，$Q_C = 20$ 件。

分析：若按 A、B、C 投产顺序定期轮番生产，则各品种的生产间隔期为 0.3 个月，而 A、B、C 制品能满足需求的时间分别为 0.33 个月、0.25 个月、0.4 个月。这样一来，满足 A、C 制品需求的时间大于生产间隔期 0.3 个月，而 B 制品却小于生产间隔期 0.3 个月，这就意味着 B 制品将发生缺货。因此按经济批量组织定期轮番生产就不可行。

表 4-7 A、B、C 三种制品的有关参数

品种	每次设备调整费用 K_i /（元/次）	生产能力 P_i /（件/月）	需求量 R_i /（件/月）	库存保管费 H_i /（元/件·月）
A	7	300	90	2
B	6	400	160	2
C	9	200	50	3

解决办法：

1) 先规定一个月轮番生产的次数 n，那么最优的轮番生产次数公式为

$$n = \sqrt{\sum_{i=1}^{m}\left(1 - \frac{R_i}{P_i}\right)\frac{R_i H_i}{2\sum_{i=1}^{m} K_i}}$$

式中 K_i——每次设备调整费用（元/次）；

P_i——生产能力（件/月）；

R_i——需求量（件/月）；

H_i——库存保管费（元/件·月）；

m——零件种类。

将表4-7中的数据代入公式中，得 $n=3.68$ 次，向上取整为4次。

2) 根据轮番生产的次数确定各品种的生产批量。A、B、C每月生产量按4次轮番生产计，则每次生产批量分别为：23件、40件、13件。

4. MRP 法

MRP 法是运用 MRP 系统和计算机编制厂部和车间生产作业计划的一种方法。本方法将在项目6中详细介绍。

模块 4　成批生产运作控制

在多品种周期性生产即成批生产这种生产类型的生产控制中，生产进度控制是一项很重要的工作。

4.4.1　成批生产进度控制方法

1. 成批生产进度控制的主要方法

多品种周期生产的基本特点：

1) 因品种多批量小，一般采用通用设备、万能工艺装备、组合夹具和通用的刃具、量具，按工艺专业化原则组建生产单位，工艺相同的设备布置在一起，工件的物流路线复杂，工序间的周转等待时间长，生产过程中的在制品多，生产周期长。

2) 产品结构复杂，零部件品种数量大，它不能像流水生产那样全部零件实现平行生产，需要分批分期加工，产生了零部件的配套问题。

3) 作业分配方式只能采用定期派工法，甚至采用临时派工法。

根据多品种周期生产的基本特点，成批生产进度控制的主要方法有：根据零件标准产出计划、产出提前期、零部件日历进度表、零部件成套进度表和成批产出日历装配进度表或使用统计方法等进行控制。

2. 对零部件成批产出日期和产出提前期的控制

这种方法直接采用月度生产作业计划进度表，只要在月度作业计划表的"实际"栏中逐日填写完成的数量，就可以清楚地看出实际产量与计划产量与计划进度的比较情况，见表3-12。如果计划进度采用甘特条形图形式，即可直接在计划任务下画出实际完成线，见表4-8。

表4-8　产品生产进度表　　　　　　　　　　　　　　　　（单位：台）

产品编号	产品名称	任务	1		2		3		4		5		6		7		8		9		10		11		12	
			甲	乙	甲	乙	甲	乙	甲	乙	甲	乙	甲	乙	甲	乙	甲	乙	甲	乙	甲	乙	甲	乙	甲	乙
801	Z-535型立钻	计划	40	4	4	4	4	4	4	4	4	4	4														
		实际	32																								
802	T68型镗床	计划	3											1			1				1						
		实际	3																								
803	X52型立铣	计划	7									2				2						3					
		实际	7																								

3. 对零部件产出成套性的控制

成批生产条件下，直接利用月度生产作业计划，不但要对零部件的产出日期和产出提前期进行控制，还应对部件的成套性进行控制，才能保证按期投入装配。

对于生产进度控制来说，零件配套性控制是一项十分重要的工作。如果生产的零件不能配套，这些已生产的零件就不能投入装配，产品就出不来；同时又使生产周期变长，大量在制品积压。通过建立一套考核配套性的指标，既可以保证生产进度，又可以防止车间班组盲目追求工时产量，随意增加个别零件的产量，或者随意改变零件加工的进度计划。

1）采用编制零部件成套进度表（甘特表）来控制零部件的成套性，见表4-9。

表 4-9 零部件成套进度表　　　　　　　　　（单位：件）

零件、部件名称及编号	一月				二月				三月	
	25	50	75	100	125	150	175	200	225	250
4-06 部件										
4-06-1 零件										
4-06-2 零件										
4-06-3 零件										
4-06-4 零件										
4-06-5 零件										

由表4-9可见，一月份零件配套数只达到75套，因为4-06-5零件只生产了75件。

2）对零件产出成套性控制采用统计方法。

配套率指标计算公式一

$$K^1_{成套} = (S_{实}/S_{计}) \times 100\%$$

式中　$K^1_{成套}$——第一种配套率指标；

　　　$S_{实}$——按最短缺零件计算的实际配套量；

　　　$S_{计}$——计划配套量（成品产出计划量）。

指标一用于考核完成的配套零件数量。

配套率指标计算公式二

$$K^2_{成套} = (n_{实}/n_{套}) \times 100\%$$

式中　$K^2_{成套}$——第二种配套率指标；

　　　$n_{实}$——完成计划的零件品种数；

　　　$n_{套}$——计划要求的配套零件种数。

指标二用于考核完成的配套零件品种数。

【例4-5】 企业中有一产品由01、02、03、04共4种零件组成，月计划生产1050台，零件计划和生产统计见表4-10，计算配套率。

表 4-10 零件计划和生产统计表

零件序号	每台件数/件	计划产量/件	实际产量/件	计划完成率（%）	实际完成台数/台
01	3	315	320	101.5	106.5
02	3	315	315	100	105
03	2	210	200	95	100
04	1	105	110	104.7	110

【解】 根据零件生产统计表计算配套率指标得

配套率 1 计算：$\quad K_{成套}^1 = 100/105 \times 100\% = 95.2\%$

（03 号零件的产量最低，仅完成 100 台，是 4 种零件中最短缺的）

配套率 2 计算：$\quad K_{成套}^2 = 3/4 \times 100\% = 75\%$

（4 种零件中有 3 种零件达到了计划指标）

不同的配套率指标反映了生产进度情况的不同方面，结果也不相同，因此对零件成套性统计时，需同时对 2 个指标进行考核。

3）对成品装配产出进度进行控制。成品装配产出进度控制可采用成批生产日历装配进度表进行控制，见表 4-11。

表 4-11 成批生产日历装配进度表　　　　　　　　（单位：台）

产品名称	订单 （或批号）	日历进度															
		1	2	3	4	5	6	7	8	9	10	11	12	13	14	15	16	…
水泵 （出口直径 2in）	H-008				20	20	20						20	20	20			
				20	20	20								20	20	20		
水泵 （出口直径 4in）	H-011	10	10	10										10	10	10		
		10	10	10									10	10	10			
空压机	K-05							5	5	5	5							
									5	5	5	5						

表 4-11 中，实线表示计划装配产出，虚线表示实际装配产出，以此控制成品装配产出进度和品种完成情况。

4.4.2 影响进度的原因及措施

1. 影响进度的原因

通常，流水生产中的影响生产进度的几个原因对多品种周期性生产仍然成立。但由于成批生产这种组织方式具有较大的灵活性，所以设备故障虽然还是一个影响因素，但在通常情况下，它不是实质性的原因。

（1）设备故障和质量问题　虽然成批生产的设备故障可以通过调用设备来解决，且质量问题一般发生在个别零件上，也可通过增加投料来解决，但是，因成批生产计划工作复杂，实际生产时，调整工作有时也会带来延误，影响进度。

（2）生产不均衡　成批生产企业常实行分级计划，厂部只制订产品计划，车间根据厂部的产品计划编制零件加工作业计划。车间制订计划的原则主要是考虑管理方便，从而造成计划、控制不统一。由于成批生产时的自动化程度不高，很难把握全局，所以在生产中经常出现的现象是生产不均衡，造成厂级调度抓产品计划，车间调度抓配套，班组忙于补足短缺零件，总装任务全集中在下旬，靠突击加班完成的局面，从而影响整体进度。

2. 采取的措施

1）减少设备故障。加强设备维护保养，减小设备故障率。

2）加强员工培训。加强员工培训力度，提升员工的主观能动性，提高其自主维修和保养设备的能力，尽量改善劳动环境，减少人为干预程度。

3）提高计划平衡能力。做好生产计划，一是零件产出进度计划要配套，满足装配要求；二是计划要与加工能力平衡，保证计划可行。可以通过以下方式：首先厂部做计划从成品延伸到零件；其次把计划期的长度由一个月缩短到旬或周；最后采用先进的计划手段，把全厂的生产信息汇集在厂部集中处理。

复习思考题

1. 成组技术的基本原理是什么？
2. 成批生产有哪些主要的期量标准？
3. 如何确定批量和生产周期？
4. 简述成批生产类型企业生产进度控制的主要影响因素。
5. 成批生产方式的特点是什么？
6. 说明提前期法（累计编号法）编制生产作业计划的工作原理。
7. 在成批生产车间内部实施生产计划时，当负荷超过现有可用能力时，应如何进行调整和平衡？

项目 5　小批生产作业计划编制与控制

模块 1　单件小批生产流程设计

5.1.1　单件小批生产的特征

单件小批生产是典型的订货型生产，其特点是按用户订单的要求，生产规格、质量、价格和交货期不同的专用产品。单件小批生产的特点见表 5-1。

表 5-1　单件小批生产的特点

项目	单件小批（订货）生产	项目	单件小批（订货）生产
生产方式	按客户订单生产	生产批量	一般为单件或小批量
产品规格	变化较大，一般需经专门设计	库存	可持有原材料、零部件库存，但一般不持有成品库存
生产的反复性	很小，一般以后不再重复生产	生产设备	一般使用通用设备

应用范围

各种生产资料和大型设备，如生产线设备、大型船舶、电站锅炉、化工炼油设备等。

新产品试制。

满足客户多样化、个性化需求的产品。

特征

订单的随机性：订单到达时间、产品型号和数量都是不确定的。

产品的专用性：产品的设计一般只满足特定订单的要求。

生产的一次性：以后再次生产完全相同产品的可能性不大。

5.1.2　单件小批生产的组织形式

单件小批生产能够满足用户的多样化需求，但其缺点是难以达到大批量生产的规模效益。因此，采用合理的生产组织形式，降低单件小批生产成本，成为一个重要的课题。目前，单件小批生产的组织形式主要包括以下几种。

1. 工艺专业化的生产组织形式（传统方式）

工艺专业化又称为工艺原则，即按照生产过程中各个工艺阶段的工艺特点来设置生产单位。在这种生产单位内，集中了同种类型的生产设备和同工种的工人，可完成各种产品的同一工艺阶段的生产，即加工对象是多样的，但工艺方法是同类的。例如机械制造业中的铸造车间、机加工车间、热处理车间及车间中的车工段、铣工段等，都是工艺专业化生产单位。图 5-1 所示为工艺专业化示意图。

工艺专业化形式适用于产品品种多的单件小批量生产类型的企业。它一般表现为按订货要求组织生产，特别适用于新产品的开发试制。其优缺点如下：

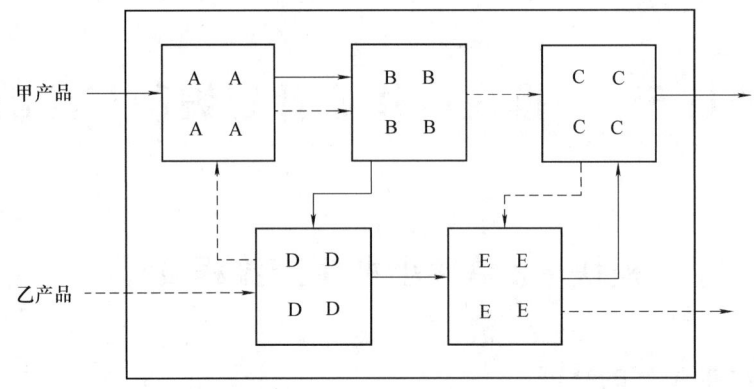

图 5-1 工艺专业化示意图

A，B，C，D，E 为不同的设备　——→为甲产品路线　----→为乙产品路线

优点

1）适应性强，可以适应企业中不同产品的加工要求。
2）便于充分利用设备和生产面积。
3）利于加强专业管理和进行专业技术指导。
4）个别设备出现故障或进行维修，对整个产品的生产制造影响小。

缺点

1）产品加工过程中运输路线长，运输数量大，停放、等待的时间长，生产周期长。
2）增加了在制品数量和资金占用。
3）生产单位之间的协作复杂，生产作业计划管理、在制品管理工作复杂。

2. 大件生产单元

大件生产单元是指将企业中的大型设备组建形成大型零部件的封闭生产单元，以用于大型零部件的生产，如图 5-2 所示的大型船用曲轴生产车间。

图 5-2 大型船用曲轴生产车间

优点

1）可减少大件运输工作量。

2）大大简化生产管理工作。

3. 成组生产单元

采用成组加工单元，加工顺序可在组内灵活安排，多品种小批量生产可获得接近于大量流水生产的效率和效益。

在小批单件生产组织中，成组生产单元主要应用于占产品比重最大的一般中小型零件。图 5-3 所示为采用复合零件法在结构相似的零件组中，产生一个虚拟零件，它拥有同组零件的全部待加工的表面要素，然后按这个虚拟的零件进行工艺设计。

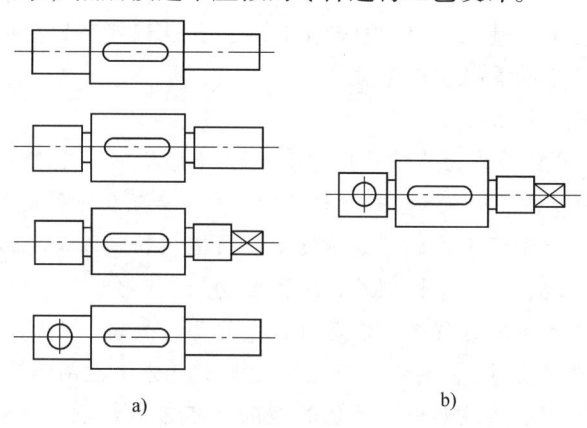

图 5-3　采用复合零件法产生的虚拟零件
a）被加工零件组　b）虚拟零件

4. 柔性制造系统

随着科学技术的发展，人类社会对产品功能与质量的要求越来越高，产品更新换代的周期越来越短，产品的复杂程度也随之增高，传统的大批量生产方式受到了挑战。这种挑战不仅对中小企业形成了威胁，而且也困扰着大中型企业。因为，在大批量生产方式中，柔性和生产率是相互矛盾的。众所周知，只有品种单一、批量大、设备专用、工艺稳定、效率高，才能构成规模经济效益；反之，多品种、小批量生产，设备的专用性低，在加工形式相似的情况下，频繁地调整工具、夹具，工艺稳定难度增大，生产效率势必受到影响。为了同时提高制造工业的柔性和生产效率，使之在保证产品质量的前提下，缩短产品生产周期，降低产品成本，最终使中、小批量生产能与大批量生产抗衡，柔性自动化系统便应运而生。

自从 1954 年美国麻省理工学院第一台数控铣床诞生后，20 世纪 70 年代初，柔性自动化进入了生产实用阶段。几十年来，从单台数控机床的应用逐渐发展到加工中心、柔性制造单元、柔性制造系统和计算机集成制造系统，柔性自动化得到了迅速发展。

柔性制造系统是指在计算机支持下，能适应加工对象变化的制造系统。它以数控机床或数控加工中心为主体，依靠有效的成组作业计划，利用机器人和自动运输小车实现工件和刀具的传递、装卸及加工过程的全部自动化和一体化。它是成组加工系统实现加工合理化的高级形式。在小批单件生产组织中，柔性制造单元主要应用于承担主要功能并对产品质量性能起决定性作用的关键件。

柔性制造系统分类

柔性制造单元：由一台或数台数控机床或加工中心构成的加工单元。该单元根据需要可以自动更换刀具和夹具，加工不同的工件。柔性制造单元适合加工形状复杂，加工工序简单、加工工时较长、批量小的零件。它有较大的设备柔性，但人员和加工柔性低。

柔性制造系统：以数控机床或加工中心为基础，配以物料传送装置组成的生产系统。该系统由计算机实现自动控制，能在不停机的情况下，满足多品种的加工。柔性制造系统适合加工形状复杂、加工工序多、批量大的零件。其加工和物料传送柔性大，但人员柔性仍然较低，如图5-4所示。

柔性自动生产线：是把多台可以调整的机床（多为专用机床）联结起来，配以自动运送装置组成的生产线。该生产线可以加工批量较大的不同规格零件。柔性程度低的柔性自动生产线，在性能上接近大批量生产用的自动生产线；柔性程度高的柔性自动生产线，则接近于小批量、多品种生产用的柔性制造系统。

柔性制造系统构成（图5-4）

自动加工系统：以成组技术为基础，把外形尺寸（形状不必完全一致）、质量大致相似，材料相同，工艺相似的零件集中在一台或数台数控机床或专用机床等设备上加工的系统。

物流系统：由多种运输装置构成，如传送带、轨道、转盘以及机械手等，完成工件、刀具等的供给与传送的系统，它是柔性制造系统主要的组成部分。

信息系统：对加工和运输过程中所需各种信息收集、处理、反馈，并通过计算机或其他控制装置（液压、气压装置等），对机床或运输设备实行分级控制的系统。

软件系统：是柔性制造系统实现计算机管理的必不可少的组成部分，包括设计、规划、生产控制和系统监督软件等。

优点

1) 设备利用率高。一组机床编入柔性制造系统后，产量比分散单机作业时提高数倍。

2) 在制品减少80%左右。

3) 生产能力相对稳定。自动加工系统由一台或多台机床组成，发生故障时，有降级运转的能力，物料传送系统也有自行绕过故障机床的能力。

4) 产品质量高。零件在加工过程中，装卸一次完成，加工精度高，加工形式稳定。

5) 运行灵活。有些柔性制造系统的检验、装卡和维护工作可在第一班完成，第二、第三班可在无人照看下正常生产。在理想的柔性制造系统中，其监控系统还能处理如刀具的磨损调换、物流的堵塞疏通等运行过程中不可预料的问题。

6) 产品应变能力大。刀具、夹具及物料运输装置具有可调性，且系统平面布置合理，便于增减设备，满足市场需要。

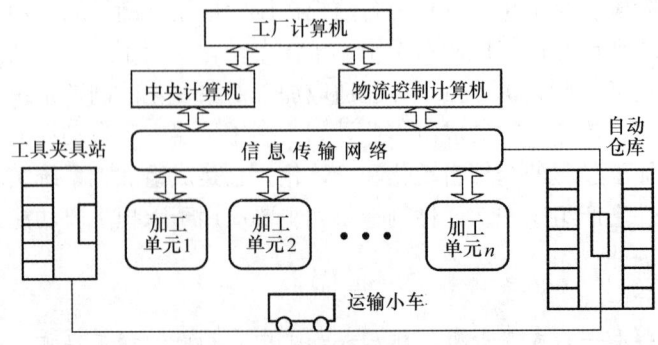

图5-4 柔性制造系统构成

总之，上述技术的出现改变了单件小批生产的生产过程组织形式和物流方式，使之获得了接近于大量流水生产的技术经济效益，符合市场需求多样化、小批量和定制的趋势，代表了现代制造技术的发展方向。

模块 2　制订期量标准

5.2.1　生产周期

生产周期指产品从原材料投入生产开始，经过加工，到产品完成、验收入库为止的全部时间，如图 5-5 所示。表 5-2 是将产品的总劳动量按工种分配到生产周期各时间段的图表，称为产品劳动量日历分配表，它是反映产品加工劳动量在生产周期内分布规律的期量标准。

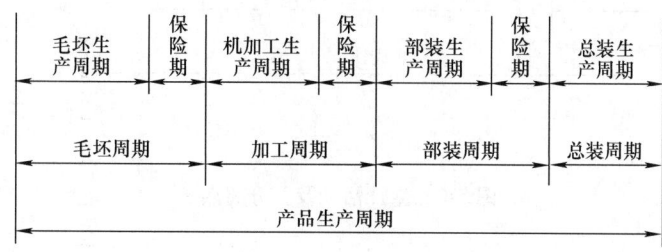

图 5-5　产品生产周期示例

表 5-2　产品劳动量日历分配表

设备大组		产品生产周期/月									
编号	名称	1	2	3	4	5	6	7	8	9	10
101	铸造		20	25	25	20	10				
201	焊接	5	10	25	30	20	15				
408	摇臂钻	5	5	10	15	20	20	10	5		
501	装配					5	10	20	20	20	25
…	…	…	…	…	…	…	…	…	…	…	…

要点

1) 产品生产周期决定了订货提前期。
2) 采用合理的生产组织和制造过程，缩短生产周期将提高产品竞争力。

5.2.2　订货的交货期

交货期是指卖方将货物装上运往目的地的运输工具或交付承运人的日期，习惯上称为"装运期"。海运提单的出单日期是指货物装上船的日期，铁路运单、航空运单、邮包收据和国际多式联运单据的出单日期，是指货物装上运输工具或承运人收到并接管货物的日期。

单件小批生产是在接到客户订单后才安排生产，有时还需要进行设计，因此在签订合同时要考虑到生产能力，能否保证如期交货。对于交货期满足不了产品生产周期的订单，则需对现有生产流程进行改进以缩短生产周期，或与客户协商推迟交货期。市场的激烈竞争要求制造商缩短产品的交货期，可以采取一些手段来达到这个目的。例如使产品结构模块化，即一种零部件可以用在很多种产品上，这样在订单到达之前，可以先进行一部分的生产，从而使交货期缩短，这一类的技术称为订单分离点延迟技术，如图 5-6 所示。对于单件小批生产，如果采用按订单装配方式，可大大缩短交货期，提高产品竞争力。

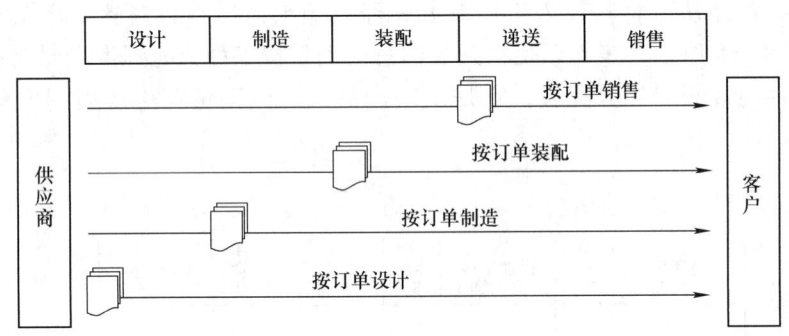

图 5-6　生产活动及其分离点

要点
1) 交货期取决于产品生产周期。
2) 采用订单分离点延迟技术，可缩短交货期。

模块 3　单件小批生产作业计划的编制

5.3.1　生产周期法

生产周期法是指根据每项订货编制的生产周期图表和交货期要求，用反工艺顺序依次确定产品或部件在各生产阶段投入和产出时间的一种计划方法。

生产周期法根据产品生产周期进度表及合同规定的交货期，在生产能力综合平衡的基础上，编制出各项订货的综合产品生产周期进度表，并从中摘取各车间的投入时间和产出时间。

1. 生产周期法的适用性

对于单件小批生产的企业，由于产品不重复生产或不经常重复生产，因而不规定在制品占用额，不宜采用在制品定额法或累计编号法编制生产作业计划。各种产品的任务数量是接受订货的数量，不需进行调整。在编制生产作业计划时要解决两个方面的问题：

1) 保证交货期。
2) 保证企业在生产车间上相互衔接。

为了实现这一目标，单件小批生产的企业经常使用生产周期法编制生产作业计划。

2. 使用生产周期法编制生产作业计划的步骤

企业使用生产周期法编制生产作业计划一般包括以下三个步骤：

1）根据接受顾客订货的情况，分别安排生产技术准备工作。

2）根据合同规定的交货期，采用网络计划技术及相关技术，为每一项订货编制生产周期进度表，它是单件小批生产企业的主要期量标准。并且，根据合同规定的交货期和生产周期进度表，为每一项产品编制一项生产说明书，详细规定该产品在某一车间投入和产出的时间。订货生产说明书的格式见表5-3。

表5-3　订货生产说明书

订货编号	交货期限	成套部件编号	工艺路线	投入期	出产期
503	3月31日	110	铸工车间	1月20日	2月15日
			机械车间	2月25日	3月10日
			装配车间	3月15日	—
		111	铸工车间	1月15日	2月5日
			机械车间	2月10日	3月5日
			装配车间	3月10日	—

3）进一步调整平衡后，编制日作业计划，正式确定各车间的生产任务。

5.3.2　订货点法

订货点法（图5-7）又称订购点法，始于20世纪30年代。订货点法指的是，对于某种物料或产品，由于生产或销售的原因而逐渐减少，当库存量降低到某一预先设定的点时，即开始发出订货单（采购单或加工单）来补充库存，此一订货的数值点，即称为订货点。订货点法也称为安全库存法。从订货单发出到所订货物收到这一段时间称为订货提前期。

订货点法本身具有一定的局限性。例如，某种物料库存量虽然降低到了订货点，但是可能在近一段时间企业

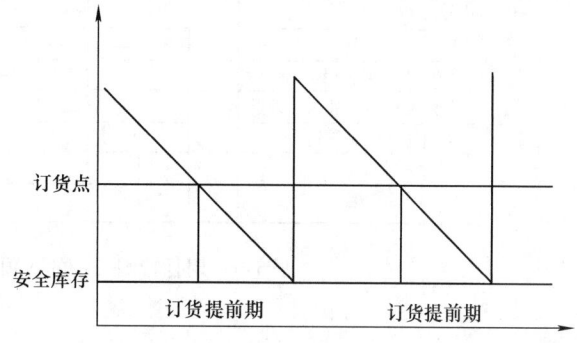

图5-7　订货点法

没有收到新的订单，所以近期内没有新需求产生，暂时可以不用考虑补货。因此，订货点法也会造成一些较多的库存积压和资金占用。

在单件小批生产条件下，订货点法主要适用于价值低、品种多的零件，在多种产品上都可能用到的零件，如标准件等。

5.3.3　网络计划技术

1. 网络计划技术的产生

网络计划方法起源于美国，是项目计划管理的重要方法。1957年，美国杜邦化学公司首次采用了一种新的计划管理方法，即关键路线法（Critical Path Method，CPM），第一年就节约了100多万美元。1958年，美国海军武器局特别规划室在研制北极星导弹潜艇时，应

用了被称为计划评审技术（Program Evaluation and Review Technique，PERT）的计划方法，使北极星导弹潜艇研制工作比预定计划提前两年完成。尽管 CPM 和 PERT 在具体做法上有不同之处，但二者所依据的原理基本相同，即通过网络形式表达某个项目计划中各项具体活动的逻辑关系，人们将其统称为网络计划技术。

网络图是由若干个圆圈和箭线组成的网状图，它能表示一项工程或一项生产任务中各个工作环节或各道工序的先后关系和所需时间。例如图 5-8 所示的网络图，箭线及其上的代号表示活动，圆圈及其中的代号表示事件，箭线的头和尾的圆圈分别代表箭头事件和箭尾事件。

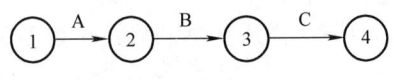

图 5-8　用网络图表示的活动

2. 网络计划方法的优点

网络计划方法的发明是继上世纪初甘特发明甘特图以来，在计划工具上取得的最大进步。甘特图法是传统的作业计划方法。图 5-9 所示为用甘特图表示制造某一专用设备的各项活动的进度安排。图中用线条标出了各项活动的延续时间和起、止时间。从图中还可看出，活动 A（设计活动）、B（工艺编制活动）、D（工装制造活动）、E（零件加工活动）、F（产品装配活动）是顺序关系，即只有前一项活动完成后，后一项活动才能开始。而 B 和 C（采购活动）是并行关系，它们可以同时进行。用网络图表示该专用设备制造进度计划如图 5-10 所示，其中字母下的数字为活动的持续时间。

活动代号	活动内容	月　份											
		1	2	3	4	5	6	7	8	9	10	11	12
A	产品设计												
B	工艺编制												
C	原材料、外购品采购												
D	工艺装备制造												
E	零件加工												
F	产品装配												

图 5-9　用甘特图表示的各项活动的进度安排

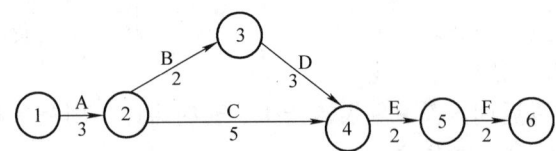

图 5-10　用网络图表示的该专用设备制造进度计划

将甘特图与网络图进行比较，可以看出，网络图有以下优点：
1）通过网络图，可使整个项目及其各组成部分一目了然。
2）可足够准确地估计项目的完成时间，并指明哪些活动一定要按期完成。
3）使参加项目的各单位和有关人员了解他们各自的工作及其在项目中的地位和作用。
4）便于跟踪项目进度，抓住关键环节。
5）可简化管理，使领导者的注意力集中到可能出问题的活动上。

3. 应用网络计划方法的步骤

应用网络计划方法一般可按如下步骤进行。

1）项目分解。项目分解就是将一个工程项目分解成各种活动。在进行项目分解时，可采用"任务分解结构"（Work Breakdown Structure，WBS）。WBS 类似于产品结构，它将整个项目分解成任务包（Work Package），再将任务包分解成主要成分，最后再分解成具体活动。WBS 有助于管理人员确定所要做的工作，便于管理人员编制预算和作业计划。

在把一个项目分解之前，必须确定分解的详细程度。项目分解的详细程度按需要决定。给上级领导使用的网络计划较粗略，项目可分解成一些较大的活动，如设计、制造、安装等，这样做的目的是便于他们从总体上把握进度；而给具体施工单位使用的网络计划则较详细，项目可分解成一些较细的活动，如挖地基、浇灌水泥等，这样便于具体应用。

一般可以从以下几个角度进行项目分解：

① 按项目的结构层次分解，如建设火电站需要制造锅炉、汽轮机、发电机以及辅机；制造锅炉需要制造炉体、水冷壁、空气预热器等；而制造水冷壁需要对钢管进行加工。

② 按项目的承担单位或部门分解，如设计、施工、验收等。

③ 按工程的发展阶段分解，如论证、设计、试制等。

④ 按专业或工种分解，如机械、电气、装配、焊接等。

以上几种项目分解的方式可以混合使用，使工程进展的一定阶段与一定部门发生联系。

2）确定各种活动之间的先后关系，绘制网络图。项目分解成活动之后，要确定各种活动之间的先后次序，即一项活动的进行是否取决于其他活动的完成，它的前置活动或后续活动是什么。活动之间的关系通常有以下几种。

① 如图 5-11a 所示，活动 A 完成之后活动 B 才能开始，活动 B 完成之后活动 C 才能开始。例如设计之后才能制造产品，产品制造后才能安装。

② 如图 5-11b 所示，活动 B 和 C 都只有在活动 A 完成之后才能开始。

③ 如图 5-11c 所示，活动 C 只有在活动 A 和活动 B 都完成之后才能开始。

④ 如图 5-11d 所示，活动 C 和活动 D 只有在活动 A 和活动 B 都完成之后才能开始。

⑤ 如图 5-11e 所示，活动 C 只有在活动 A 完成之后才能开始，活动 D 只有在活动 B 完成之后才能开始，但活动 A 和 C 与活动 B 和 D 相互独立。

⑥ 如图 5-11f 所示，活动 C 在活动 A 和活动 B 都完成之后才能开始，活动 D 只需在活动 B 完成之后就可以开始。

⑦ 如图 5-11g 所示，活动 B 和 C 都只有在活动 A 完成之后开始，活动 D 只有在活动 B 和活动 C 都完成之后才能开始。

3）估计活动所需的时间。活动所需的时间是指在一定的技术组织条件下，为完成一项任务或一道工序所需要的时间，是一项活动的延续时间，活动时间用 $t(i, j)$ 表示，其时间单位可以是小时、日、周、月等，可按具体工作性质、项目的复杂程度及网络图使用对象而定。

根据活动性质的不同，活动时间有两种估计方法：

① 单一时间估计法，是指对各种活动的时间仅确定一个时间值。这种方法适用于有同类活动或类似活动时间作参考的情况，如过去进行过且偶然性因素的影响又较小的活动。采用单一时间估计法作出的网络图也称为确定型网络图。

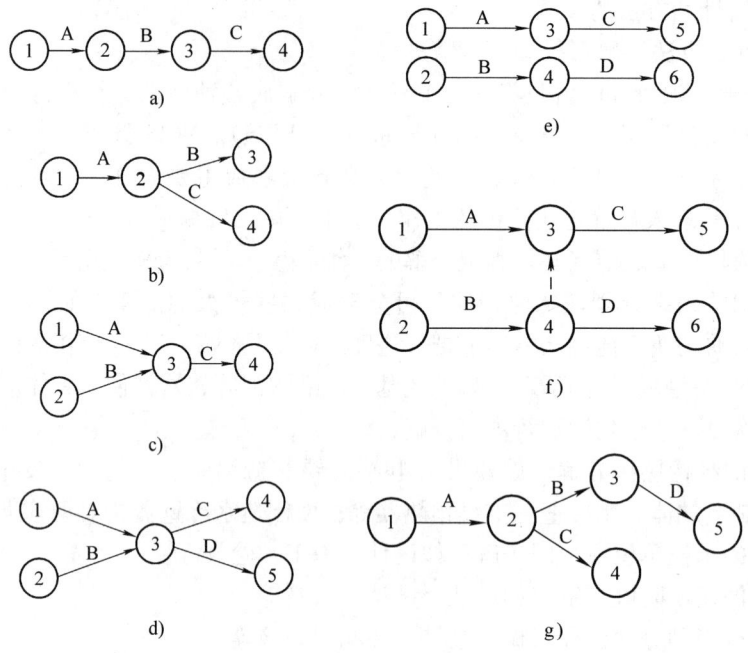

图 5-11 活动之间的典型关系

② 三点时间估计法，是对活动时间预估三个时间值，然后求出可能完成的平均值。这三个时间值是：

a. 最乐观时间，指在最有利的条件下顺利完成一项活动所需要的时间。

b. 最可能时间，指在最正常情况下完成一项活动所需要的时间。

c. 最悲观时间，指在最不利的情况下完成一项活动所需要的时间。

4) 计算网络参数，确定关键路线。网络参数包括事件的时间参数和活动的时间参数。求出时间参数之后，就可以确定关键路线。

5) 优化。包括时间优化、时间—资源优化和时间—费用优化。

6) 监控。利用网络计划对项目进行监视和控制，以保证项目按期完成。

7) 调整。按实际发生的情况对网络计划进行必要的调整。

4. 网络图的绘制

(1) 网络图的构成　如前所述，网络图用圆圈（节点）表示事件，用箭线表示活动。事件表示一项活动开始或结束的瞬间。如果一个节点只有箭线发出，没有箭线引入，即只表示某些活动的开始时刻，而不表示任何活动的结束瞬间，则该节点称为起始节点。相反，如果一个节点只有箭线引入而没有箭线引出，即只与箭头相连，则只表示某些活动的结束时刻，而不表示任何活动的开始瞬间，这样的节点称为终止节点。介于起始节点与终止节点之间的节点都是中间节点。中间节点连接着前置活动箭线的箭头和后续活动箭线的箭尾，因此，中间节点的时间状态既表示先行活动的结束时刻，又表示后续活动的开始时刻。

既不需要消耗时间也不需要消耗其他资源的活动称为虚活动。虚活动是为了准确而清楚地表达各项活动之间的关系而引入的，一般用虚箭线表示。虚活动在实际工作中并不存在，但在箭线型网络图中却有着重要作用。图 5-11f、g 所示中都有虚活动。

观察图 5-10 可见，从网络图的起始节点（节点 1）出发，顺箭线方向经过一系列节点和箭线,到网络图的终止节点有两条路,每一条路都称为一条路线或通路。例如,A—C—E—F 就是一条路线。路线上各项活动延续时间之和称为该路线的长度。其中最长的路线称为关键路线。图中的关键路线为 A—B—D—E—F。

(2) 绘制网络图的规则

1) 网络图中不允许出现循环。网络图中的箭线必须从左至右排列,不能出现回路。图 5-12 所示为出现循环的错误示例。

2) 两个节点之间只允许有一条箭线相连。否则,当用节点编号标识某项活动时,就会出现混乱。要消除这样的现象,就必须引入虚活动,如图 5-13 所示。

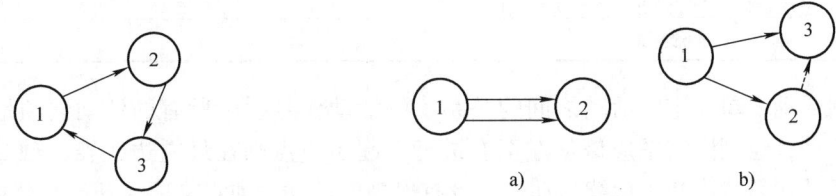

图 5-12　出现循环的错误示例　　图 5-13　两个节点之间只允许有一条箭线
　　　　　　　　　　　　　　　　　　　a) 错误画法　b) 正确画法

3) 箭头事件的编号必须大于箭尾事件的编号。编号可以不连续,而且最好是跳跃式的,以便调整。通常用 i 表示箭尾事件,用 j 表示箭头事件,且 $j>i$。

4) 一个完整的网络图必须也只能有一个起始节点和一个终止节点。起始节点表示项目的开始,终止节点表示项目的结束,如图 5-14 所示。

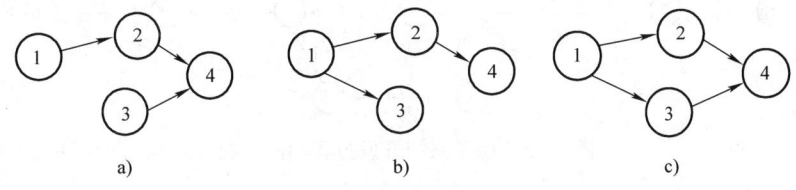

图 5-14　只能有一个起始节点和一个终止节点
a) 有两个始点的错误画法　b) 有两个终止节点的错误画法　c) 正确画法

(3) 网络图的绘制　任务分解之后,根据在任务分解中确定的活动之间的关系,列出活动清单。在列活动清单时,可以采用前置活动或后续活动作为表示活动先后关系的依据。表 5-4 为某机械厂开发计算机管理信息系统项目的活动清单。现以表 5-4 中的资料为例说明网络图的绘制方法。

表 5-4　某机械厂管理信息系统开发活动清单

活动代号	活动描述	后续活动	活动时间/周
A	系统分析和总体设计	B,C	3
B	输入和输出设计	D	4
C	模块 1 详细设计	E,F	6
D	输入和输出程序设计	G,I	8

(续)

活动代号	活动描述	后续活动	活动时间/周
E	模块1程序设计	G,I	8
F	模块2详细设计	H	5
G	输入和输出及模块1测试	J	3
H	模块2程序设计	I,K	6
I	模块1测试	J	3
J	系统总调试	L	5
K	文档编写	无	8
L	系统测试	无	3

根据活动清单规定的活动之间的关系，将活动代号栏中所有的活动逐项地画在网络图上。按惯例，绘制网络图应该从左至右进行。起始节点画在最左边，表示项目的开始。然后，从活动代号栏中找出后续活动栏中没有出现的活动，即它是项目开始时就可以进行的活动。这样，从起始节点发出的箭线就表示这个活动。画出最早能开始的活动之后，就要找出其后续活动，再将表示其后续活动的箭线画在其后。按这样的方式进行下去，直到没有后续的活动为止。没有后续活动的活动所对应的箭线汇集在终止节点上。草图绘出后，将序号标在节点上，将活动代号和时间标在箭线上。要根据网络图绘制规则，逐项活动进行检查，去掉不必要的虚活动。最后，按要求画出正规的网络图，如图5-15所示。

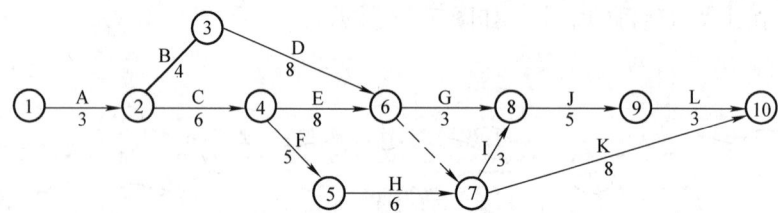

图 5-15 信息系统开发过程的网络图

5. 网络计划法在单件小批生产中的应用

在单件小批生产中，有很多都是属于中大型工程项目，其开发和制造过程非常复杂。采用网络计划法，将可对开发制造过程进行有效管理，大大降低成本。网络计划方法在我国各类大型工程项目的管理中已经得到普遍应用。

模块4 单件小批生产运作控制

5.4.1 单件小批生产进度控制

生产进度控制，是在生产计划执行过程中，对有关产品生产的数量和期限的控制。其主要目的是保证完成生产作业计划所规定的产品产量和交货期限指标。生产进度控制是生产管理的重要机能之一。有效的进度控制和追踪对单件小批生产的企业尤为重要。单件小批生产一般属于订货生产类型，保证产品交货期和质量是生产企业所要面对的主要挑战。

生产进度控制的基本内容主要包括：投入进度控制、工序进度控制和产出进度控制。其基本过程主要包括：分配作业、测定差距、处理差距、提出报告等。

（1）投入进度控制　包括原材料投入、各车间的半成品投入及装配车间的零件投入进度控制。要保证产品按计划产出，必须按其在各环节的投入提前期，保证其在各环节按计划准时投产。

（2）过程进度控制　对各环节的加工进度进行控制，包括关键工序的进度控制。各环节能否按时完工，决定了产品最后能否准时完工交货。

（3）产出进度控制　产出进度控制是生产进度控制最终目的，包括产品产出时间和数量的控制，零部件产出进度控制。

生产进度控制贯穿整个生产过程，从生产技术准备开始到产成品入库为止的全部生产活动都与生产进度有关。其流程如图 5-16 所示。进度管理的详细运作步骤如图 5-17 所示。

单件小批生产进度管理的方法主要有：

1）现场观察的方法，即在现场观看作业状况核对进度的方法。

2）数字记录的方法，容易看出预定与实绩的差异，便于掌握进度状况。

3）运用甘特图的方法。甘特图能使日程计划与进度管理合理且有效率，有助于降低成本，提高客户的信赖度。

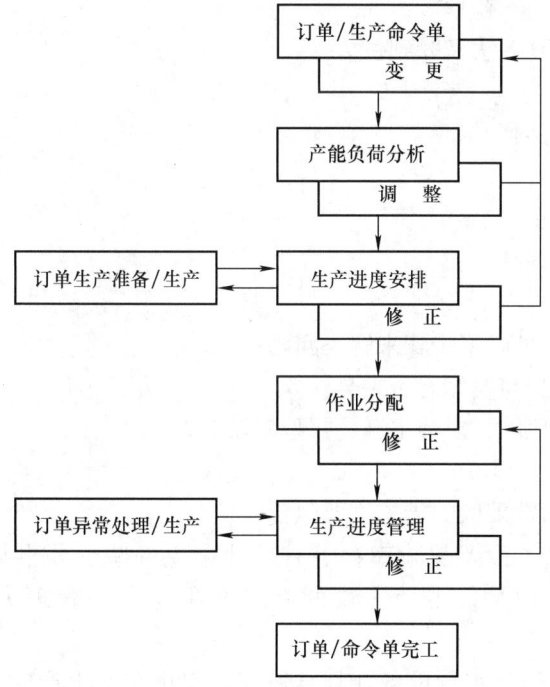

图 5-16　生产进度控制流程图

5.4.2　影响进度的原因及措施

1. 原因

生产中最经常碰到的进度异常问题产生的原因如下：

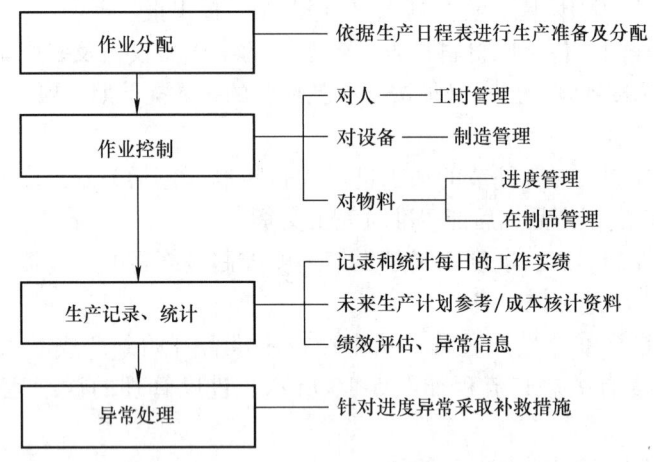

图 5-17 进度管理运作步骤

1）过程计划不佳或生产技术变更。
2）日程计划不善。
3）工作分配不适当，不合理。
4）物料或工具、夹具无法及时到位。
5）设备出现故障。
6）品质异常，不良品高。
7）停工待料。
8）作业场所纪律不良。
9）人员流失或缺勤率高。

2. 解决问题的步骤

发现以上问题后，通过以下步骤来解决问题：
1）掌握现况，即计划与实绩有否差异。
2）讨论差异，探讨原因，对症下药，采取对策。

3. 措施

针对以上异常情况，常采取的措施主要包括：

1）设置保险库存量。设置保险库存可有效地避免一些意外事故造成的停产，但将增加企业的流动资金占用量，占用大量的库房面积及库房管理人员，还将产生库存损耗。

2）合理安排设备维修。实行设备计划维修制，安排在非生产时间进行设备维修和抢修，实行快速设备维修法，如部件更换法。

3）加班加点和任务转移。在制度工作时间为非三班制条件下，当需要加快生产进度时，可安排有关环节加班加点；当加班加点仍满足不了进度要求时，可考虑发外协加工。这种途径简单易行，但将增加生产成本。

4）推行一岗多能制或配备适量后备工人。

复习思考题

1. 试述小批生产与大批量生产的区别与联系。
2. 单件小批生产的几种组织形式的特点是什么以及分别应用在哪些场合？
3. 试述柔性制造系统的构成及其特点。
4. 试述单件小批生产的期量标准的含义。
5. 与甘特图相比，使用网络图描述进度计划有何优点？
6. 生产进度控制包含哪些基本内容？其基本过程是怎样的？对于影响生产进度的各类事件应该采取何种对策？

项目6　先进的管理模式和生产方式

模块1　物　料　管　理

6.1.1　物料管理的重要性

物料管理的优劣，关系着生产系统运作的顺畅与否，影响生产计划的执行、产品的质量、成本的控制、企业资金的周转、场所空间的利用等，在企业生产活动中处于重要地位。

1. 物料管理的思想

物料管理的精髓，是实现3个"不"。

1）不断料：不让制造单位领不到需要的物料，从而产生待料的现象。

2）不呆料：不让物料成为呆料，让不用、无用的物料进不了仓库；不让物料放在仓库中不用。

3）不囤料：进料适时、适量，不至于过量、过时而使物料囤积。

断料将导致生产运作受阻和生产计划不能按期执行；呆料、囤料将导致资金占用、场地占用、成本上升，加大管理难度。

2. 物料管理的职能

物料管理的职能，是追求5个"R"。

1）适时（Right Time）：适时供料，即在需要的时候，能及时供应所需用的物料。

2）适质（Right Quality）：物料的品质是适当的，符合技术要求。

3）适量（Right Quantity）：所采购或生成的物料满足生产要求又不致造成积压。

4）适价（Right Price）：用相对合理的成本获取所需的物料。

5）适地（Right Place）：以经济及快速的眼光，从距离短、速度快的立场选择供应商，设置仓储地点。

企业的物料管理如何实现3个"不"，做到5个"R"，是管理者所要面对的挑战。企业只有通过制订准确的物料需求计划和合理的采购与制造计划，建立良好的库存和质检控制才能实现以上要求。

6.1.2　物料需求计划的制订

1. 物料需求计划概述

所谓物料需求计划（Materials Requirement Planning，MRP），就是要制订这样的原材料、零部件的生产与库存计划：决定外购什么、生产什么、什么物料必须在什么时候订货或开始生产、订多少、生产多少、每次的订货和生产的批量是多少等。它是企业进行采购计划和作业计划编制的重要依据，也是物料管理工作中的一个重要内容。

MRP 的目标

1) 及时取得生产所需的原材料及零部件，保证按时供应用户所需产品。

2) 保证尽可能低的库存水平。

3) 计划生产活动与采购活动，使各部门生产的零部件、采购的构件在装配要求的时间和数量上精确衔接。

物料需求计划的相关概念如下：

（1）物料（Material） 包括与产品生产有关的所有的物品，如原材料、辅助用品、半成品、成品等。

（2）物料编码（Material Code） 物料编码是唯一标识物料的代码，通常用字符串（定长或不定长）或数字表示。

（3）物料清单（Bill of Materials，BOM） 如图 6-1 所示，其提供了产品全部构成项目以及这些项目相互依赖的隶属关系。

（4）独立需求（Independent Demand） 当对某项物料的需求与对其他物料的需求无关时，则称这种需求为独立需求。简单地说，成品或维修件的需求就是独立需求，它们是由销售订单或销售预测直接产生的。图 6-1a 所示的电子挂钟为独立需求。

a)

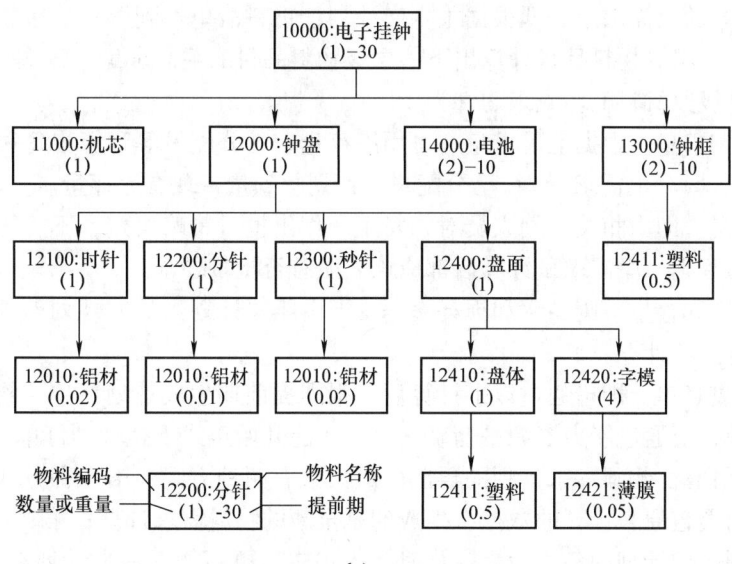

b)

图 6-1 电子挂钟的产品结构

(5) 相关需求（Dependent Demand） 当对一项物料的需求与对其他物料项目或最终产品的需求有关时，称为相关需求。这些需求是计算出来，而不是直接来自预测或订单。对于具体的物料项目，有时可能既有独立需求又有非独立需求，如汽车轮胎，作为整车零部件时就是相关需求，而作为维修件被订购时就是独立需求。图6-1b所示的秒针等为相关需求。

(6) 时间分段 将连续的时间流划分成一些适当的时间单元。通常以工厂日历（或称计划日历）为依据。

(7) 提前期 物料的生产或采购都需要一定的时间周期，因此若在某时刻需要一定数量的某种物料，就必须提前一段时间安排生产或采购，这段时间就称为提前期。

2. 物料需求计划的制订原理

(1) 计算过程 MRP计算的基本过程如下：

1) 从最终产品的生产计划（MPS）导出相关物料（原材料、零部件、组件等）的需求量和需求时间。

2) 根据物料的需求时间和生产（订货）周期来确定其开始生产（订货）的时间。例如，对于一个外购件来说，如第5周最终产品的装配要用到它，其订货周期为2周，则最晚第3周应开始订货；对于一个自加工件来说，如第5周需用于装配，而其本身的生产周期为1周，则最晚应第4周开始加工。

(2) 关键信息 制订MRP所需的关键信息要素有三个，如图6-2所示。

1) 主生产计划（MPS），即每一个最终产品的生产计划。据此可以推算出所需的相关物料。

2) 物料清单，说明一个最终产品是由哪些零部件、原材料所构成的，这些零部件的时间数量上的相互关系是什么。

3) 库存记录，告诉计划人员，现在库存中有哪些物料，有多少，准备再进多少，从而在制订新的加工、采购计划时减掉相应的数量。

(3) 制订步骤 其基本计算步骤如下。

1) 计算物料的毛需求量。即根据主生产计划、物料清单得到第一层级物料品目的毛需求量，再通过第一层级物料品目计算出下一层级物料品目的毛需求量，依次一直往下展开计算，直到最低层级原材料毛坯或采购件为止。

2) 计算净需求量。根据毛需求量、可用库存量、已分配量等计算出每种物料的净需求量，即：净需求量 = 毛需求量 + 已分配量 - 计划收到量 - 现有库存量。

3) 计算批量。即由相关计划人员对物料生产作出批量策略决定，不管采用何种批量规则或不采用批量规则，净需求量计算后都应该表明有否批量要求。

4) 计算安全库存量、废品率和损耗率等。即由相关计划人员来规划是否要对每个物料的净需求量作这三项计算。

5) 下达计划订单。即指通过以上计算后，根据提前期生成计划订单。物料需求计划所生成的计划订单，要通过能力资源平衡确认后，才能开始正式下达计划订单。

6) 再一次计算。物料需求计划的再次生成大致有两种方式：第一种方式会对库存信息重新计算，同时覆盖原来计算的数据，生成的是全新的物料需求计划；第二种方式则只是在制订、生成物料需求计划的条件发生变化时，才相应地更新物料需求计划有关部分的记录。这两种生成方式都有实际应用的案例，至于选择哪一种要看企业实际的条件和状况。

综上所述，MRP 可以回答 4 个方面的问题：

① 要生产什么？（根据主生产计划）
② 要用到什么？（根据物料清单）
③ 已经有了什么？（根据库存记录）
④ 还缺什么？何时生产或订购？（MRP 运算后得出的结果）

这 4 个问题是任何工业企业，不论其产品类型、生产规模、工艺过程如何，都必须回答的、带有普遍性的基本问题。因此，MRP 产生以后，很快就受到了广大企业的欢迎与应用。

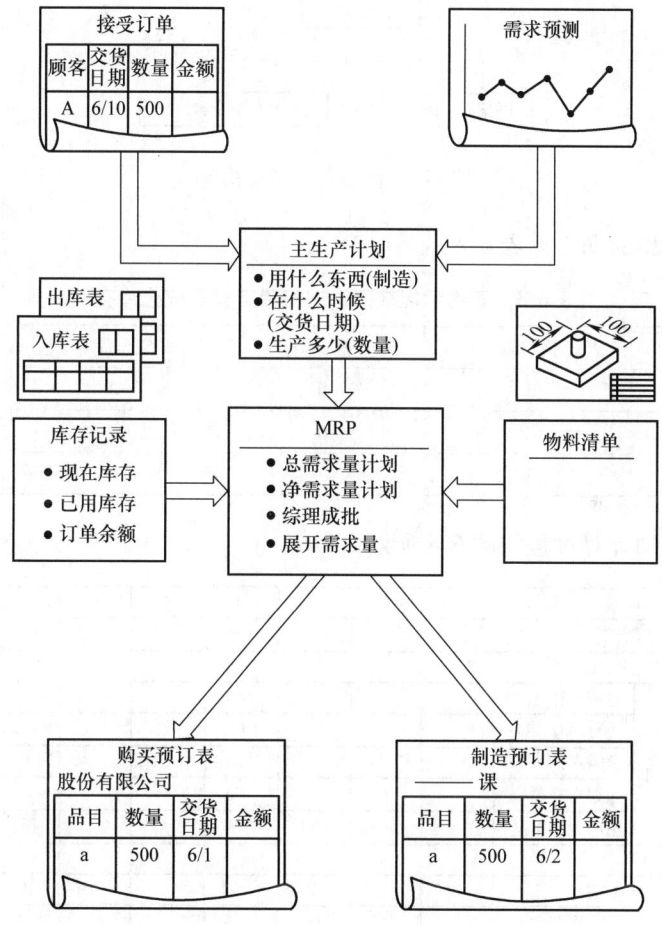

图 6-2 物料需求计划原理

3. 物料需求计划编制实例

这里引用产品百叶窗的例子来说明计算过程以及所需要的数据。

主生产计划见表 6-1。

表 6-1 百叶窗主生产计划

周数	1	2	3	4	5	6	7	8
生产数量/件				400				150

百叶窗物料清单见表 6-2。

表 6-2　百叶窗物料清单

层　次	物料名称	数　量	类　型
0	百叶窗	1	M
1	框架	2	B
1	木制部分	4	M

百叶窗产品结构树如图 6-3 所示。

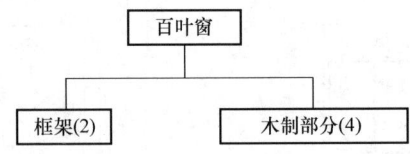

图 6-3　百叶窗产品结构树

库存信息以及提前期等见表 6-3。

表 6-3　各物料提前期、现有库存量和安全库存

物料名称	提前期	现有库存	安全库存	废品率
百叶窗	1	0	0	0
框架	2	0	0	0
木制部分	1	70	0	0

物料的需求计划计算过程如图 6-4 所示。

	周数	1	2	3	4	5	6	7	8
	需求				100				150
百叶窗 提前期=1周	毛需求				100				150
	现有库存				0				0
	净需求				100				150
	计划出产量				100				150
	生产计划下达			100				150	
框架 提前期=2周	毛需求			200				300	
	现有库存			0				0	
	净需求			200				300	
	计划订货量			200				300	
	计划订单下达	200				300			
木制部分 提前期=1周	毛需求			400				600	
	现有库存			70				0	
	净需求			330				600	
	计划出产量			330				600	
	生产计划下达		330				600		

图 6-4　物料需求计划计算过程

6.1.3 物料采购

1. 物料采购概述

物料采购是指为保障整个企业物资供应而对企业采购进货活动进行的管理活动，其目的是保证整个生产企业的物资供应。

在很多企业中，其每1元的销售额里可能会有0.5元以上用于采购。在个别的行业，购买物料的费用可能会占制造成本的80%，甚至更高。由此可见采购对企业的经营具有很大的影响。要做好采购必须深刻理解采购的目的及采取适宜的采购策略。

2. 采购的目的

1）维持正常的生产活动。企业的生产是从原料的投入开始的，如果没有适量、适质的原料和适时的供应，就会使企业配置的资源无法发挥功效，造成机器、厂房闲置，作业人员停工待料，生产中断等，企业就得蒙受损失。

2）降低企业的生产成本。企业的物料费用占制造成本多在50%以上，采购成本的升或降，会使企业的盈利水准产生天差地别。以下案例足以说明采购成本的降低对利润的影响。

从表6-4可知，直接原料的采购成本降低5%，利润增加2.7万元。若利润率不变（8%），要增加2.7万元利润，就得实现：销售收入增加34%，达134万元；或直接人工降低22%；或制造费用降低24%；或销售费用降低17%。

很显然，降低5%的采购成本，比提高34%的销售收入等来得容易。

表6-4 采购成本的降低对利润的影响

项目	费用/万元		项目	费用/万元	
	原	现		原	现
直接原料	53	50.3	销售费用	16	16
直接人工	12	12	利润	8	10.7
制造费用	11	11	销售收入	100	100

3. 采购的策略

要达到维持正常的生产活动及降低生产成本这两个采购目的，就存在如何采取适宜的采购策略，寻求适质、适量、适价的物料，做到适时、适地供应这一重要课题。

现就采购的策略分述如下（表6-5），以供企业结合实际加以选择。

表6-5 采购的策略

策略类型	详细策略	适 合 于
数量策略	零星采购（现用现购）	个别订货生产
		供过于求的物料
		价格看跌的物料
		易变质的物料
	预购备用	生产稳定的企业
		存量管制的物料
		耐久性物料且所需储存空间小
		固定的购入成本

(续)

策略类型	详细策略	适合于
数量策略	投机采购	价格看涨的物料
		预期来源短缺的物料
		财力雄厚的企业
	长期固定的供应来源	长期使用的物料
		品质或规格标准化的物料
		求购者较多的物料
		价格有合理市价依据
	短期不固定的供应来源	非经常需要的物料
		补充临时短缺的物料数量
	多家供应	主要的原料,需用的数量大
		供应商无法提供长期供应承诺
	独家供应	供需双方利害与共
		来源管制或垄断行业
采购成本策略	国外采购	国内无法生产的物料
		国内品质不保证的物料
		国内供应数量不足的物料
		国外价格比国内低的物料
	国内采购	国内可生产、品质、数量可保证的物料
		国内外购品质、价格相当,国内优先
		国外制品国内有代理商,且金额小的非长期需用的物料
	统购	经常性需用的物品,品种规格多者
		价值不高,且价格稳定的物料
		品质易检验确认的物料
	批购	非经常性需用的物料
		价值高,价格波动大的物料
		品质不易检验确认的物料
	直接采购	大宗的物料
		精密制品,需要售后服务
		供需双方交易频繁
	间接采购	零星交易的物料
		标准化的物料
		双方交易条件不同
品质策略	自制	专利品或涉及企业机密的产品
		利用闲置设备
		供需双方关系不良
		禁止外协的产品
		需要数量很大,财力雄厚
	外协(包)	缺乏相应设备或产能不足
		专业化强的产品
		来源众多,成本合理
		临时性需求量增多的产品

4. 采购管理的一般程序

采购管理通常包括以下几个步骤：

1) 接受采购要求或采购指示。采购要求的内容包括采购品种、数量、质量要求以及到货期限。在制造企业中，采购指示来自生产计划部门。在制订"自制—外协"策略时，采购部门有很大的发言权，因为它们最清楚从外部获得各种所需资源的可能性，清楚各个供应商的供应能力。对于非制造业企业来说，如批发与零售业企业，决定采购什么与决定销售什么相一致，采购策略和市场策略紧密联系。

2) 选择供应商。一个好的供应商是确保供应物料的质量、价格和交货期的关键。因此，在采购管理中，供应商的选择和如何保持与供应商的关系是一个主要问题。在采购管理的程序中，这一步骤包括调查供应商提供所需品种的能力，汇总该供应商所能提供的物料种类，并就这些物料的供货要求进行商谈，评价多个可候选供应商（使用定性、定量多个标准），最后确定供应商。在很多情况下，若企业的某些物料是与某个或若干个供应商有长期供应关系的，则不需要这一步骤。

3) 订货。订货手续有时可能很复杂，如昂贵的一次性订货物品；有时也可能很简单，如常年使用的、有固定供应商的物品。在全球采购中，各种文书、函件的处理量可能非常大，但在某些情况下，也可能一个电话就完成了订货手续。现在，信息技术使得企业可以和供应商用计算机连接，不需要任何纸的媒介，就可简洁、迅速地完成订货手续。

4) 订货跟踪。主要是指订单发出后的进度检查、监控、联络等日常工作，目的是为了防止到货延误或出现数量、质量上的差错。这些工作较琐碎，但却非常重要。因为物料供应的延误或差错将影响生产计划的执行，它有可能导致生产中断，进而失去信誉和市场机会。严格说来，订货跟踪是一种被动式的管理，这种问题的来源往往在于供应商自身的经营管理以及与供应商的关系处理。如果在供应商选择上能够严格把关，如果能恰当地处理与供应商的关系，给予必要的合作，这种问题将会大大减少。

5) 货到验收。这也是采购部门的责任。如果供应商很可靠，这一步骤的工作就可省略。例如，很多日本企业与它们的供应商之间就可以做到货到无检验，直接送到生产线。

5. 与供应商的基本关系

供应商是企业外部影响企业生产运作系统运行的最直接因素，也是保证企业产品的质量、价格、交货期和服务的关键要素之一。因此，现代企业已经认识到供应商对企业的重要影响作用，并把建立和发展与供应商的关系作为企业整个经营战略，尤其是生产运作战略中的一个必不可少的重要部分。特别是日本式的与供应商的合作关系模式广为流传以后，这一问题受到了更多的关注和研究。

（1）竞争关系　传统的企业与供应商的关系是一种短期的、松散的、二者之间作为竞争对手的关系。在这样一种基本关系之下，买方和卖方的交易如同"0-1"对策，一方所得则是另一方所失。与长期互惠相比，短期内的优势更受重视。买方总是试图将价格压到最低，而供应商总是以特殊的质量要求、特殊服务和订货量的变化等为理由尽量提高价格，哪一方能取胜主要取决于哪一方在交易中占上风。例如，买方的购买量占供应商销售额总量的百分比很大；买方可以容易地从其他供应商那里得到所需物品；改换供应商不需要花费多少成本等，在这种情况下，买方均会占上风。反之，则有可能是供应商占上风。在20世纪五六十年代，这种与供应商的竞争为主的关系模式曾经是企业采用的主要模式。

这种模式的一般特征可概括如下：

1）买方以权势压人来讨价还价。买方以招标的方式挑选供应商，报价最低的供应商被选中。而供应商为能中标，会报出低于成本的价格。

2）供应商名义上的最低报价并不能带来真正的低成本。供应商一旦被选中，就会以各种借口要求买方企业调整价格，因此，最初的最低报价往往是暂时的。

3）由于买方和供应商之间是受市场支配的竞争关系，因而双方的技术、成本等信息都小心加以保护，不利于新技术、新管理方式的传播。

4）由于双方关系松散，双方都会用较高的库存来缓解出现需求波动或其他意外情况时的影响，而这种成本的增加，实际上最后都转嫁到了消费者身上。

5）不完善的质量保证体系。以次品率来进行质量考核，并采取事后检查的方式，造成产品已投入市场，仍要不断地解决问题。

6）买方的供应商数目很大，每一种物料都有若干个供应商，使供应商之间竞争，买方从中获利。

例如，20世纪50年代的美国福特汽车公司，其汽车零部件是通过向供应商招标的方式来获得的，福特向供应商提供零部件设计图样，要求他们报价，从中选择合作伙伴。在这种方式下，由于买方和卖方之间讨价还价，双方缺乏信息交流，成本难以下降，质量也不能很好地满足要求，已难以适应今天快速响应市场需求的要求。

（2）合作关系　如今，另一种与供应商的关系模式——合作模式，受到了越来越多企业的重视，尤其是这种模式在日本企业中取得了很大成功并广为流传之后。在这种模式之下，买方和卖方互相视对方为伙伴（partner），双方保持一种长期互惠的关系。这种模式的主要特征如下：

1）买方将供应商分层，尽可能地将完整部件的生产甚至设计交给第一层供应商，这样买方企业的零件设计总量则大大减少，有利于缩短新产品的开发周期。这样还使买方可以只与数目较少的第一层供应商发生关系，从而降低了采购管理费用。

2）买方与卖方在一种确定的目标价格下，共同分析成本，共享利润。目标价格是根据对市场的分析制订的，目标价格确定以后，买方与供应商共同研究如何在这种价格下生产，并使双方都能获取合理的利润。买方还充分利用自己在技术、管理、专业人员等方面的优势，帮助供应商降低成本。由于通过降低成本供应商也能获利，因此调动了供应商不断改进生产过程的积极性，从而有可能使价格不断下降，在市场上的竞争力不断提高。

3）共同保证和提高质量。由于买卖双方认识到不良产品会给双方都带来损失，因此能够共同致力于提高质量。一旦出现质量问题，买方就会与供应商一起通过"五个为什么"等方法来分析原因，解决问题。由于双方建立起了一种信任关系，互相沟通产品质量情况，因此买方甚至可以对供应物料不进行检查就直接使用。

4）信息共享。买方积极主动地向供应商提供自己的技术、管理等方面的信息和经验，供应商的成本控制信息也不再对买方保密。除此之外，供应商还可以随时了解买方的生产计划、未来的长期发展计划以及供货计划。

5）JIT式的交货。即只在需要的时候，按需要的量供应所需的物品。由于买卖双方建立起了一种长期信任的关系，不必为每次采购谈判和讨价还价，不必对每批物料进行质量检查，而且双方都互相了解对方的生产计划，这样就有可能做到JIT式的交货，而这种做法使双方的库存都大为降低，双方均可受益。

6) 买方只持有较少数目的供应商，一般一种物料只有 1~2 个供应商，这样可以使供应商获得规模优势，采用产品对象专业化的生产组织方式，从而实现大批量、低成本的生产。当来自买方的订货量很大，又是长期合同时，供应商甚至可以考虑扩大设施和设备能力，并考虑将新设备建在买方附近，这样几乎就等于买方的一种"延伸"组织。

显而易见，合作模式比竞争模式具有更多的优势。在当今的市场需求日益多变、市场竞争日益激烈的环境下，合作模式更有利于企业竞争力的提高。但是，合作模式也有一定的不利之处：如果一种材料只有 1~2 个供应商，那么供应中断的风险则增加；保持长期合同关系的供应商缺乏竞争压力，从而有可能缺乏不断创新的动力；JIT 式的交货方式随时有中断生产的风险等。因此，有必要根据企业的具体情况，结合两种基本模式的优点，制订自己的供应商关系模式。

6.1.4 外协管理控制

1. 概述

产品的制造中可能出现以下情况：本公司人员、设备不足或生产能力负荷已达饱和；特殊零件无法购得现货，也无法自制；协作厂商有专门性的技术，需利用其质量较佳且价格较廉的有利因素，这时可考虑采用外协。外协能使企业间建立优势互补、资源互补的战略合作伙伴关系，从而大大提高企业应变市场的能力。善用外协作业，可降低生产成本，解决产能不足及应付紧急订单。对个别订货生产型的企业，外协管理控制更显重要。

2. 外协管理的方针

企业要做好外协工作，首先要拟订可行的外协方针原则。通常外协的方针原则如下所述。

（1）方针一　明确何种情形下可采取外协。一般可概括为以下情形：

1) 当负荷大于产能时。
2) 当自制成本大于外协价格时。
3) 当外协可获得较佳品质时。
4) 当企业本身技术无法解决或无特殊设备可加工时。
5) 当涉及专利问题时。

（2）方针二　明确何种情形下应避免外协。一般可概括为以下情形：

1) 当所提供的物料极昂贵时。
2) 当产品易破损或品质易变化时。
3) 当产品体积、重量大、运杂费多而加工费少时。
4) 当一次外协数量少，且金额不大时。
5) 当产品的品质，交货期不易掌握时。
6) 当外协价格与自制成本相近时。

（3）方针三　明确何种情形下不得外协。

1) 当有泄漏商业或技术机密之虑时。
2) 当外协产品品质及交货期未能符合要求时。
3) 当外协对作业及品质有重大影响时。

4)当外协品验收困难,管制困难时。
5)当外协价格大于自制成本时。

3. 外协管理运作

(1)外协作业

1)决定适当价格。在把握一定的原则下,进行询价、比价、协商,再确定价格,重点包括:①在对协作厂商调查的基础上选择两家以上询价。②根据成本分析进行比价,比价时应考虑交货期、数量、品质、技术及管理、物耗、信用度、配合度等因素。

2)决定适当品质。外协厂商的品质事关重大。为此,对外协产品的品质必须有明确的规范、标准。除此之外,还应于事前进行对承制样品的认可确认。对样品的认可需做到:

① 必须依据企业提供的图样试制。
② 样品需经开发认可。
③ 将认可的样品及认可单证正式转送品质管理部门。
④ 样品的开发程序应有规范。

3)决定适当的交货期。外协产品能否如期交货,直接影响企业对客户交货的准确性,对外协加工、购备时间的控制是交货期管理的重点,如图6-5所示。

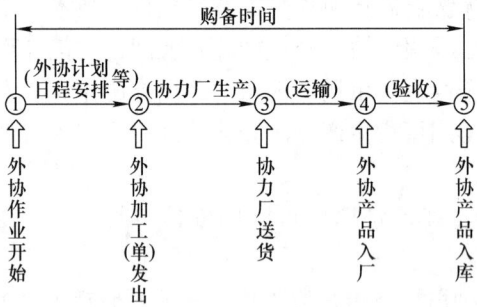

图6-5 购备时间的确定

4)决定适当数量。原则上数量以实际需求为主。但考虑成本因素,也存在经济批量的问题。企业可运用图6-6所示的原则选择适当的批量。

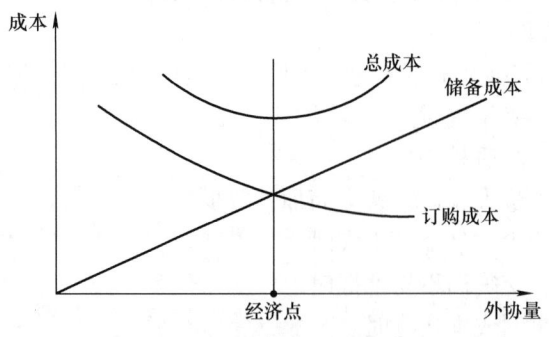

图6-6 经济批量原理

5)决定其他条件。通常有交货地点、交运方式、包装要求、付款方式、奖惩规定等。

(2)外协产品生产所需物料的发料管理 外协加工很多属于来料加工性质。若属于此种情况,则企业外协产品所需物料的提供应把握如下原则:

1) 明确物料损耗率及编制标准材料表。
2) 按规定的损耗率及标准用量发料。
3) 领用、发料、余料退还、不良品退还应按企业相关规范制度执行。
(3) 外协产品的验收　外协产品的验收是管理的重点，要则如下：
1) 制订外协产品验收标准及其验收管理规范并切实执行。
2) 制订外协产品品质管理规程及品质管理规范并切实执行，包括：
① 制订全检、抽检、免检的判定选择规则。
② 制订允收、拒收的把握处理规范。
3) 制订不合格品的处理规定及执行制度。
4) 定期或不定期对外协厂商进行品质检查及辅导。
(4) 外协往来账务管理　原则上，外协加工是企业生产运作的一个环节，故其一切的出入作业视同企业的一个制造单位。对物料、成品的出入应记账管理，并定期进行盘点控制。

6.1.5　库存管理

1. 概述

库存是指企业用于生产、服务和销售的储备物资。制造企业的库存的形态主要包括：原材料、辅助材料、外购件、在制品和产成品。

设置库存的根本目的，是要保证在需要的时间，需要的地点，为需要的物料提供需要的数量。同时，库存还能起到以下作用：防止缺货、提高服务水平；节省开支、降低成本；保证生产、销售过程顺利进行；提高生产均衡性、调节季节性需求等。

库存管理是对制造业生产、经营全过程的各种物品进行管理和控制，使其储备保持在经济合理的水平上。

2. 库存的分类

库存具有多种分类方法，此处仅举出以下两种重要的分类方法：

1) 按照库存的作用和性质划分为预期性库存、缓冲性库存、在途性库存和周转性库存。预期性库存，指为预期生产或销售的增长而保持的库存；缓冲性库存，指对未来不肯定因素起缓冲作用而保持的库存；在途性库存，指运输过程中的库存；周转性库存，指在进货时间间隔中可保证生产连续性而保持的库存。

2) 按一项物料的需求与其他项需求的关系，可分为独立需求库存和相关需求库存。来自客户的对企业产品和服务的需求称为独立需求。独立需求最明显的特征是需求的对象和数量来自客户订单或销售预测。相反，企业内部物料转化各环节之间所发生的需求称为相关需求。相关需求也称为非独立需求，它可以根据对最终产品的独立需求精确地计算出来。例如，某汽车制造厂年产汽车 30 万辆，这是通过预计市场对该厂产品的独立需求来确定的。一旦 30 万辆汽车的生产任务确定之后，对构成该种汽车的零部件和原材料的数量和需求时间是可以通过计算精确地得到的。对零部件和原材料的需求就是相关需求。相关需求可以是垂直方向的，也可以是水平方向的。产品与其零部件之间垂直相关，与其附件和包装物之间则水平相关。

企业要针对不同的库存物品类别，采取不同的库存管理策略。

3. 库存的优势与弊端

（1）**库存的优势**　自从有了生产，就有了库存物品的存在。库存对市场的发展、企业的正常运作与发展起了非常重要的作用。

库存的作用主要表现在以下几个方面：

1）维持销售产品的稳定。销售预估型企业（MTS）对最终销售产品必须保持一定数量的库存，其目的是应付市场的销售变化。这种方式下，企业并不预先知道市场真正需要什么，只是根据对市场需求的预测进行生产，因而产生一定数量的库存是必要的。

2）维持生产的稳定。企业按销售订单与销售预测安排生产计划，并制订采购计划，下达采购订单。由于采购的物品需要一定的提前期，这个提前期是根据统计数据或者是在供应商生产稳定的前提下制订的，因而存在一定的风险，有可能拖后而延迟交货，最终影响企业的正常生产，造成生产的不稳定。为了降低这种风险，企业就会增加材料的库存量。

3）平衡企业物流。在企业采购材料、生产用料、在制品及销售物品的物流环节中，库存起着重要的平衡作用。采购的材料会根据库存能力（资金占用等），协调来料收货入库。同时，对生产部门的领料应考虑库存能力、生产线物流情况（场地、人力等）平衡物料发放，并协调在制品的库存管理。另外，对销售产品的物品库存也要视情况进行协调（各个分支仓库的调度与进货速度等）。

4）平衡流通资金的占用。库存的材料、在制品及成品是企业流通资金的主要占用部分，因而库存量的控制实际上也是进行流通资金的平衡。例如，加大订货批量会降低企业的订货费用，保持一定的在制品库存与材料会节省生产交换次数，提高工作效率，但这两方面都要寻找最佳控制点。

（2）**库存的弊端**　库存的作用都是相对的。客观来说，任何企业都不希望存在任何形式的库存，无论原材料、在制品还是成品，企业都想办法降低其库存。库存的弊端主要表现在以下几个方面：

1）占用企业大量资金。

2）增加了企业的产品成本与管理成本。库存材料的成本增加直接增加了产品成本，而相关库存设备、管理人员的增加也加大了企业的管理成本。

3）掩盖了企业众多管理问题，如计划不周、采购不利、生产不均衡、产品质量不稳定及市场销售不力。用比较形象化的比喻来说，就像高海水位掩盖了海水下的礁石，一旦海水退去，这些礁石就暴露出来了，容易造成触礁事故。这可以用图6-7所示加以形象的表示。

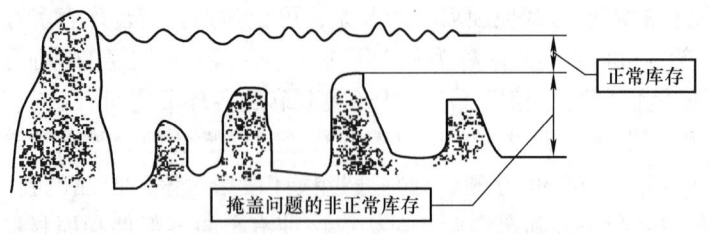

图6-7　库存掩盖了大量管理问题的形象比喻

4. 库存量的控制

库存量的控制问题一般分成两种情况来讨论，即独立需求库存的控制与相关需求库存的控制。

独立需求物品是指物品的需求量之间没有直接的联系，也就是说没有量的传递关系。这类库存物品的控制主要是确定订货点、订货量、订货周期等。独立需求物品的库存管理模型一般按定量库存控制模型或定期库存控制模型来控制，下面分别描述这两种模型。

（1）**定量库存控制模型**　定量库存控制模型控制库存物品的数量。当库存数量下降到某个库存值时，立即采取补充库存的方法来保证库存的供应。这种控制方法必须连续不断地检查库存物品的库存数量，所以有时又称为连续库存检查控制法。假设每次订货点的订货批量是相同的，采购的前提也是固定的，并且物料的消耗也是稳定的，那么它的模型如图6-8所示。

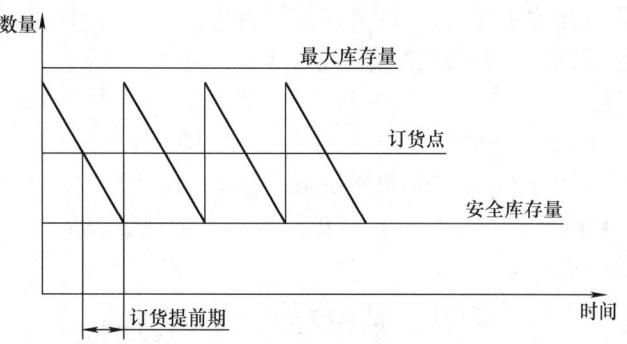

图6-8　定量库存控制模型

从这种控制模型中可以看出，它必须确定两个参数：补充库存的库存订货点与订货的批量。订货批量按经济订货批量求解。

经济订货批量（Economic Order Quality，EOQ）的原理是要求总费用（库存费用＋采购库存）最小。由于库存的费用随着库存量的增加而增加，但采购成本却随着采购批量的加大而减少（采购批量加大，库存也就增加），因此这是一对矛盾，不能一味地减少库存，也不能一味地增加采购批量，而要找到一个合理的订货批量，使总成本（库存成本与采购成本之和）为最小，如图6-9所示。经济订货批量就是对这个合理订货批量的求解。

以下是该库存模型的参数计算方法。

订货点

$$R = L_r + A$$

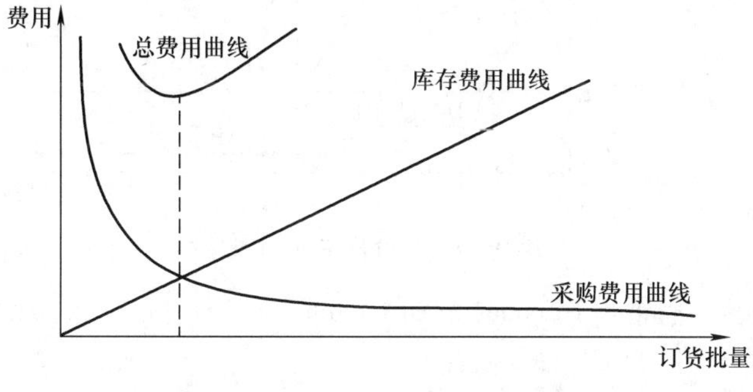

图6-9　经济订货批量的确定模型

经济订货量

$$Q = \sqrt{\frac{2CD}{H}}$$

式中　　C——单位订货费用（元/次）；
　　　　R——订货点（件）；
　　　　D——库存物料的年需求率（件/年）；
　　　　H——单位库存保管费（元/(件·年)）；
　　　　L_r——订单周期内物料的消耗量；
　　　　A——安全库存量。

【例6-1】　某商业企业的 X 型彩电年消耗量 10000 台，订货费用为每台 10 元/次，每台彩电平均年库存保管费用为 4 元/台，订货提前期为 7 天，价格 580 元/台，安全库存为 100 台。按经济订货批量原则，求解最佳库存模型。

【解】　根据题意
$C = 10$ 元/次，$D = 10000$ 台/年，$H = 4$ 元/台，$A = 100$ 台
$$L_r = (10000 \times 7/365) \text{台} = 191.78 \text{台}$$
订货点 $R = L_r + A = (191.78 + 100)$ 台 $= 291.78$ 台，取整数 292 台
经济订货批量为
$$Q = \sqrt{\frac{2CD}{H}} = \sqrt{\frac{2 \times 10 \times 10000}{4}} \text{台} = 223.6 \text{台}$$

取整数为 224 台。

（2）定期库存控制模型　　定期库存控制模型按一定的周期 T 检查库存，并随时进行库存补充，补充到一定的规定库存 S。这种库存控制方法不存在固定的订货点，但有固定的订货周期。每次订货也没有一个固定的订货数量，而是根据当前库存量 I 与规定库存量 S 比较，补充的量为 $Q = S - I$。但由于订货存在提前期，所以还必须加上订货提前期的消耗量。这种库存控制方法也要设立安全库存量。这种模型主要是确定订货周期与库存补充量，如图 6-10 所示。

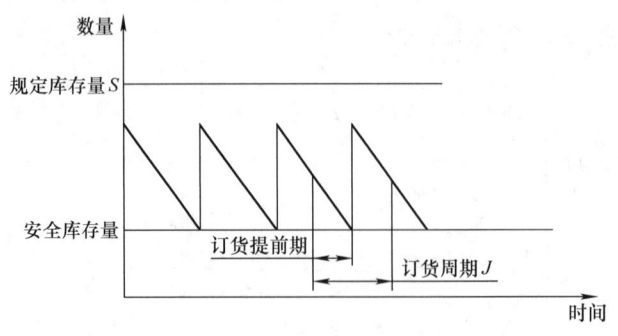

图 6-10　经济订货周期模型

订货周期按经济订货周期（Economic Order Interval，EOI）的模型确定。计算方法如下。
经济订货周期
$$T = 365\sqrt{\frac{2C}{DFP}} = 365\sqrt{\frac{2C}{DH}}$$

订货量
$$Q = (T + L)D/365$$

最大库存量

$$S = D/T$$

式中　L——订货提前量（天）；
　　　C——单位订货费用（元/次）；
　　　D——库存物料的年需求率（件/年）；
　　　P——物料价格（元/件）；
　　　H——单位库存保管费（元/(件·年)）；
　　　F——单位库存保管费与单位库存购买费之比，即 $F = H/P$；
　　　T——经济订货周期（天）。

【例6-2】　某商业企业的 X 型彩电年销售量10000台，订货费用为每台10元/次，每台彩电平均年库存保管费用为4元/台，订货提前期为7天，每台价格为580元/台，安全库存为100台。按经济订货原则，求解最佳库存模型。

【解】　根据题意
$C = 10$ 元/次，$D = 10000$ 台/年，$H = 4$ 元/台，$A = 100$ 台，$L = 7$ 天
经济订货周期

$$T = 365\sqrt{\frac{2C}{DFP}} = 365\sqrt{\frac{2C}{DH}} = \left(365 \times \sqrt{\frac{2 \times 10}{10000 \times 4}}\right) \text{天} = 8.16 \text{ 天}$$

取整数为 8 天
订货量

$$Q = (T + L)D/365 = [(8 + 7) \times 1000/365] \text{台} = 411 \text{台}$$

定期库存控制方法可以简化库存控制工作量，但由于库存消耗的不稳定性，有缺货风险存在，因此一般只能用于稳定性消耗及非重要性的独立需求物品的库存控制。由于该模型是用订货的周期来检查库存并补充库存的，因此还必须确定订货的操作时间初始点，一般可以设置在库存量到达安全库存前的订货提前期的时间位置，如图6-10所示。

相关需求也称为从属需求，是指物料的需求量存在一定的相关性。一种物料的需求是由另外一种物料的需求引起的，这样物料的需求不再具有独立性。相关需求是物料需求计划的主要研究对象，此处不详述。

5. 库存管理策略

首先介绍比较常见的 ABC 库存法，然后再对库存管理策略作概要介绍。

ABC 库存控制法是根据库存物品的价格来划分物品的重要程度，分别采取不同的管理措施。库存物品的 ABC 分类可见表6-6。

表6-6　库存物品的 ABC 分类

类　别	占库存资金	占库存品种
A	大约80%	大约20%
B	大约15%	大约30%
C	大约5%	大约50%

A 类物品属重点库存控制对象，要求库存记录准确，严格按照物品的盘点周期进行盘点，检查其数量与质量状况，并要制订不定期检查制度，密切监控该类物品的使用与保管情

况。另外，A 类物品还应尽量降低库存量，采取合理的订货周期量与订货量，杜绝浪费与呆滞库存。C 类物品无需进行太多的管理投入，库存记录可以允许适当的偏差，盘点周期也可以适当地延长。B 类物品介于 A 类与 B 类物品之间，采取始终的方法加以使用、保管与控制。

ABC 库存控制法简单、易用，长期以来为许多企业所采用。但应注意的是，构成产品的各种材料和零件都是缺一不可的。对 C 类物品粗放管理的同时，一定要防止因数量和质量而影响计划的执行。

降低库存的管理策略见表 6-7。

表 6-7 降低库存的策略

库存类型	采取策略	具体措施
安全库存和储备库存	预测与控制库存产生的原因	• 改善需求预测工作 • 准确分析需求量与需求时间 • 加强过程控制 • 增加设备和人员的柔性 • 采取供应链管理模式
正常周转库存	在需要的时候供应与生产	• 与供应商和客户建立合作伙伴关系，采取供应链管理模式 • 降低订货费用 • 生产采取 JIT 生产方式
在途库存	缩短运输时间	• 加强运输过程控制 • 加大运输能力
相关需求库存	用物料需求计划理论解决相关需求库存问题	• 运行 MRP 提高 BOM 的正确率 • 提高库存记录的准确率

库存管理的衡量指标有平均库存值、可供应时间和库存周转率。

(1) 平均库存值 指某时间段范围内全部库存物品的价值之和的平均值。该指标可以让管理者了解企业资产的库存占用：是高还是低。但这个指标会随市场的变化而变化，只起相对参考作用。

(2) 可供应时间 是指现在库存能够满足多长时间的需求，按如下公式计算

$$可供应时间 = \frac{平均库存值}{相应时段内单位时间的需求}$$

可以分物品计算，分子和分母的单位必须统一。

(3) 库存周转率 计算公式为

$$库存周转率 = \frac{年销售量}{年平均库存值}$$

还可以细分成

$$原材料库存周转率 = \frac{年材料消耗额}{原材料平均库存值}$$

$$在制品库存周转率 = \frac{生产产值}{在制品平均库存值}$$

$$成品库存周转率 = \frac{年销售额}{成品年平均库存值}$$

库存周转率越快，说明库存管理的效率越高。

模块 2　JIT 生　产

6.2.1　准时化生产方式概述

1. 准时化生产的产生和发展

准时化生产方式（Just In Time，JIT）是日本在 20 世纪五六十年代研究和开始实施的生产管理方式，是一种有效地利用各种资源、降低成本的准则，其含义是：在需要的时间和地点生产必要数量和完美质量的产品和零部件，以杜绝超量生产，消除无效劳动和浪费，达到用最少的投入实现最大产出的目的。

JIT 生产方式以准时生产为出发点，首先揭示出生产过量的浪费，进而暴露出其他方面的浪费（如设备布局不当、人员过多），然后对设备、人员等资源进行调整。如此不断循环，使成本不断降低，计划和控制水平也随之不断提高。

20 世纪 80 年代，随着日本企业在国际市场竞争中的胜利，准时化生产方式被作为日本企业成功的秘诀受到广泛的关注，现在 JIT 已在许多国家推广、运用，它是精益生产方式的核心。

2. JIT 生产方式的目标

JIT 生产方式的最终目标（即企业的经营目的）：获取最大利润。为了实现这个最终目的，"降低成本"就成为基本目标。在福特时代，降低成本主要是依靠单一品种的规模生产来实现的；但是在多品种小批量生产的情况下，这一方法是行不通的。因此，JIT 生产方式力图通过"彻底消除浪费"来达到这一目标。其中，最主要的有生产过剩（即库存）所引起的浪费。因此，为了排除这些浪费，相应地产生了适量生产、弹性配置作业人数以及保证质量这样三个子目标。

3. JIT 生产方式的原则

为了达到降低成本这一基本目标，对应于这一基本目标的三个子目标，JIT 生产方式也可以概括为下述三个方面：

1）适时适量生产。即在需要的时候，按需要的量生产所需的产品。当今的时代已经从"只要生产得出来就卖得出去"进入了一个"只能生产能够卖得出去的产品"的时代。对于企业来说，各种产品的产量必须能够灵活地适应市场需求的变化，否则，由于生产过剩会引起人员、设备、库存费用等一系列的浪费。

2）弹性配置作业人数。是指根据生产量的变动，弹性地增减各生产线的作业人数，以及尽量用较少的人力完成较多的生产。具体方法是实施独特的设备布置，以便能够将需求减少时各作业点减少的工作集中起来。但这从作业人员的角度来看，意味着标准作业时间、作业内容、范围、作业组合以及作业顺序等的一系列变更，因此作业人员必须是具有多种机能的"多面手"。

3）质量保证。通过将质量管理贯穿于每一道工序之中来实现提高质量与降低成本的一致性，具体通过生产组织中的两种机制实现：第一，使设备或生产线能够自动监测不良产品，一旦发现，可以自动停止的设备运行机制；第二，生产第一线的设备操作人员发现产品和设备的问题时,有权自动停止生产的管理机制。这样,不良产品一出现马上就会被发现,防止了不良产品的重复出现或累计出现。而且,由于一旦发生异常,生产线或设备就立即停止运行,比较容易找到异常的原因,并立即对其进行分析、改善,久而久之,生产中存在的问题就会越来越少,企业的生产素质就会逐渐增强。

6.2.2 看板管理

1. 看板的基本概念

看板方式作为一种生产管理的方式,在生产管理史上是非常独特的。看板方式也是 JIT 生产方式最显著的特点,但决不能把 JIT 生产方式与看板方式等同起来。JIT 生产方式本质上是一种生产管理技术,而看板方式只不过是一种管理手段。看板方式只有在工序一体化、生产均衡化、生产同步化的前提下,才有可能运用。因此,在引进 JIT 生产方式以及看板方式时,最重要的是对现存的生产系统进行全面改组。

2. 看板的机能

1) 它是生产以及运送的工作指令。看板中记载着生产量、时间、方法、顺序以及运送量、运送时间、运送目的地、放置场所、搬运工具等信息。从装配工序逐次向前工序追溯,在装配线将所使用的零部件上所带的看板取下,以此再去前工序领取。"后工序领取"以及"适时适量生产"就是这样通过看板来实现的。

2) 防止过量生产和过量运送。看板必须按照既定的运用规则来使用。其中一条规则是:"没有看板不能生产,也不能运送"。根据这一规则,看板数量减少,则生产量也相应减少。由于看板所表示的只是必要的量,因此通过看板的运用能够做到自动防止过量生产以及适量运送。

3) 它是进行"目视管理"的工具。看板的另一条运用规则是:"看板必须在实物上存放","前工序按照看板取下的顺序进行生产"。根据这一规则,作业现场的管理人员对生产的优先顺序能够一目了然,易于管理,并且只要一看看板,就可知道后工序的作业进展情况、库存情况等。

4) 它是改善生产方式的工具。在 JIT 生产方式中,通过不断减少看板数量来减少制品的中间储存。一般情况下,如果在制品库存较高,即使设备出现故障,不良品数目增加也不会影响到后道工序的生产,所以容易把这些问题掩盖起来;而且即使有人员过剩,也不易察觉。根据看板"不能把不良品送往后工序"的运用规则,后工序所需得不到满足,就会造成全线停工,由此可立即使问题暴露,从而必须立即采取改善措施来解决问题。这样通过改善活动不仅使问题得到了解决,也使生产线的"体质"不断增强,带来了生产率的提高。JIT 生产方式的目标是要最终实现无储存生产系统,而看板提供了一个朝着这个方向迈进的工具。

3. 看板的种类

实际生产管理中使用的看板形式很多。常见的有塑料夹内装着的卡片或类似的标识牌、运送零件小车、工位器具或存件箱上的标签、指示部件吊运场所的标签、流水生产线上各种颜色的小球或信号灯、电视图像等。

使用最多的看板有两种:传送看板(即拿取看板)和生产看板(订货看板)。它们一般都做成 10cm×20cm 的尺寸,传送看板标明后一道工序向前一道工序拿取工件的种类和数量，而生产看板则标明前一道工序应生产的工件的种类和数量。

4. 看板的使用规则

为使看板系统有效运行，必须严格遵循使用规则，培训全体操作人员理解规则，并设立一定的奖惩制度认真贯彻规则。规则的主要内容有以下五点：

1）不合格不交后工序。JIT 方式认为制造不合格件是最大浪费，如果不能及时解决不合格件问题，后工序就会停产。不合格件积压在本工序，本工序的问题就很快暴露出来，使管理人员、监督人员不得不共同采取对策，防止再发生类似问题。

2）后工序来取件。改变生产"供给后工序"的传统做法，由后工序向前工序取件，不能领取超过看板规定的数量，领取工件时，须将看板系在装工件的容器上。

3）只生产后道工序领取的工件数量。超过看板规定的数量不生产，同时完全按看板出现的顺序生产。

4）均衡化生产。如果后道工序在领取工件的时间和数量方面没有规律，波动较大，前道工序就需按后道工序最大需求来安排其设备能力和人力，这是很不经济的。因此，看板管理只适用于需求波动较小和重复性生产系统。

5）利用减少看板数量来提高管理水平。在生产系统中库存水平由看板数量来决定，因为每一块看板代表着一个标准容器容量的工件，用减少看板数量、减少标准容量的方法，可降低库存水平。

6.2.3 JIT 生产方式在我国的应用

JIT 生产管理方式在 20 世纪 70 年代末期从日本引入我国，长春第一汽车制造厂最先开始应用看板系统控制生产现场作业。到了 1982 年，第一汽车制造厂采用看板取货的零件数，已达其生产零件总数的 43%。20 世纪 80 年代初，中国企业管理协会组织推广现代管理方法，看板管理被视为现代管理方法之一，在全国范围内宣传推广，并为许多企业采用。上海汽车工业总公司推行以 JIT 生产方式为主要内容的"危机管理"，桑塔纳轿车生产成本连年下降 5%，劳动生产率连年提高 5%。中国二汽在变速箱厂推行 JIT 生产方式 1 年，产量比原设计能力翻一番，流动资金和生产人员减少 50%，劳动生产率提高 1 倍。一汽变速箱厂推行 JIT 生产方式，半年中产值增长 44.3%，全员劳动生产率增长 37%，人均创利增长 25.1%。20 世纪 90 年代，我国的汽车工业、电子工业等实行流水线生产的企业应用 JIT 获得了明显效果，取得丰富的经验，创造了良好的经济效益。

6.2.4 其他先进生产方式

1. 精益生产

（1）精益生产的产生和概念　精益生产（Lean Production，LP）是美国麻省理工学院在一项名为"国际汽车计划"的研究项目中提出来的。他们在做了基于对日本丰田生产方式的大量调查和对比后，于 1990 年提出了一种生产管理方法和制造模式。其核心是追求消灭包括库存在内的一切"浪费"，并围绕此目标发展了一系列具体方法，逐渐形成了一套独具特色的生产经营管理体系。

精益生产又称为精良生产，其中"精"表示精良、精确、精美；"益"表示利益、效益等。就是及时制造，消灭故障，消除一切浪费，向零缺陷、零库存进军。它是对准时化生产方式的进一步提炼。

精益生产综合了大量生产与单件生产方式的优点,力求在大量生产中实现多品种和高质量产品的低成本生产。

精益生产的目标被描述为"在适当的时间使适当的东西到达适当的地点,同时使浪费最小化和适应变化"。精益生产的原则使公司可以按需求交货,使库存最小化,尽可能多地使用掌握多门技能的员工,使管理结构扁平化,并把资源集中于需要它们的地方。精益生产的方法不但可以减小浪费,还能够增进产品流动和提高质量。

精益生产的基本目的是,在一个企业里同时获得极高的生产率、极佳的产品质量和很大的生产柔性;在生产组织上,不强调过细的分工,而强调企业各部门相互密切合作的综合集成。综合集成并不局限于生产过程本身,还包括重视产品开发、生产准备和生产之间的合作和集成。

(2) 精益生产的内涵　精益生产不仅要求在技术上实现制造过程和信息流的自动化,更重要的是从系统工程的角度对企业的活动及其社会影响进行全面的、整体的优化。精益生产体系从企业的经营观念、管理原则到生产组织、生产计划与控制、作业管理以及对人的管理等各方面,都与传统的大量生产方式有明显的不同。

首先,精益生产方式在产品质量上追求尽善尽美,保证用户在产品整个生命周期内都感到满意。其次,精益生产方式在企业内的生产组织上,充分考虑人的因素,采用灵活的小组工作方式和强调相互合作的并行工作方式。再次,精益生产方式在物料管理方面,准时的物料后勤供应和零库存目标使在制品大大减少,节约了流动资金。最后,精益生产方式在生产技术上采用适度的自动化技术,明显提高了生产效率。所有这一切,都使企业的资源能够得到合理的配置和充分的利用。此外,精益生产还反映了在重复性生产过程中的管理思想,其指导思想是:通过生产过程整体优化,改进技术,理顺各种流(Flow),杜绝超量生产,消除无效劳动与浪费,充分、有效地利用各种资源,降低成本,改善质量,达到用最少的投入实现最大产出的目的。

(3) 精益生产的核心——精益思想　"精益思想"一词源于 James P. Womack 和 Daniel T. Jones1996 年的名著《精益思想》。该书在《改变世界的机器》的基础上,更进一步集中、系统地阐述了关于精益的一系列原则和方法,使之更加理论化。

精益思想是精益生产的核心思想,它包括精益生产、精益管理、精益设计和精益供应等一系列思想,其核心是以较少的人力、较少的设备、在较短的时间和较小的场地内创造出尽可能多的价值;同时也越来越接近客户,提供给他们确实需要的东西。

精益思想要求企业找到最佳的方法确立提供给顾客的价值,明确每一项产品的价值流,使产品从最初的概念到到达顾客的过程中流动顺畅,让顾客成为生产的拉动者,在生产管理中精益求精、尽善尽美。价值观、价值流、流动、拉动和尽善尽美的概念进一步发展成为应用于产品开发、制造、采购和服务顾客各个方面的精益方法,可以概括如下。

1)价值观。精益思想认为企业产品(服务)的价值只能由最终用户来确定,价值只有满足特定用户需求才有存在的意义。精益思想重新定义了价值观与现代企业原则,它同传统的制造思想,即主观高效率地大量制造既定产品向用户推销,是完全对立的。

2)价值流。价值流是指从原材料到成品赋予价值的全部活动。识别价值流是实行精益思想的起步点,并按照最终用户的立场寻求全过程的整体最佳。精益思想的企业价值创造过程包括：从概念到投产的设计过程；从订货到送货的信息过程；从原材料到产品的转换过程；全生命周期的支持和服务过程。

3）流动。精益思想要求创造价值的各个活动（步骤）流动起来，强调的是"动"。传统观念是"分工和大量才能高效率"，但是精益思想却认为成批、大批量生产经常意味着等待和停滞。精益思想将所有的停滞认为是企业的浪费。

精益思想号召"所有的人都必须和部门化的、批量生产的思想做斗争，因为如果产品按照从原材料到成品的过程连续生产，那么工作几乎总能完成得更为精确有效"。

4）拉动。拉动的本质含义是让用户按需要拉动生产，而不是把用户不太想要的产品强行推给用户。拉动生产通过正确的价值观念和压缩提前期，保证用户在要求的时间得到需要的产品。

实现了拉动生产的企业具备当用户需要时，就能立即设计、计划和制造出用户真正需要的产品的能力；最后实现抛开预测，直接按用户的实际需要进行生产。流动和拉动将使产品开发周期、订货周期、生产周期降低50%~90%。

5）尽善尽美。精益制造的目标是通过尽善尽美的价值创造过程（包括设计、制造和对产品或服务的整个生命周期的支持）为用户提供尽善尽美的价值。精益制造的尽善尽美有三个含义：用户满意、无差错生产和企业自身的持续改进。

(4) 精益生产的实施 精益生产的研究者总结出精益生产实施成功的五个步骤：

1）选择要改进的关键流程。精益生产方式不是一蹴而就的，它强调持续的改进。应该先选择关键的流程，力争把它建立成一条样板线。

2）画出价值流程图。价值流程图是一种用来描述物流和信息流的方法。在绘制完目前状态的价值流程图后，可以描绘出一个精益远景图（Future Lean Vision）。在这个过程中，更多的图标用来表示连续的流程、各种类型的拉动系统、均衡生产以及缩短工装更换时间，生产周期被细分为增值时间和非增值时间。

3）开展持续改进研讨会。精益远景图必须付诸实施，否则规划得再巧妙的图表也只是废纸一张。实施计划中包括什么（What），什么时候（When）和谁来负责（Who），并且在实施过程中设立评审节点。这样，全体员工都参与到全员生产性维护系统中。在价值流程图、精益远景图的指导下，流程上的各个独立的改善项目被赋予了新的意义，使员工十分明确实施该项目的意义。持续改进生产流程的方法主要有以下几种：消除质量检测环节和返工现象；消除零件不必要的移动；消灭库存；合理安排生产计划；减少生产准备时间；消除停机时间；提高劳动利用率。

4）营造企业文化。虽然在车间现场发生的显著改进，能引发随后一系列企业文化变革，但是如果想当然地认为由于车间平面布置和生产操作方式上的改进，能自动建立和推进积极的文化改变，这显然是不现实的。文化的变革要比生产现场的改进难度更大，二者都是必须完成并且是相辅相成的。许多项目的实施经验证明，项目成功的关键是公司领导要身体力行地把生产方式的改善和企业文化的变革结合起来。

传统企业向精益化生产方向转变，不是单纯地采用相应的"看板"工具及先进的生产管理技术就可以完成，而必须使全体员工的理念发生改变。精益化生产之所以产生于日本，而不是诞生在美国，其原因也正因为两国的企业文化有相当大的不同。

5）推广到整个企业。精益生产利用各种工业工程技术来消除浪费，着眼于整个生产流程,而不只是个别或几个工序。因此,样板线的成功要推广到整个企业,使操作工序缩短,推动式生产系统被以顾客为导向的拉动式生产系统所替代。

总而言之,精益生产是一个永无止境的精益求精的过程,它致力于改进生产流程和流程中的每一道工序,尽最大可能地消除价值链中一切不能增加价值的活动,提高劳动利用率,消灭浪费,按照顾客订单生产的同时也最大限度地降低库存。

由传统企业向精益企业的转变不可能一蹴而就,需要付出一定的代价,并且有时候还可能出现意想不到的问题。但是,企业只要坚定不移走精益之路,大多数在6个月内,有的甚至还不到3个月,就可以收回全部改造成本,并且享受精益生产带来的好处。

2. 并行工程

1988年美国国家防御分析研究所（Institute of Defense Analyze, IDA）完整地提出了并行工程（Concurrent Engineering, CE）的概念,也称同步工程、并行设计和同时工程,它是相对传统的"串行工程"而言的,是指产品的设计和制造及其相关过程的多项任务同时交叉进行,在设计阶段同步地实现设计与产品生产同期有关的过程,要求产品开发者在设计阶段就考虑到包括设计、工艺、制造、装配、检验、维护、可靠性、成本和质量等在内的产品生命周期中的所有因素。

（1）并行工程的特点

1）并行特性:是把原先在时间上有先后顺序的知识处理和作业实施,转变为同时考虑和尽可能的同时处理或并行处理。这表明并行工程比串行工程缩短了产品研制生产周期。

2）整体特性:产品研制开发过程是一个有机整体,在空间中似乎相互独立的各个研制作业和知识处理单元之间,实质上都存在着不可分割的内在联系,特别是有丰富的双向信息联系。强调全局性地考虑问题,即产品研制者从一开始就考虑到产品整个生命周期中的所有因素,追求整体最优,有时为了保证整体最优,甚至可能不得不牺牲局部利益。

3）协同特性:强调人们的群体协同工作。这是因为现代产品的特性已越来越复杂,产品开发过程涉及的学科门类和专业人员越来越多,如何取得产品开发过程的整体最优,是并行工程追求的目标,其中关键是如何很好地发挥人们的群体作用。为此,并行工程强调有效的组织模式,强调一体化、并行地进行产品及其有关过程的设计,强调协同效率。

4）集成特性:并行工程作为一种系统工程方法,其集成特性主要包括如下几点。

① 改进组织结构,实现人员集成。并行工程所普遍采用的是一种多学科、多功能小组形式,也称之为团队组织结构,这是一种扁平型的组织结构,它将同产品（项目）全生命周期有关的各种专业、各个功能部门的有关人员集中在一个以产品为中心的共同目标之下,组成统一的产品开发团队。这种组织形式打破了专业和部门之间的壁垒,使项目的信息传递主要在团队内部进行,从而既加快了传递节奏,更减少了传递中的摩擦,使团队能更好地协同工作。

② 并行操作处理,实现功能集成。并行工程运行中的"并行"要求各个工程阶段相互搭接进行,即提前考虑下游工程阶段的有关研究和工作内容；同时要求职能部门各项功能的履行也并行交叉进行。例如,设计阶段采购部门就开始进行料源分析,工艺设计时质检部门开始考虑工序检验和最终检验的可行性等。这样就可使有关信息及时反馈,及时修改有关设计,从而减少大工程行为的反复。

③ 利用先进的开发工具、方法和技术,实现信息集成。随着科学技术的不断进步和竞

争的日趋激烈，在产品研制过程中越来越多地使用了先进的开发技术和工具，如较普遍地使用了计算机辅助系统（CAD/CAM/CIMS）以及计算机网络系统。多种先进的设计开发方法，也都借助于计算机系统来实现。并行工程的并行操作和信息集成特性对此提出了更高的要求，它期望在计算机辅助系统和网络系统的基础上实现各专业、各功能的多工作站并行运行，并实现无纸化设计，从而达到信息资源共享，过程中间信息快速、顺畅地传递和反馈。

（2）并行工程的功能

1）大大缩短了产品从开发到投入市场的时间，提高了产品进入市场的速度。

2）提高了产品的质量，增强了企业的竞争力。

3）降低了产品的成本。

4）能迅速了解市场信息，确保用户满意。

（3）并行工程的目标

并行工程是一种新型的企业组织经营管理思想，其目标为：

1）提高整个制造过程，包括设计、工艺、制造和服务的质量。

2）降低产品生命周期费用，包括从产品设计、制造、销售、服务、用户使用直到产品报废的全部费用。

3）缩短产品研究开发周期，包括减少设计反复，减少制造中各环节的时间。

（4）并行工程的实施步骤

1）建立并行工程的开发环境。并行工程环境使参与产品开发的每个人都能瞬时地相互交换信息，以克服由于地域、组织不同，产品的复杂化，缺乏互换性的工具等因素造成的各种问题。在开发过程中应以具有柔性和弹性的方法，针对不同的产品开发对象，采用不同的并行工程手法，逐步调整开发环境。并行工程的开发环境主要包括以下几个方面。

① 统一的产品模型，保证产品信息的唯一性，并必须有统一的企业知识库，使小组人员能以同一种"语言"进行协同工作。

② 一套高性能的计算机网络，小组人员能在各自的工作站或微机上进行仿真，或利用各自的系统。

③ 有一个交互式、用户界面良好的系统集成，有统一的数据库和知识库，使小组人员能同时以不同的角度参与或解决各自设计问题。

2）成立并行工程的开发组织机构。开发组织由三个层次构成，最高层由各功能部门负责人和项目经理组成，管理开发经费、进程和计划；第二层由主要功能部门经理、功能小组代表构成，定期举行例会；第三层是作业层，由各功能小组构成。

3）选择开发工具及信息交流方法。选择一套合适的产品数据管理（PDM）系统。PDM是集数据管理能力、网络的通信能力与过程控制能力于一体的过程数据管理技术的集成，能够跟踪、保存和管理产品设计过程。PDM系统是实现并行工程的基础平台。它将所有与产品有关的信息和过程集成在一体，有效地从概念设计、计算分析、详细设计、工艺流程设计、制造、销售、维修直至产品报废的整个生命周期相关的数据，予以定义、组织和管理，使产品数据在整个产品生命周期内保持最新、一致、共享及安全。PDM系统应该具有电子仓库、过程和过程控制、配置管理、查看和圈阅、扫描和成像、设计检索和零件库、项目管理、电子协作、工具和集成件等。产品数据管理系统对产品开发过程的全面管理，能够保证参与并行工程协同开发小组人员间的协调活动能正常进行。

4）确立并行工程的开发实施方案。首先把产品设计工作过程细分为不同的阶段；其次当出现多个阶段的工作所需要的资源不可共享时，可以采用并行工程方法；最后，后续阶段的工作必须依赖于前阶段的工作结果作为输入条件时，可以先对前阶段工作做出假设，二者才可并行。其间必须插入中间协调，并用中间的结果作验证，其验证的结果与假定的背离是调整后续阶段工作的依据。

3. 敏捷制造

（1）敏捷制造的产生与概念　敏捷制造（Agile Manufacturing，AM）是由美国通用汽车公司（GM）和里海（Leigh）大学的雅柯卡（Iacocca）研究所联合研究，于1988年首次提出来的。1990年向社会公开以后立即受到世界各国的重视，1992年美国政府将这种全新的制造模式作为21世纪制造企业的战略。

自第二次世界大战以后，日本和西欧各国的经济遭受战争破坏，工业基础几乎被彻底摧毁，只有美国作为世界上唯一的工业国，经济独秀，向世界各地提供工业产品，所以美国的制造商们在20世纪60年代以前的策略是扩大生产规模。到了20世纪70年代，西欧发达国家和日本的制造业已基本恢复，不仅可以满足本国对工业的需求，甚至可以依靠本国廉价的人力、物力，生产廉价的产品打入美国市场，致使美国的制造商们将策略重点由规模转向成本。到了20世纪80年代，联邦德国和日本已经可以生产高质量的工业品和高档的消费品并源源不断地推向美国市场，与美国的产品竞争，又一次迫使美国的制造商将制造策略的重心转向产品质量。进入20世纪90年代，当丰田生产方式在美国产生了明显的效益之后，美国人认识到只降低成本、提高质量还不能保证赢得竞争，还必须缩短产品开发周期，加速产品的更新换代。当时美国汽车更新换代的速度已经比日本慢了一倍以上，因此速度问题成为美国制造商们关注的重心，"敏捷"从字面上看，正是表明要用灵活的应变去对付快速变化的市场需求。于是，敏捷制造这种新型模式，成为美国21世纪制造企业的战略。

美国机械工程师学会（ASME）主办的《机械工程》杂志1994年期刊中，对敏捷制造做了如下定义：敏捷制造就是指制造系统在满足低成本和高质量的同时，对变幻莫测的市场需求的快速反应。

敏捷制造的企业，其敏捷能力表现在以下四个方面：

1）反应能力，即判断和预见市场变化并对其快速地做出反应的能力。
2）竞争力，即企业获得一定生产力、效率和有效参与竞争所需的技能。
3）柔性，即以同样的设备与人员生产不同产品或实现不同目标的能力。
4）快速，即以最短的时间执行任务（如产品开发、制造、供货等）的能力。

同时，这种敏捷性应当体现在不同的层次上：企业策略上的敏捷性，包括企业针对竞争规则及手段的变化、新的竞争对手的出现、国家政策法规的变化、社会形态的变化等做出快速反应的能力；企业日常运行的敏捷性，包括企业对影响其日常运行的各种变化，如用户对产品规格、配置及售后服务要求的变化，用户定货量和供货时间的变化，原料供货出现问题、设备出现故障等做出快速反应的能力。

（2）敏捷制造的基本特征　敏捷制造强调企业能够快速响应市场的变化，根据市场需求，能够在最短时间内开发制造出满足市场需求的高质量的产品。因此，敏捷制造具有如下特征。

1) 敏捷制造是信息时代最有竞争力的生产模式。它在全球化的市场竞争中能以最短的交货期、最经济的方式,按用户需求生产出用户满意的具有竞争力的产品。

2) 敏捷制造具有灵活的动态组织机构。它能以最快的速度把企业内部和企业外部不同企业的优势力量集中在一起,形成具有快速响应能力的动态联盟。在企业内部它将多级管理模式变为扁平结构的管理方式,把更多的决策权下放到项目组;在企业外部,它重视企业之间的协作,通过高速网络通信能充分调动、利用分布在世界各地的各种资源,所以能保证迅速、经济地生产出有竞争力的产品。

3) 敏捷制造采用了先进制造技术。敏捷制造一方面要"快",另一方面要"准",其核心就在于快速地生产出用户满意的产品。因此,敏捷制造必须在其各个制造环节都采用各种先进的制造技术。例如产品设计,如果采用传统的人工设计方法,不但做不到"快",也很难做到"准",所以就要采用"计算机辅助工程设计"、"并行工程",甚至"虚拟产品开发"等先进技术。只有在设计阶段就考虑到下游的制造、装配、使用、维修,才能做到一次成功。还应采用其他先进制造技术,如柔性制造、计算机辅助管理、企业经营过程重构、计算机辅助质量保证、产品数据管理以及产品数据交换标准等。

4) 敏捷制造必须建立开放的基础结构。因为敏捷制造要把世界范围内的优势力量集成在一起,所以敏捷制造企业必须采取开放结构。只有这样,才能把企业的生产经营活动与市场和合作伙伴紧密联系起来,使企业能在一体化的电子商业环境中生存。

5) 敏捷制造适用范围较广。它主要通过敏捷化企业组织、并行工程环境、全球计算机网络或国家信息基础设施,在全球范围内实现企业间的动态联盟和拟实制造,使全球化生产体系或企业群能迅速开发出新产品,响应市场,赢得竞争。敏捷制造的关键技术包括:敏捷虚拟企业的组织及管理技术、敏捷化产品设计和企业活动的并行运作、基于模型与仿真的拟实制造、可重组/可重用的制造技术、敏捷制造计划与控制、智能闭环加工过程控制、企业间的集成技术、全球化企业网、敏捷后勤与供应链等。

(3) 实现敏捷制造的措施　企业实现敏捷制造可以增强其应变能力和竞争力。通过以下八种措施可以有效地实现敏捷制造:

1) 把继续教育放在实现敏捷制造的首位,高度重视并尽可能创造条件,使员工能获取新信息和知识。未来的竞争,归根结底是人才的竞争,是人才所掌握的知识和创造力的竞争。企业的员工只有知识面广、视野宽,才有可能不断产生战胜竞争对手的新思想。

2) 组成虚拟企业。从竞争走向合作,从互相保密走向信息交流,实际上会给企业带来更大利益。实施敏捷制造的基础是全国乃至全球的通信网络,在网上了解到有专长的合作伙伴,在网络通信中确定合作关系,又通过网络用并行工程的做法实现最快速和高质量的新产品开发。

3) 广泛应用计算机技术和人工智能技术。未来制造业中强调人的作用,并不是贬低技术所起的作用。计算机辅助设计、辅助制造、计算机仿真与建模分析技术,都应在敏捷企业中加以应用。另外,还要提到"团件"(Group Ware),这是近来研究比较多的一种计算机支持协同工作的软件,强调作为分布式群决策软件系统,它可以支持两个以上用户以紧密方式共同完成一项任务。人工智能在生产和经营过程中的应用,是另一个重要的先进技术的标志。从底层原始数据检测和收集的传感器,到过程控制的机理以至辅助决策的知识库,都需要应用人工智能技术。

4）在方法论的指导下进行。就是在实现某一目标，完成某一项大工程时，需要使用一整套方法的集合，实现企业的整体集成，这是一项十分复杂的任务。对每一时期每一项具体任务，都应该有明确的规定和指导方法，这些方法的集合就叫"集成方法论"。这样的方法论能帮助人们少走弯路，避免损失。这种效益，比一台新设备、一个新软件所能产生的有形的经济效益，要大得多，也重要得多。

5）美化环境。环境美化不仅仅指企业范围内的绿化，更主要是对废弃物的处理，要主动地、由专门的组织积极地开展对废物的利用或妥善的销毁。

6）测量与评价绩效。传统的企业评价总是着眼于可计量的经济效益，而对生产活动的评价，则看一些具体的技术指标。这种方法基本上属于短期行为的做法。对于敏捷制造，系统集成所提出的战略考虑，如缩短提前期对竞争能力有多少好处，如何度量企业柔性，企业对产品变异的适应能力会导致怎样的经济效益，如何检测员工和工作小组的技能，技能标准对企业柔性又会有什么影响……这一系列问题都是在新形势、新环境下提出来需要解决的。又如会计核算方法，传统的会计核算主要适合于静态产品和大批量生产过程，用核算结果来控制成本，减少原材料和直接劳动力的使用，是一种消极防御式的核算方法。这些都是不适应敏捷企业需要的，当前要采用一种支持这些变化的核算方法。例如 ABC 法把成本计算与各种形式的经营活动相关联，是未来企业中很有希望的一种核算方法。合作伙伴资格预评是另一种评价问题，因为虚拟企业的成功必须要合作伙伴确有所长，而且应有很好的合作信誉。

7）发挥标准和法规的作用。目前产品和生产过程的各种标准还不统一，而未来的制造业的产品变异又非常突出，如果没有标准，不论对国家、对企业、对企业间的合作、对用户都非常不利，因此必须要强化标准化组织，使其工作能不断跟上环境和市场的改变，各种标准能及时演进。现行法规也应该随着国际市场和竞争环境的变化而演进，其中包括政府贷款、技术政策、反垄断法规、税法、税率、进出口法和国际贸易协定等。

8）组织变革。外部形势要求变，内部条件也可以变，这时的关键就在于领导能否下决心组织变革，引进新技术，实现组织改革，实现放权，进行与其他企业的新形式的合作。现在不仅要求富于革新精神和善于根据敏捷制造的概念进行变革的个人，更需要这样的小组，才能推动企业的变革。

4. 计算机集成制造系统

（1）计算机集成制造系统的产生及定义 计算机集成制造系统（Computer Integrated Manufacturing System，CIMS），是 1973 年美国的约瑟夫·哈林顿博士在《计算机集成制造》（Computer Integrated manufacturing）一书中首次提出的。当时，他提出了两个基本观点：① 企业生产的各个环节，包括市场分析、产品设计、加工制造、经营管理以至售后服务等全部经营活动，是一个不可分割的整体，要紧密连接，统一考虑。② 整个经营过程实质上是一个数据的采集、传递和加工处理的过程，其最终形成的产品可以看做是数据的物质表现。因此，企业作为一个统一的整体，必须从系统的、全局的观点出发，广泛采用计算机等高新技术，加速信息的采集、传递和加工处理过程，提高工作效率和质量，从而提高企业的总体水平。计算机集成制造是一种理念，其实质就是用信息技术对制造系统进行全局优化。这是一种先进的理念，其内涵是借助于以计算机为核心的信息技术，将企业中各种与制造有关的技术系统集成起来，使企业得到整体优化，从而提高企业适应市场竞争的能力。CIMS

已代表了当今工厂综合自动化的最高水平。

从 CIMS 概念的提出到现在已有 40 余年了。四十多年来，CIMS 的概念已从美国等发达国家传播到发展中国家，已从典型的离散型机械制造业扩展到化工、冶金等连续或半连续制造业。CIMS 概念已被越来越多的人所接受，成为指导工厂自动化的思想，有越来越多的工厂按 CIMS 思想，采用计算机技术实现信息集成，建成了不同水平的计算机集成制造系统。

CIMS 是自动化程度不同的多个子系统的集成。随着科学的发展和技术的进步，制造业中的计算机应用水平在迅速提高，出现了多种不同的自动化系统，如管理信息系统（MIS）、制造资源计划（MRPⅡ）系统、计算机辅助设计（CAD）系统、计算机辅助工艺设计（CAPP）系统、计算机辅助制造（CAM）系统、柔性制造系统（FMS）、数控机床（NC）及机器人等。CIMS 正是在这些自动化系统的基础上发展起来的，它根据企业的需求和经济实力，把各种自动化系统通过计算机实现信息集成和功能集成。当然，这些子系统也使用了不同类型的计算机，有的子系统本身也是集成的，如 MIS 实现了多种管理功能的集成，FMS 实现了加工设备和物料输送设备的集成等。但这种集成是在较小的局部，而 CIMS 是针对整个企业的集成。

(2) CIMS 的体系结构　CIMS 一般由四个功能分系统和两个支撑分系统构成。

1) 四个功能分系统分别是：

① 管理信息系统，是以制造资源计划 MRPⅡ 为核心，包括预测、经营决策、各级生产计划、生产技术准备、销售、供应、财务、成本、设备、工具和人力资源等管理信息功能，通过信息集成，达到缩短产品生产周期、降低流动资金占用、提高企业应变能力的目的。

② 产品设计与制造工程设计自动化系统，是用计算机辅助产品设计、制造准备以及产品性能测试等阶段的工作，通常称为 CAD/CAPP/CAM 系统。它可以使产品开发工作高效、优质地进行。

③ 制造自动化（柔性制造）系统，在计算的控制与调度下，按照 NC 代码将毛坯加工成合格的零件并装配成部件或产品。制造自动化系统的主要组成部分有加工中心、数控机床、运输小车、立体仓库及计算机控制管理系统等。

④ 质量保证系统，通过采集、存储、评价与处理存在于设计、制造过程中与质量有关的大量数据，从而提高产品的质量。

2) 两个支撑系统分别是：

① 网络系统，支持 CIMS 各个系统的开放型网络通信系统，采用国际标准和工业标准规定的网络协议（如 MAP，TCP/IP）等，可实现异种机互联，多种网络的互联，满足各应用系统对网络支持服务的不同需求，支持资源共享、分布处理、分布数据库、分成递阶和实时控制。

② 数据库系统，支持 CIMS 各分系统，覆盖企业全部信息，以实现企业的数据共享和信息集成。通常采用集中与分布相结合的三层体系控制结构——主数据管理系统、分布数据管理系统、数据控制系统，以保证数据的安全性、一致性、易维护性等。

(3) CIMS 的发展　计算机是 CIMS 的物质基础和技术支柱，1945 年第一台计算机问世以来，对制造业而言，就产品开发、制造和经营管理三大主要活动领域，其单项独立应用已达到很高的水平。在产品制造方面，1954 年研制出第一台数控机床，为 CIMS 奠定了基础，为柔性自动化提供了条件。1967年建成了第一套柔性制造系统，解决了柔性和生产率相互矛盾的问题，提供了工业生产全面现代化的条件。在产品开发设计方面，20世纪50年代中后期诞生了CAD，近年来又开发出了通用集成化的现代CAD，并向CIMS系统集成化方向迅速发展。企业经营管理方面，1954年计算机进入管理业务领域，从信息流的管理上升到物料流的管理，产生了一个新的飞跃，其代表是MRPⅡ。上述各项技术，基本上只是单独地使用于制造业的各个局部环节。在科技的发展和市场需求变化的共同推动下，许多专家和学者经分析研究认为，把前述各项技术加以有机的集成，综合地应用起来，可以获得整体的最佳效益。这就产生了一种崭新的，标志着新的一次制造技术变革的组织和管理生产的思想和方法，即计算机集成制造（Computer Integrated Manufacturing，CIM），具体的体现是CIMS，而开始得到重视并大规模实施则是在十年之后。其根源是美国20世纪70年代的产业政策发生偏差，过分夸大了第三产业的作用，而将制造业，特别是传统产业，贬低为夕阳工业。这导致美国制造业优势的衰退，并在20世纪80年代初开始的世界性石油危机中暴露无遗。此时，美国才开始重视制造业，并决心用其信息技术的优势夺回制造业的霸主地位，并且认为CIMS是最优的选择。

（4）CIMS在我国企业中的应用　我国开展CIMS研究与应用已有20多年的历史。为了跟踪国外这一先进技术，我国在1987年开始实施"国家高技术研究发展计划"（"863计划"）的CIMS主题，经过20多年的努力实施，取得的主要成绩可概括如下：

以少量的科技投入，鼓励大专院校科技人员与企业结合，在企业中推广高技术（CIMS及有关单元技术），使企业具有了应用高技术、提高综合竞争能力的意识；通过CIMS计划的实施，推动了企业应用信息技术，提高了生产率和经营管理水平；为探索在我国条件下发展高技术及其产业化的道路，提供了可借鉴的经验和教训；通过CIMS计划的实施，有的企业取得了明显的经济效益；在高校、企业培养了大批掌握CIMS技术及相关技术的人才；开发建立了若干具有自主版权且已初步形成商品的软件产品；建立了CIMS工程技术研究中心、一批实验网点和培训中心，为CIMS技术的研究、试验、人员培训打下了基础；在清华大学设立了CIMS工程中心，获得美国SME1994年度"大学领先奖"；华中理工大学CIMS研究中心获得美国SME1999年度"大学领先奖"；北京第一机床厂作为实施CIMS试点单位，获得美国SME1995年度"工业领先奖"，为国家赢得了荣誉。我国CIMS的最主要特点是，用"系统论"指导CIMS研究与发展，强调集成与优化，多学科协同发展，理论与实践紧密结合。

在CIMS产业化方面，国产CIMS产业已经崛起，初步形成了11个系列的CIMS目标产品，覆盖了企业信息化工程所需要软件产品的85%以上；863/CIMS目标产品已在50%的CIMS应用示范企业得到应用，1999年CIMS主题支持的目标产品销售额已超亿元；国内领先的CIMS目标产品开发单位联合形成了一支在市场上可与国外软件竞争的生力军，在国内形成了一支约3000人的具有较高水平的CIMS研究和产品开发队伍。CIMS总体技术的研究已处于国际上比较先进的水平。在企业建模、系统设计方法、异构信息集成、基于STEP的CAD/CAPP/CAM/CAE、并行工程及离散系统动力学理论等方面也有一定的特色或优势，在国际上已有一定的影响。在CIMS的应用方面，我国已在20多个省市（行业）的200多个企业实施或正在实施CIMS应用示范工程，其中已有约50家通过验收，并取得显著效益。总体而言，我国已在深度和广度上拓宽了传统CIMS的内涵，形成了具有中国特色的CIMS

理论体系。

5. 大规模定制

(1) 大规模定制的产生　近年来，随着物质的极大丰富，长期卖方市场已彻底转换成买方市场。企业迫切需要随时捕获客户的需求，融进更多的定制，直到使每个客户买到自己满意的商品或服务。

许多企业曾试图用增加产品品种来代替顾客的定制要求，在迅速分化的市场面前，努力维持大规模生产的状况。但是，这显然不能满足顾客挑剔的要求，品种的多样化并不等于定制。多样化是指企业先生产出产品，将它们存入成品库，然后等待它们的客户出现；定制则是指应特定客户的要求而生产产品。

大规模定制模式是指对定制的产品和服务进行个别的大规模生产。大规模定制是企业经营中的必然趋势，它能在不牺牲企业经济效益的前提下，了解并满足单个客户的需求，其实质是以大规模的生产方式和速度，为单个客户或小批量多品种的市场定制生产任意数量的产品。

大规模定制模式的实现需要完成以下几个方面的工作：首先，分析量化和尽量降低产品多样化的成本，对产品线进行合理化，削减低利润产品的生产，以极大地提高利润，充分利用宝贵资源，提高生产的柔性程度，促进大规模定制产品的开发；其次，通过对零件、工艺、工具和原材料进行标准化，作为实施大规模定制的前提条件，降低产品成本，提高加工柔性；再次，实行敏捷制造，在无需生产准备时间和库存的条件下，根据订单进行产品的快速生产，实行敏捷产品开发过程，以实现产品的超速上市；最后，并行地设计产品族和柔性的制造工艺，围绕模块化的结构、通用的零件、通用的模块、标准化的接口和标准的工艺进行敏捷的产品设计。

大规模定制模式要求将产品模块化，按照客户的要求为其提供唯一的模块组合。例如，摩托罗拉公司在20世纪90年代为了占据市场的领先位置，率先在企业中实行大规模定制。他们开发了一个全自动制造系统，在全国各地的销售代表用笔记本电脑签下订单的一个半小时之内，就可以制造出2900万种不同组合的寻呼机中的任何一种。这种方式彻底改变了竞争的本质，使摩托罗拉成为美国仅存的寻呼机制造商，占有全世界市场份额的40%以上。

大规模定制通过柔性的或敏捷的制造，以任意的批量生产多样化的产品，且无需为了改变生产系统的设置而将生产停顿。在相同的设备能力下，当设备运转时，进行大规模定制的工厂，其生产效率要比进行大规模生产的工厂高得多。

产品的设计完成之后，很难再通过其他措施来削减成本，所以必须在产品和生产工艺的设计阶段确定成本，否则，降低的成本甚至不足以补偿实施这类措施本身所需的费用。在典型的企业成本统计中，只记录了材料和人工成本，其他成本作为间接成本而分摊到企业的所有活动中。然后，各种产品不具有同样的间接成本需求，可以通过设计来降低很多间接成本。大规模定制可利用先进的设计技术，设计出需要最少的人工和材料成本的产品，用最低的间接成本有效地生产产品。

(2) 大规模定制生产的模式　大规模定制生产模式可以概括为以下三个方面：

1) 产品设计模块化。企业依赖产品创新和技术创新夺取市场，企业的产品是否能根据用户的当前需要和潜在需求快速抢先提供，将成为企业成败的关键。产品结构和功能的模块化、通用化和标准化，是企业推陈出新、快速更新产品的基础。模块化产品便于按不同要求快速重组，任何产品的更新换代，绝不是将原有的产品全部推翻重新设计和制造的。更新一个模块，在主要功能模块中融入新技术，都能使产品登上一个新台阶，甚至成为换代产品，而多数模块是不需要重新设计和重新制造的。因此，在敏捷制造中，模块化产品的发展已成为制造企业所普遍重视的课题。例如福特汽车公司的发动机总部将6缸、8缸、10缸、12缸等不同规格的发动机结构进行了模块化，使其绝大部分组件都能相互通用，以尽可能少的规格部件实现最大的灵活组合，并用同一条生产线制造不同规格的发动机，取得了巨大的经济效益。波音公司在民用飞机的设计和制造中也采用了模块化方法，大大缩短了定制飞机的制造周期。

2）产品制造专业化。在一般机械类产品中，有70%的功能部件间存在着结构和功能的相似性，如果打破行业界线，将相似功能的部件和零件分类和集中起来，完全有可能形成足以组织大批量生产的专业化企业的生产批量，这些专业化制造企业承接主干企业开发产品中各种相似部件、零件的制造任务，并能在成组技术的基础上采用大批量生产模式进行生产。当然，在现代制造技术的支持下，这种大批量生产模式已克服了传统的刚性自动线的缺点，具备一定范围内的柔性（可调性或可重构性）来完成较大批量的相似件制造，协助主干企业用大批量生产方式快速提供个性化商品的目标。

3）生产组织和管理网络化。互联网的普及和应用，给企业提供了快速组成虚拟公司进行敏捷制造新产品的条件。负责开发新产品的主干企业可以利用互联网发布自己产品的结构和寻找合作伙伴的各项条件，专业化制造企业可以在网上发布自己的条件和进行合作的意图。主干企业将据此寻找合伙者，本着共担风险和达到"双赢"的战略目标进行企业大联合来合作开发和生产新产品。这样的联合是动态的，组成的虚拟公司是"有限生命公司"，它只是为某种产品而结盟，其生命周期将随产品生命周期的结束而解散，或在另一种产品的基础上调整成新的联合。

通过互联网，系统构建虚拟企业，可实现产品开发、设计、制造、装配、销售和服务的全过程，通过社会供应链管理系统将合作企业连接起来，按大规模定制生产模式实行有效的控制与管理。

（3）大规模定制生产模式条件下企业间的合作关系　在传统的供求关系管理模式下，制造商与供应商之间只保持一般的合同关系，供应链只是制造企业中的一个内部过程，将通过合同采购的原材料和零部件进行生产，转换成产品并销售至用户，整个过程均局限于企业内部操作。制造商为了减少对供应商的依赖，彼此间经常讨价还价。这种管理模式下的特征是信任度和协作度低，合作期短。但大规模定制生产是以新产品开发，企业与专业化制造企业间的有效合作、互相依存为前提的，构成的网络化虚拟公司的主干企业与伙伴企业间应是能达到"双赢"的合作关系，其合作关系如下：

主干企业与伙伴企业间应共享信息，通过委托代理经常协调彼此的行为；主干企业必要时应对伙伴企业做技术支持和投资帮助，使合伙企业降低成本，改进质量，加快产品开发；在合作过程中建立相互的信任关系，提高运行效率，减少交易、管理成本；对于通用化、标准化程度高的产品模块，应尽量保持一种能持久的关系，确保产品质量稳定；对于个性化产品的关键模块和零部件，主干企业可吸收伙伴企业参与开发和共同创新，建立战略合作关系，加快新产品的开发过程。

总之，在信息时代，大规模定制生产将是制造业的重要生产模式。

模块 3 企业资源计划

6.3.1 从 MRP 到 ERP

1. 从 MRP 到 MRP Ⅱ

制造资源计划简称为 MRP Ⅱ，是 Manufacturing Resources Planning 的英文缩写，它是以物料需求计划 MRP 为核心，覆盖企业生产制造活动所有领域，有效利用制造资源的生产管理思想和方法的人-机应用系统。

自 18 世纪产业革命以来，手工业作坊迅速向工厂生产的方向发展，出现了制造业。随后，由于市场环境在相当长的一段时间内是处于"卖方市场"，产品出现了供不应求的状况，只要有产品就有市场，制造业达到了鼎盛时期，当时的市场营销观念主要是"我们会做什么，就生产什么"，为此企业追求的主要运营目标是如何按时生产出所计划的产品，追求这一目标的结果使制造业产生了一些问题，即：

1）如何实现生产计划的合理性。
2）如何实现库存的合理管理。
3）如何实现设备的充分利用。
4）如何实现作业的均衡安排。

为了解决这些问题，20 世纪 60 年代人们在计算机上实现了 MRP（物料需求计划），它主要用于订货管理和库存控制。MRP 可在数周内拟订零件需求的详细报告，来补充订货及调整原有的订货，以满足生产变化的需求；到了 70 年代，几乎所有的企业所追求的基本运营目标都是要以最少的资金投入而获得最大的利润。为了及时调整需求和计划，对财务状况及时进行分析，出现了有反馈功能的闭环 MRP，把财务子系统和生产子系统结合为一体，采用计划—执行—反馈的管理逻辑，有效地对生产各项资源进行规划和控制；80 年代末，人们又将生产活动中的主要环节销售、财务、成本、工程技术等与闭环 MRP 集成一个系统成为管理整个企业的一种综合性的制订计划的工具。美国的 Oliver Wight 把这种综合的管理技术称为制造资源计划 MRP Ⅱ。它可在周密的计划下有效地利用各种制造资源，控制资金占用，缩短生产周期，降低成本，提高生产率，实现企业制造资源的整体优化。此外，MRP Ⅱ 可使管理人员从复杂的事务中解脱出来，真正把精力放在提高管理水平上，解决管理中的实质性问题。

2. 从 MRP Ⅱ 到 ERP

从 20 世纪 80 年代起，世界经济格局发生了重大的变化，市场营销观念发展为"市场需要什么就生产和推销什么"，"哪里有消费者的需求，哪里就有机会"。一方面，企业所面临的共同问题是更加激烈的市场竞争，在竞争中技术因素变得越来越重要，如果企业丧失了技术优势，就必定会丧失其竞争优势，谋求技术优势是现代企业生存的需要；另一方面，以往那种仅仅面向"生产经营"的管理方式已不再适应全球化的市场竞争，企业为了适应市场的需求，在不断完善其内部生产管理的同时，都在扩张自己的产品线，更加注重产品的研究开发、质量控制、市场营销和售后服务等环节，并且发现仅靠自己企业的资源不可能有效地参与市场竞争，而必须把经营过程的有关各方如供应商、客户、制造工厂、分销网络等纳入一个紧密的供应链中。因此,企业的管理技术也必须紧跟不断变化的市场竞争的需求,不断地在其广度和深度上加以完善和更新,不断为企业提供竞争制胜的有力武器。

ERP 是 Enterprise Resources Planning(企业资源计划)的缩写,这一观念最初是由美国的 Gartner Group 公司在 20 世纪 90 年代初期提出的,并就其功能标准给出了界定。作为企业管理思想,它是一种新型的管理模式;而作为一种管理工具,它同时又是一套先进的计算机管理系统。为此,在不到十年的短暂时间内,它很快就被人们认同和接受,并为许许多多的企业带来了丰厚的收益。

最初,Gartner Group 公司是通过一系列的功能标准对 ERP 进行界定,包括如下四个方面:

1)超越了 MRP Ⅱ 范围和集成功能。
2)支持混合方式的制造环境。
3)支持动态的监控能力,提高业务绩效。
4)支持开放的客户机/服务器计算环境。

ERP 最初是一种基于"供应链"的管理思想,是在 MRP Ⅱ 的基础上扩展了管理范围,给出了新的结构,把客户需求和企业内部的制造活动及供应商的制造资源整合在一起,体现了完全按用户需求制造的思想。ERP 的基本思想是将企业的业务流程看做一个紧密连接的供应链,其中包括供应商、制造工厂、分销网络和客户等;将企业内部划分成几个相互协同作业的支持子系统,如财务、市场营销、生产制造、质量控制、服务维护、工程技术等,还包括对竞争对手的监视管理。ERP 是一种面向企业供应链的管理思想,可对供应链上的所有环节有效地进行管理,如订单、采购、库存、计划、生产制造、质量控制、运输、分销、服务与维护、财务管理、投资管理、经营风险管理、决策管理、获利分析、人事管理、实验室管理、项目管理、配方管理等。这样就从管理范围的深度为企业提供了更丰富的功能和工具,可以实现全球范围内的多工厂、多地点的跨国经营运作。同时,由于企业所追求的目标是利润最大化,而现代企业管理的核心是动态地对企业进行控制,其具体表现为企业的动态利润分析,表面上追求利润,而内涵则是追求企业资源的合理高效利用。为此,在管理技术上,ERP 在整个供应链的管理过程中更加强调和加强了对资金流和信息流的控制,将对供应链的管理上升到对价值链的控制。例如,全球首位的 ERP 系统软件供应商,德国的 SAP 公司的产品 R/3 在其 4.0 版本中就已实现了从供应链管理向价值链控制的转换。

在管理应用的广度方面,ERP 也超越了 MRP Ⅱ 的应用范围。首先,传统的 MRP Ⅱ 系统把企业归类为几种典型的生产方式来进行管理,如重复制造、批量生产、按订单生产、按订单装配、按库存生产、连续流程、单件作业等,对每一种类型都有一套管理标准。而 20 世纪 90 年代初期,全球制造业为实现柔性制造、快速占领市场,取得高回报率而转向多角化经营。企业为了紧跟市场的变化,纷纷从单一的生产方式向混合型生产发展。许多企业的生产方式是"多品种小批量生产"和"大批量生产"两种情况或多种情况并存,而很少有单纯的离散制造环境和单纯的流程环境,因而更需要用不同的方法来制订计划。这使得许多制造业企业都感到原有的企业经营管理模式需要进一步改革,传统的 MRP Ⅱ 已无法满足企业去利用一切市场资源快速高效地进行生产经营的需求,而 ERP 则能很好地支持和管理这种混合制造环境,满足企业这种多角化经营的需求。其次,当今的时代已进入了现代市场经济阶段,并正在向知识经济时代过渡,第三产业的充分发展已成为现代经济发展的显著标志。

金融业成为了现代经济的核心,信息产业日益成为现代经济的主导。为了满足第三产业这种蓬勃发展的趋势,ERP已打破了MRPⅡ只局限在传统制造业的格局,并把它的触角伸向各行各业,如金融业、高科技产业、通信业、零售业等,从而使ERP的应用范围大大扩展。例如SAP公司除了传统的制造业解决方案外,还推出了众多其他行业的解决方案。

为了给企业提供更新更好的管理模式和管理工具,ERP还在不断地吸收先进的管理技术和IT技术,如人工智能、精益生产、并行工程、Internet/Intranet、数据库仓库等。人们预测,ERP将在动态性、集成性、优化性和广泛性方面得到更大的发展,成为企业在21世纪竞争中的好帮手。

6.3.2 ERP软件系统的构成

ERP管理体系作为支持企业谋求新形势下竞争优势的手段,其涉及面很广,包含了企业的所有资源;同时,其应用又起到了"管理驱动"的作用。总的来说,ERP在原有功能的基础上,使MRPⅡ向内、外两个方向延伸,向内主张以精益生产方式改造企业生产管理系统,向外则增加战略决策功能和供需链管理功能。这样,ERP管理系统主要由以下六大功能目标组成:

1)支持企业整体发展战略的战略经营系统。该系统的目标是在多变的市场环境中建立与企业整体发展战略相适应的战略经营系统。具体地说,就是实现Intranet与internet相连接的战略信息系统;完善决策支持服务体系,为决策者提供企业全方位的信息支持;完善人力资源开发与管理系统,做到既面向市场又注重培训企业内部的现有人员。

2)实现全球大市场营销战略与集成化市场营销。这是对市场营销战略的一个扩展。目标是实现在市场规划、广告策略、价格策略、服务、销售、分销、预测等方面进行信息集成和管理集成,以顺利推行基于"顾客永远满意"的经营方针;建立和完善企业商业风险预警机制和风险管理系统;进行经常性的市场营销与产品开发、生产集成性评价工作;优化企业的物流系统,实现集成化的销售链管理。

3)完善企业成本管理机制,建立全面成本管理(Total Cost Management)系统。目前,我国企业所处的环境中,价格在竞争中仍旧占据着重要的地位。ERP中这部分的作用和目标就是建立和保持企业的成本优势,并由企业成本领先战略体系和全面成本管理系统予以保障。

4)应用新的技术开发和工程设计管理模式。ERP的一个重要目标就是通过对系统各部门持续不断的改进,最终提供给顾客满意的产品和服务。从这个角度出发,ERP致力于构筑企业核心技术体系;建立和完善开发与控制系统之间的递阶控制机制;实现从顶向下和从底至上的技术协调机制;利用互联网实现企业与外界的良好的信息沟通。

5)建立敏捷后勤管理系统。ERP的核心是MRPⅡ,而MRPⅡ的核心是MRP。很多企业存在着供应链影响企业生产柔性的情况。ERP的一个重要目标就是在MRP的基础上建立敏捷后勤管理系统(Agile Logistics),以解决制约新产品推出的瓶颈——供应柔性差,缩短生产准备周期;增加与外部协作单位技术和生产信息的及时交互;改进现场管理方法,缩短关键物料供应周期。

6)实施精益生产方式。由于制造业企业的核心仍是生产,应用精益生产方式对生产系统进行改造不仅是制造业的发展趋势,而且也将使ERP的管理体系更加牢固。因此,ERP

主张将精益生产方式的哲理引进企业的生产管理系统，其目标是通过精益生产方式的实施使管理体系的运行更加顺畅。

国内外 ERP 软件开发商的开发的系统在具体的功能上会有所不同，客户在选用的时候应关注其产品是否适用于本企业。图 6-11 所示为某 ERP 系统所包含的功能模块。

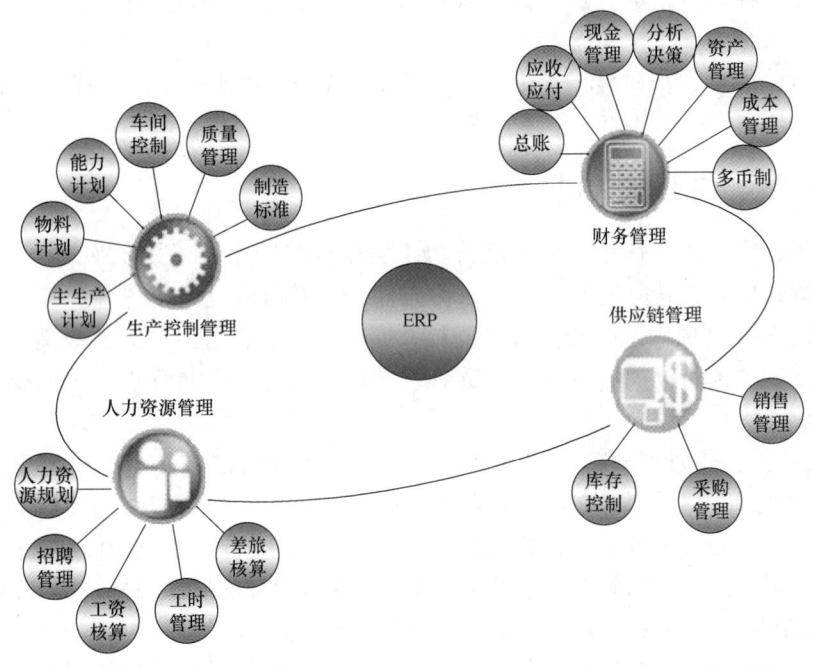

图 6-11　ERP 系统所包含的模块

作为企业谋求 21 世纪竞争优势的先进管理手段，ERP 系统所涉及的方面和应当实现的目标是不断扩展的，相信还会有更新的管理方法和管理模式产生。在日趋激烈的市场竞争中，任何管理方法和手段的最终目标只有一个，即开发、保持和发展企业的竞争优势，使企业在竞争中永远立于不败之地。

复习思考题

1. 良好的物料管理模式有哪些特征？
2. 物料需求计划的目标是什么？结合实际说明厂家的物料管理是否满足这些目标，存在的问题是什么？
3. 物料需求计划能提供给企业管理者哪些信息？
4. 物料需求计划中的净需求量和毛需求量的含义是什么？它们之间有何差别和联系？
5. 采购管理包括哪些过程？各需注意哪些问题？
6. 请描述企业与供应商之间是何种关系，结合实际说明如何处理好这些关系。
7. 请简述外协管理的重要性及其主要方针是什么。
8. 什么是库存？请结合实际从正反两方面说明库存和生产进度和成本之间的关系。
9. 简述 JIT 生产方式的原则及意义。
10. 看板管理在 JIT 生产方式中起到何种作用？
11. 简述 ERP 与 MRP Ⅱ 之间的联系和差别。

参 考 文 献

［1］ 孙维琦. 生产与运作管理［M］. 北京：机械工业出版社，2004.
［2］ 李锦飞，等. 生产管理与调度［M］. 北京：化学工业出版社，2004.
［3］ 陈元. 生产计划与物料控制实战精解［M］. 广州：广东经济出版社，2002.
［4］ 腾宝红，姬智功. 生产作业流程控制与管理［M］. 广州：广东经济出版社，2005.
［5］ 甘华鸣，徐海忠. 生产作业管理操作规范［M］. 北京：企业管理出版社，2004.
［6］ 石真语，冯彬. 生产流程管理操作手册［M］. 北京：人民邮电出版社，2008.
［7］ 覃学强，全桂华，余春忠. 企业管理实务［M］. 成都：电子科技大学出版社，2007.
［8］ 吴金法. 现代企业管理学［M］. 北京：电子工业出版社，2003.